Die "Zweite" Phase der Entspannungspolitik der SPD

Europäische Hochschulschriften

Publications Universitaires Européennes
European University Studies

Reihe XXXI

Politikwissenschaft

Série XXXI Series XXXI
Sciences politiques
Political Science

Bd./Vol. 180

PETER LANG
Frankfurt am Main · Bern · New York · Paris

Klaus Moseleit

Die "Zweite" Phase der Entspannungspolitik der SPD 1983 - 1989

Eine Analyse ihrer Entstehungsgeschichte, Entwicklung und der konzeptionellen Ansätze

Mit einem Vorwort von Willy Brandt

PETER LANG
Frankfurt am Main · Bern · New York · Paris

CIP-Titelaufnahme der Deutschen Bibliothek

Moseleit, Klaus:

Die "Zweite" Phase der Entspannungspolitik der SPD 1983 - 1989 : eine Analyse ihrer Entstehungsgeschichte, Entwicklung und der konzeptionellen Ansätze / Klaus Moseleit. Mit einem Vorw. von Willy Brandt. - Frankfurt am Main ; Bern ; New York ; Paris : Lang, 1991
(Europäische Hochschulschriften : Reihe 31, Politikwissenschaft ; Bd. 180)
ISBN 3-631-43775-7

NE: Europäische Hochschulschriften / 31

ISSN 0721-3654
ISBN 3-631-43775-7

Printed in Germany 1 2 3 5 6 7

Vorwort

"20 Jahre nach der Gründung der Bundesrepublik Deutschland und der DDR müssen wir ein weiteres Auseinanderleben der deutschen Nation verhindern, also versuchen, über ein geregeltes Nebeneinander zu einem Miteinander zu kommen."

Dies erklärte ich in meiner Regierungserklärung am 28. Oktober 1969 vor dem Deutschen Bundestag. Zwanzig Jahre später konnte ich feststellen: "Nun wächst zusammen was zusammengehört."

Der Fall der Mauer am 9. November 1989, die ersten freien Wahlen in der DDR am 18. März 1990 und schließlich die staatliche Einheit Deutschlands am 3. Oktober 1990 - so gehen unsere Ziele der Entspannungspolitik in Europa für Deutschland in Erfüllung.

Für eine kritische, aber sachliche Auseinandersetzung mit mehr als 20 Jahren sozialdemokratischer Entspannungspolitik ist es jetzt nach Vollendung der Einheit Deutschlands die richtige Zeit. Eine Zeit, in der viele vergessen zu haben scheinen, daß die deutschen Sozialdemokraten diesen Prozeß gegen zunächst massiven Widerstand erst möglich gemacht haben.

Entspannungspolitik - ein sozialdemokratisches Programm seit den frühen 60er Jahren. In der Folge entwickelten wir unsere Konzeptionen, die später "Neue Ostpolitik" genannt wurden und deren Höhepunkte die Ostverträge und die KSZE-Konferenz von Helsinki waren.

Hier setzt das vorliegende Buch an. Auf der Grundlage dieser ersten Phase der sozialdemokratischen Entspannungspolitik zeichnet Klaus Moseleit die Konzeption der sog. zweiten Phase der Entspannungspolitik der SPD - jetzt in der Opposition agierend - in den 80er Jahren nach. Schicksal jeder Opposition hierzulande ist die mangelnde Öffentlichkeit ihrer praktischen Arbeit gerade im Bereich der Außenpolitik. Umso verdienstvoller ist die vorliegende Darstellung dieses bedeutsamen und objektiv von Erfolg gekrönten Arbeitsfeldes der SPD.

Zunächst werden in übersichtlicher und nachvollziehbarer Form die Grundlagen und Hintergründe sozialdemokratischer Entspannungspolitik erarbeitet und dann die Gründe für das Ende der ersten und den Beginn der "zweiten Phase der Entspannungspolitik" untersucht. Aufgrund dieser Analyse wird die "zweite Phase" mit ihren Motiven und praktischen, politischen Arbeitsfeldern beschrieben. Im Vordergrund stehen dabei die Schwerpunkte Deutschland- und Sicherheitspolitik. Die kritische Analyse des Endes der ersten Phase in der Umbruchsituation am Anfang der 80er Jahre arbeitet die sozialdemokratischen Überlegungen für einen solchen Wandel heraus.

Nach einem analytischen Resumé sozialdemokratischer Entspannungspolitik am Ende des Jahres 1989 setzt sich Klaus Moseleit schließlich noch kritisch mit der Politik der SPD im Jahre 1989 bis zur Öffnung der Mauer auseinander, die ebenfalls mit den Ergebnissen der Untersuchung in Beziehung gesetzt werden.

Der Autor hat sich nicht nur im Rahmen seiner wissenschaftlichen Arbeit mit der Entspannungspolitik der SPD beschäftigt, sondern kennt die "zweite Phase" auch aus der Praxis. 1986 war er als wissenschaftlicher Mitarbeiter bei Margitta Terborg, MdB mit der Betreuung der AG-Jugendpolitik betraut und danach bei Hans Büchler, MdB und Reinhold Hiller, MdB immer auch in seiner beruflichen Praxis mit den Fragen der Entspannungspolitik in der SPD-Fraktion im Deutschen Bundestag konfrontiert.

Aus dieser Position heraus war es ihm möglich, dieses Politikfeld aus dem Blickwinkel der Handelnden heraus zu beschreiben, ohne dabei die wissenschaftliche Distanz zu verlieren. Wie aktuell und wichtig die Nachzeichnung dieses mühsamen und zugleich lohnenswerten Prozesses ist, zeigt der Übergang zu den deutschlandpolitischen Ereignissen der jüngsten Zeit.

Wie hätte es im November 1989 weitergehen können? Die Untersuchung wird im Anhang abgerundet durch einen bemerkenswerten Entwurf eines entspannungspolitischen Szenarios für die 90er Jahre (von Nov. 1989 und vorgestellt im Rahmen eines Treffens des Frankfurter Kreises), in dem die Ergebnisse seiner Untersuchung der ersten und zweiten Phase der Entspannungspolitik konsequent in eine abschließende dritte zuende gedacht werden.

Ich wünsche dem Buch aufmerksame und kritische Leser.

Willy Brandt

Für Rike

Inhaltsverzeichnis

Seite:

I. Einleitung

Im Januar 1980 forderte Karsten D. Voigt in einem Aufsatz eine "*zweite Phase der Ostpolitik*[1]. Dies ist das erste Mal, daß ein SPD-Politiker von der Notwendigkeit einer »zweiten Phase« in dem, die Ost-West-Beziehungen betreffenden, Politikfeld sprach. Seither tauchte dieser Begriff in Variationen[2] immer wieder auf und beschrieb aus der Perzeption der SPD eine Weiterentwicklung der »Neuen Ostpolitik« der 70er Jahre.

Im vorliegenden Buch wird der Frage nachgegangen, wie und vor allem warum es zur Entwicklung einer »zweiten Phase der Entspannungspolitik der SPD« kam und was nach dem Herbst 1989 aus dieser Konzeption wurde. Weiter werden die wesentlichen Merkmale, geistigen Grundlagen und Erscheinungsformen der Entspannungspolitik der SPD beschrieben, sowie die Auseinandersetzung der SPD mit den Faktoren, die nach ihrer Vorstellung die Entspannungspolitik bestimmten. Die sich daraus ergebenden Wege und Konsequenzen werden aufgezeigt.

Eine mögliche Auseinandersetzung innerhalb der Partei mußte dabei, bis auf wenige Stellen, unberücksichtigt bleiben. Sie hat stattgefunden, aber ihre Untersuchung wäre von zwei Parametern abhängig. Erstens: Die Auseinandersetzung müßte an einzelnen, thematisch eng begrenzten Entscheidungen untersucht werden, um einzelnen Personen oder Gruppen bestimmte konkrete Positionen zuweisen zu können. Diese Arbeit hat einen wesentlich weiteren Rahmen. Zweitens: Um zu einer akzeptablen Materialgrundlage zu kommen, müßte eine solche Auseinandersetzung mit Hilfe eines »oral history«-Projektes aufgearbeitet werden, da sie, von extremen Ausnahmen abgesehen, nicht in der Öffentlichkeit stattfand. Die Nähe zur Gegenwart und die aktuelle politische Bedeutung des Themas läßt derzeit diese Form der Untersuchung nicht zu.

Wenn in diesem Buch also von "der SPD" oder "den Sozialdemokraten" die Rede ist, so soll darunter die Mehrheit der Partei bzw. genauer: die Mehrheit ihrer Meinungs- und Entscheidungsträger verstanden werden.

Zunächst werden die Entwicklung der SPD im Bereich der Deutschland- und Ostpolitik und die Entstehungsmechanismen der »Neuen Ostpolitik« kurz dar-

---

1. Voigt, Karsten D., Schrittweiser Ausstieg aus dem Rüstungswettlauf. Nach dem Berliner Parteitag der SPD, in: Die Neue Gesellschaft, Heft 1, 1980, S. 48.
2. So wurden Bezeichnungen verwendet wie: Zweite Phase der Ostpolitik, Zweite Phase in der Deutschlandpolitik, Zweite Phase in der Entspannung, Zweite Phase der Entspannungspolitik; ich habe mich in der Arbeit für die mehrheitliche Verwendung des letzteren Begriffs entschieden, weil er in den vergangenen Jahren am häufigsten gebraucht wurde und mit großer Wahrscheinlichkeit in der historischen Beschreibung Bestand haben wird.

gestellt. Dies geschieht, um im Verlauf des Buches Parallelen zu der Entwicklung in den 80er Jahren ziehen zu können.

Die Grundlagen der »Neuen Ostpolitik« werden in ihren Hauptpunkten beschrieben und in einem eigenen Kapitel kritisch erörtert, mit dem Ziel, die Gründe für das Entstehen einer »zweiten Phase der Entspannungspolitik« herauszuarbeiten.

Damit ist nicht das Ziel verbunden, alle in Frage kommenden Aspekte vollständig zu erfassen. Vielmehr wird das Schwergewicht auf die Bereiche gelegt, die in historischer Rückschau für die SPD handlungsbestimmend und bis Mitte 1989 als noch wirksam festzustellen waren.

Daher liegt das Schwergewicht des Buches auf der Untersuchung der Konzeptionen in der Sicherheits- und Europapolitik, der sozialdemokratischen Perzeption der Supermächte und der internationalen Politik. Die geistigen Grundlagen sozialdemokratischer Entspannungspolitik, ihre argumentative Entwicklung und schließlich Beispiele für die Umsetzung in eine praktische Politik werden im vorliegenden Buch beschrieben.

Für die Entspannungspolitik der SPD war ihre Deutschlandpolitik[3] von entscheidender Bedeutung, sie hatte Modellcharakter und enthielt alle Elemente des entspannungspolitischen Gesamtkonzeptes der Partei. Deshalb beschränkt sich die Arbeit im wesentlichen auf die deutsch-deutschen Aspekte, obwohl mehr unter dem Begriff »Entspannungspolitik« zu verstehen ist. Kultur, Wirtschaft, Wissenschaft usw. bleiben zugunsten der exemplarischen Bereiche Deutschland- und/oder Sicherheitspolitik außen vor.

Das Buch beschreibt aus einer sozialdemokratischen Perspektive, auch wenn dies nicht immer ausdrücklich gesagt wird[4], und vernachlässigt bewußt, daß die gleichen Phänomene aus einer anderen Perspektive zu anderen Ergebnissen hätte führen können.[5] Dies geschieht, um in die Denkstrukturen sozialdemokratischer Entspannungspolitik einzuführen, und sie dann konsequent weiter zu verfolgen.

---

3. Es nicht unerheblich, ob man den Begriff gesamtdeutsche, Deutschland-, innerdeutsche, deutsch-deutsche oder DDR-Politik verwendet, denn mit der Verwendung eines bestimmten Terminus drückt sich auch in dieser Reihung eine bestimmte Haltung zur sog. "Deutschen Frage" aus. Im Verlauf des Buches werden in der Regel die von mir selbst bevorzugten Begriffe innerdeutsch und deutsch-deutsch verwendet.

4. So z.B. in der Zeit der sozial-liberalen Regierung, da hier die Mehrheit der SPD und Bundesregierung für den Untersuchungsgegenstand gleichzusetzen sind, oder bei der Beschreibung deutscher Interessen formulieren sie sich hier aus SPD-Sicht.

5. So z.B. die Analyse der sicherheitspolitischen Notwendigkeiten, die sich aus der Nachrüstungsdebatte ergeben, insbesondere in der Diskussion um neue Verteidigungskonzepte und Militärdoktrinen.

Auf das Verhältnis der SPD zur Friedensbewegung wird im Interesse einer nötigen und sinnvollen Beschränkung und auf Grund einer relativen Selbständigkeit dieses Aspektes verzichtet.

Auch die Jusos auch die innerparteilichen Auseinandersetzungen mit den wurden im vorliegenden Buch nicht mit aufgenommen, gleichwohl sie ein Teil der SPD sind und durch eigene entspannungspolitische Konzeptionen und ihr konfliktreiches Verhältnis zur Mutterpartei, gerade am Ende der ersten Phase der Entspannungspolitik, Einflüsse auf die Entwicklung der Gesamtpartei hatten.[6]

Diese Themen sind so komplex und umfangreich, daß sie eigene Arbeiten verlangen. Jedes knappe Eingehen würde zu einer Schieflage in der Darstellung führen. Entscheidendes Argument für die Nichtbehandlung war aber schließlich, daß diese Themen sich, wenn auch zeitlich versetzt, als inhaltlich parallel neben der gewählten Argumentationskette liegend erwiesen haben. Sie hätten sie zwar bereichert und gestützt, aber keine anderen Ergebnisse für den Untersuchungsgegenstand erbracht.

Das Buch folgt einer thematischen Gliederung, bei der die chronologische Struktur, wo immer es ohne Bruch möglich war, erhalten blieb. Die dadurch entstandenen Einbußen in der Chronologie werden mit Hilfe eines eigenen Kapitels im Anhang aufgefangen.

Auf eine eigenständige Darstellung der Beschlußlage der SPD wurde verzichtet.Sie wäre rein deskriptiv, und die analytischen Überlegungen hierzu sind in den anderen Kapiteln enthalten. Wo es nötig erschien, ist an den entsprechenden Stellen auf die Beschlüsse verwiesen. Es sei an dieser Stelle auf die "Erlanger Beiträge zur Deutschlandpolitik"[7] verwiesen, die den Themenkomplex mit entsprechenden Schwerpunkten beleuchten.

In einer Schlußbetrachtung zur »zweiten Phase der Entspannungspolitik« wird eine Hypothese zur Interpretation der bisherigen sozialdemokratischen Entspannungspolitik aufgestellt und die Ziele der SPD am Ende des Jahres 1988 thesenhaft beschrieben und hypothetisch in die Zukunft entwickelt. Dies geschieht, um aufzuzeigen, aus welcher Position heraus die SPD in das Jahr 1989 geht. Die SPD versucht zwar bis zum Oktober 1989 ihre »zweite Phase der Entspannungspolitik « mit schwindendem Erfolg weiterzuführen, aber diese Politik wird den sich verändernden Verhältnissen nicht angepaßt bzw. weiterentwickelt. Für eine schnelle Reaktion in Form einer »dritten Phase« ist der »Tanker«

---

6. Siehe hierzu z.B.: Glotz, Peter, Kampagne in Deutschland. Politisches Tagebuch 1981-1983, Hamburg, 1983, S. 78-80.
7. Bredow Wilfried von / Burrichter, Clemens / Ruffmann, Karl-Heinz, (Hrsg.), Erlanger Beiträge zur Deutschlandpolitik, Bd. 1-3, Erlangen, 1986.

nicht bereit und vielleicht von seiner Struktur her auch nicht in der Lage gewesen.

Als es am 09. November 1989 zur Öffnung der deutsch-deutschen Grenze kam, reagierte die gesamte BRD unvorbereitet und gab sich überrascht. Auch die SPD zeigte sich ratlos und von den Ereignissen überwältigt. An die Untersuchung über die »zweite Phase der Entspannungspolitik« schließt sich deshalb eine Darstellung der Entwicklung der Entspannungspolitik der SPD im Laufe des Jahres 1989 und eine Situationsbeschreibung nach dem 09. November 1989 an.

Im Anhang findet sich ein Thesenpapier des Autors, in dem anläßlich der Tagung des Frankfurter Kreises am November 1990 der Versuch gemacht wurde, die »zweite Phase der Entspannungspolitik« logisch über den 9. November 1990 hinaus weiterzuentwickeln und ein Konzept für die nun folgende neue »dritte« Phase der Entspannungspolitik aufzuzeigen. Die Entwicklungen seit dem 09. November und der Schock und die Lähmung, die die gesamte Partei ergriffen haben, sowie wahltaktische Diskussionen verhinderten aber die breite Diskussion einer politischen Alternative zur konservativen Nationalstaatspolitik.

II. Die »Neue Ostpolitik« oder die erste Phase der Entspannungspolitik

1. Situation vor der »Neuen Ostpolitik«

Nach dem Zweiten Weltkrieg, im Jahr der vermeintlichen[8] Stunde Null, zeigte sich immer deutlicher, daß die Sowjetunion ihren Herrschaftsbereich bis zur Elbe ausgedehnt hatte und nicht gewillt war, dort ein anderes als das eigene politische System zuzulassen. Auf den Resten des nach den geographischen Veränderungen in Europa übriggebliebenen zerstückelten Deutschland errichteten die Siegermächte zwei eigenständige Staaten mit konträrer Gesellschaftsordnung. Konsequent wurden diese beiden Staaten im Laufe der Zeit in die antagonistischen Bündnis- und Wirtschaftssysteme integriert und "*die Hauptrolle der beiden deutschen Staaten als Hauptkampfhähne des Kalten Krieges*"[9] wurde immer ausgeprägter. Deutschland, damit auch Europa und schließlich die gesamte Welt wurden immer definitiver geteilt. Dadurch, daß in den 50er Jahren die Besatzungsregime durch teilsouveräne Staaten ersetzt und der außenpolitische Handlungsspielraum allgemein größer wurde, änderte sich an der Situation des »Kalten Krieges« nichts. Denn in den Ost-West-Beziehungen war der Spielraum sehr eng und wurde durch Positionen der jeweils Regierenden, die sich immer mehr verfestigten, noch enger.

In der Bundesrepublik Deutschland wurde Adenauer mit einer Stimme Mehrheit einer Viel-Parteien-Koalition zum ersten Bundeskanzler der Bundesrepublik Deutschland gewählt und baute danach seine Macht bis zur sicheren absoluten Mehrheit seiner CDU/CSU-Fraktion aus.

Die SPD, in der sicheren Erwartung der Macht, mußte sich viele Jahre mit der Oppositionsrolle zurechtfinden.[10] In den 50er Jahren kämpfte sie gegen Adenauers Westintegrationspolitik und die Wiederbewaffnung Deutschlands. An der Wiedervereinigung, die selbstverständlich eine staatliche (in den Grenzen von 1937) sein sollte, hielt sie als einem Primat ihrer Politik fest.[11] Hieraus er-

---

8. Siehe dazu: Gaus, Günter, Die Welt der Westdeutschen, Köln, 1986, S. 14f und 20f.
9. Wiemer, Wolfgang, Rechtspositionen sind kein Politikersatz, in: Deutschland Archiv, Heft 9, 1984, S. 941.
10. Maier-Harloff, Ottmar, Die Entwicklung einer ostpolitischen Konzeption in der sozialdemokratischen Partei Deutschlands von 1945-1961, Darmstadt/Stuttgart, 1975, S. 13-14;
    Zur Entwicklung seit 1945 und einer Einschätzung der Krisen Berlin und Kuba, siehe: Schmidt, Helmut, Beiträge, Stuttgart, 1967, S. 545-547.
11. Maier-Harloff, a.a.O. (Anm. 10), S. 120-151.

gab sich die außen- und ostpolitische Konzeption der Partei. Es war klar, daß die Wiedervereinigung niemals ohne die Zustimmung der Alliierten möglich sein würde. In der damaligen Situation betraf dies aus der Sicht der SPD in erster Linie die Sowjetunion. Daher trat die SPD, die ganzen 50er Jahre hindurch, für eine Verbesserung der deutsch-sowjetischen Beziehungen ein. Als ersten Schritt zu einer Wiedervereinigung sah sie die Notwendigkeit der Förderung einer gesamteuropäischen Zusammenarbeit[12], der eine entsprechende Institutionalisierung mit anschließender Wiedervereinigung Deutschlands folgen sollte. Dieses wiedervereinigte Deutschland sollte ein gleichberechtigter Partner in einem "*kollektiven Sicherheitssystem*"[13] sein.

Die ablehnende Haltung gegenüber der Westintegration wurde zunächst im Bereich der EWG modifiziert[14] und dann schließlich, auch was den militärischen Bereich (Nato) betrifft[15], revidiert.

Der Bau der Berliner Mauer und die Kuba-Krise ließen deutlich werden, daß die Weltmächte sich auf den »status quo« in der Welt eingerichtet hatten und die gegenseitigen Interessensphären anerkannten.[16] Mit dem Mauerbau war die letzte Lücke in der Abgrenzung der Interessensphären in Europa geschlossen worden und damit ein Unsicherheitsfaktor zwischen den beiden Weltmächten ausgeräumt. In der Bundesrepublik mußte erkannt werden, daß "*die bisherige Wiedervereinigungspolitik ... gescheitert*"[17] war. Dieser Satz Willy Brandts galt in der damaligen Situation zwar für die Politik der Bundesregierung, läßt sich aber auch auf die ostpolitische Haltung der SPD übertragen. Auch die Vorstellung einer deutschen Sonderlösung war nun mit der Mauer greifbar hinfällig geworden. Der Mauerbau löste in der SPD endgültig einen Umdenkprozeß aus, der

---

12. Vergl.: Europakonzeptionen im Kapitel: "IV 3. Die Europäisierung Europas" in dieser Arbeit.
13. Maier-Harloff, a.a.O. (Anm. 10), S. 166;
    Lafontaine, Oskar, Angst vor den Freunden. Die Abschreckungs-Strategie der Supermächte zerstört die Bündnisse, Hamburg, 1983, S. 105;
    vgl. mit »Sicherheitspartnerschaft« in Kapitel IV 1. in dieser Arbeit.
14. Siehe u.a.: Mommer und Schmid, Reden in der Europadebatte des Deutschen Bundestages, in: Deutscher Bundestag, Protokolle, 2/137, Bonn, 22.03.1956, S. 7075f bzw. S. 7082.
15. Wehner, Herbert, Rede vor dem Deutschen Bundestag, Außenpolitische Lage, 122. Sitzung am 30.06.1960, in: Schulte, Manfred, (Hrsg.), Herbert Wehner. Bundestagsreden, Bonn, 1970, S. 197-215;
    Haftendorn, Helga, Wurzeln der Ost- und Entspannungspolitik der Sozial-Liberalen Koalition, in: Ehmke, Horst/ Koppe, Karlheinz/ Wehner, Herbert, Zwanzig Jahre Ostpolitik. Bilanz und Perspektiven, Bonn, 1986, S. 17.
16. Nawroki, Joachim, Die Beziehungen zwischen den beiden Staaten in Deutschland, Berlin (West), 1986, S. 44; Bender, Peter, Offensive Entspannung. Möglichkeiten für Deutschland, Köln/Berlin (West), 1964, S. 12.
17. Brandt, Willy, Begegnungen und Einsichten, Hamburg, 1976, S. 41.

schon in Ansätzen erkennbar war[18], aber noch Jahre brauchte, um die Mehrheit der Partei zu erfassen.

Zunächst führten Mauerbau und Kuba-Krise auch bei vielen Sozialdemokraten zu einer verstärkten Abgrenzungspolitik gegenüber der DDR, die als Unrechtsregime angeprangert wurde. Die von einem starken Antikommunismus geprägte Deutschlandpolitik lehnte Anfang der 60er Jahre jede organisatorische und politische Beziehung zu kommunistischen Organisationen kategorisch ab.[19] An den deutschlandpolitischen Grundpositionen, dem Ziel einer staatlichen Wiedervereinigung, der Isolierung der DDR und dem Friedensvertragvorbehalt in den Grenzfragen, änderte sich zunächst nichts. In Teilbereichen der Partei wurde der Umdenkprozeß allerdings immer deutlicher. Die sich abzeichnenden Bemühungen der westlichen Partner, insbesondere der USA, um eine Ost-West-Entspannung führten in der SPD-Bundestagsfraktion, vor allem unter dem Einfluß Erlers, zu der Sorge vor einer internationalen Isolierung der Bundesrepublik und dem Bemühen diesen Entspannungsprozeß für die deutschen Belange auszunutzen. Wirklich neue Akzente kamen allerdings nicht aus Bonn, sondern aus Berlin. Der Berliner Senat unter der Führung von Willy Brandt, hatte mit der DDR auf deren Initiative Verhandlungen aufgenommen, die ab 1963 zum Abschluß einer Reihe von Passierscheinvereinbarungen[20] führten.

In dieser Zeit stellte Egon Bahr Überlegungen zu einer neuen Deutschlandpolitik an. Seine Vorstellung von einem "*Wandel durch Annäherung*" beruhte auf der Einsicht, daß "*die Wiedervereinigung nicht ein einmaliger Akt ist, der durch einen historischen Beschluß an einem historischen Tag auf einer historischen Konferenz ins Werk gesetzt wird, sondern ein Prozeß mit vielen Schritten und Stationen. Wenn es richtig ist, was Kennedy sagte, daß man auch die Interessen der anderen Seite anerkennen und berücksichtigen müsse, so ist es sicher für die Sowjetunion unmöglich, sich die Zone zum Zwecke einer Verstärkung des westlichen Potentials entreißen zulassen. Die Zone muß mit der Zustimmung der Sowjets transformiert werden. Wenn wir so weit wären, hätten wir einen großen Schritt zur Wiedervereinigung getan ... Diese Folgerung ist rasend unbequem und geht gegen unser Gefühl, aber sie ist logisch. Sie bedeutet, daß Änderungen und Veränderungen nur ausge-*

18. Wehner, Herbert, Rede vor dem Deutschen Bundestag, Deutsche Frage - atomwaffenfreie Zone, 19. Sitzung am 21.03.1958, in: Schulte, Manfred, (Hrsg.), a.a.O (Anm. 15), S. 184.
19. Gaus, Günter, a.a.O. (Anm. 8), S. 29;
Maier-Harloff, a.a.O. (Anm. 10), S. 113ff;
Beschluß des Parteivorstands "Richtlinien für Ostkontakte" vom 30.01.1960 (vgl. Neufassung der Richtlinien vom 18.03.1967)
20. Siehe Chronik im Anhang in dieser Arbeit.

hend von dem zur Zeit dort herrschenden verhaßten Regime erreichbar sind ... Eine materielle Verbesserung müßte eine entspannende Wirkung in der Zone haben."[21]

Zwar wurden Vorstöße dieser Art von der Partei mißtrauisch verfolgt und die Exponenten immer wieder zur Ordnung gerufen, aber schließlich setzte sich diese Politik immer mehr innerhalb der Partei und auch in der bundesdeutschen Bevölkerung durch. Gerade von außen wurde die Partei zusehens mit der Erwartung konfrontiert, eine konstruktive Perspektive in der Ostpolitik zu zeigen, die für einen Ausgleich mit den osteuropäischen Nachbarn einschließlich der erforderlichen Konsequenzen in den Grenzfragen eintritt. Besondere Bedeutung kommt hier den beiden christlichen Kirchen in Deutschland zu.

Dies alles führte schließlich in der Partei zu der Einsicht in die Notwendigkeit einer inhaltlich realistischeren und offensiven Ostpolitik. Sicherlich ging die SPD nicht so weit wie z.B. Peter Bender, der nicht nur für eine wirtschaftliche Stabilität, sondern auch für die politische Anerkennung der DDR plädierte.[22] Die Richtung, die die Entwicklung der Ostpolitik der SPD nahm, war allerdings dadurch sehr gut beschrieben.

Daß die SPD das Gesprächsangebot des ZK der SED im Februar 1966 annahm, war nur eine logische Umsetzung dieser Entwicklung in praktisches Handeln. Programmatisch wurde diese Entwicklung schließlich auf dem Dortmunder Parteitag Anfang Juni 1966 dokumentiert.[23] Auf der Grundlage der Dortmunder Beschlüsse formulierte die SPD-Bundestagsfraktion ein Acht-Punkte-Programm[24] für die Koalitionsverhandlungen mit der CDU/CSU. In der Regierungserklärung der ersten Bundesregierung unter sozialdemokratischer Beteiligung wurde dann auch der "*Wille zum Frieden und zur Verständigung der Völker das erste Wort und das Grundanliegen der Außenpolitik dieser Regierung*"[25] und es wurde betont, daß ihr daran liege, das "*Verhältnis zu unseren östlichen Nachbarn ... auf allen Gebieten ... zu verbessern und ... auch diplomatische Beziehungen auf-*

---

21. Bahr, Egon, Referat vor der Evangelischen Akademie Tutzingen am 15.Juli 1963, in: Meissner, Boris, (Hrsg.), Die deutsche Ostpolitik. Kontinuität und Wandel, Köln, 1970, S. 45-48; siehe hierzu auch: Schmid, Günther, Entscheidung in Bonn. Die Entstehung der Ost- und Deutschlandpolitik 1969/1970, Köln, 1979, S. 222 und 224-225; Hafterdorn, Helga, a.a.O. (Anm. 15), S. 19-20.
22. Bender, Peter, a.a.O. (Anm. 16), S. 109ff besonders 116; ders., Zehn Gründe für die Anerkennung der DDR, Frankfurt, 1968.
23. Schmidt, Helmut, a.a.O. (Anm. 10), S. 545-579; SPD-Bundesparteitag 1966 in Dortmund, Entschließung zur Deutschlandpolitik unter sich ändernden weltpolitischen Bedingungen, in: Jahrbuch der SPD 1966, S. 270-278.
24. SPD-Bundestagsfraktion, Aufgaben der Neuen Bundesregierung. Acht-Punkte-Programm, in: Jahrbuch der SPD, 1966/67, S. 354.
25. Regierungserklärung von Bundeskanzler Kiesinger vor dem Deutschen Bundestag am 13.Dez.1966, in: Texte zur Deutschlandpolitik, Bd I, S. 19.

zunehmen".[26] An den bisherigen deutschlandpolitischen Rechtspositionen wurde festgehalten.[27] Außenminister Brandt und mit ihm die SPD waren aber entschlossen, die Möglichkeiten innerhalb dieser Regierung zu nutzen und auszubauen. Egon Bahr und seine Mitarbeiter entwickelten und prüften in dieser Zeit alle Möglichkeiten der späteren »neuen Ostpolitik«.[28]

Ausgangspunkt für die Veränderungen in der ostpolitischen Einstellung der SPD war eine Analyse der weltpolitischen Situation und deren Auswirkungen auf Deutschland durch einen kleinen, überschaubaren Personenkreis in der Führung und, sehr wichtig, im intellektuellen Umfeld der Partei.

Im Verlauf des Buches werden in der Entstehung der »zweiten Phase der Entspannungspolitik« Parallelen hierzu deutlich werden. In den 60er Jahren kam es in der SPD vor allem im näheren Personenkreis um Willy Brandt zu der Auffassung, daß eine nüchterne, an den Realitäten orientierte Analyse der bisherigen Ost- und vor allen Dingen auch Deutschlandpolitik einschließlich der damaligen Situation nötig wäre. Die wichtigsten Ergebnisse und Folgerungen dieser Analyse sind im folgenden Kapitel kurz dargestellt.

2. Die »Neue Ostpolitik« oder der »modus vivendi«

Die bisherige Politik der Abgrenzung, die mit Begriffen wie »Kalter Krieg« und »roll back« verbunden war, hatte Deutschland der Wiedervereinigung keinen Schritt näher gebracht. Im Gegenteil, sie führte zu einer immer tieferen Spaltung. Durch das militärische Gleichgewicht der beiden Großmächte einerseits und durch die Ablehnung einer gewaltsamen Lösung andererseits schied eine machtpolitische Lösung der »deutschen Frage« aus. Die »Hallstein Doktrin« wurde in den 60er Jahren immer brüchiger und die internationale Bereitschaft, diese Politik weiter mitzutragen, ließ immer mehr nach. Die Zeichen der internationalen Politik, vor allem der der Großmächte, wiesen in immer stärkerem Maße auf Entspannung und Ausgleich.[29] Die Wahrscheinlichkeit einer internationalen Konstellation, in der die Sowjetunion gezwungen wäre, einseitig auf die DDR zugunsten des Westen zu verzichten, war viel zu gering, als daß man darauf eine politische Perspektive hätte aufbauen können. Die umgekehrte Lösung schied aufgrund des Selbstverständnisses der SPD von vornherein aus.

---

26. Kiesinger, Kurt Georg, a.a.O. (Anm. 25), S. 20.
27. Kiesinger, Kurt Georg, a.a.O. (Anm. 25), S. 24-25.
28. Schmid, Günther, a.a.O. (Anm. 21), S. 17-33.
29. Siehe: Schmidt, Helmut, a.a.O. (Anm. 10), S. 547.

Wenn man aber die Wiedervereinigung Deutschlands als einen einmaligen, schöpferischen Akt, als politisch realistische Möglichkeit ausschloß[30], die bisherige Politik als gescheitert ansah[31], aber eine Politik betreiben wollte, die der Einheit der Nation dienlich sein sollte, war man zur Beschreibung einer Alternative gezwungen. "*Die Alternative zum Kalten Krieg heißt offensive Entspannung.*"[32] Diese von Peter Bender schon 1964 beschriebene Politik enthielt schon damals sowohl den militärischen als auch den politischen Ansatz der späteren Entspannungspolitik. Der Dualismus von militärischer Stärke einerseits und politischer Entspannung andererseits, der auch in den Harmel-Bericht[33] Eingang fand, wurde Grundlage der »Neuen Ostpolitik«.

Sie setzte voraus, daß der Westen so hoch gerüstet sein müsse, daß der Ostblock die Möglichkeit der Erreichung eines militärischen Vorsprungs nicht in Betracht ziehen könnte.[34] Damit blieb man militärpolitisch in der bisherigen Tradition. Das Neue dieser Politik war die politische Entspannung und ihre Abkoppelung von der Militärpolitik.

Die Analyse der Situation in der DDR führte zu der Erkenntnis, daß jede Politik, die auf eine Destabilisierung der SED-Herrschaft gerichtet war, nicht zum Sturz des Regimes führe, sondern zu dessen Stabilisierung.[35] Die Ereignisse um den 17. Juni 1953 hatten gezeigt, daß die Sowjetunion auf keinen Fall bereit war, die DDR preiszugeben, und daß die bereits gefährdete Machtstellung Ulbrichts durch die instabile Situation gestärkt worden war. Die Analyse der bisherigen Krisen im Ostblock[36] führte zu der Überzeugung, daß die Sowjetunion immer dann mit aller Härte vorging, wenn ihr Herrschaftsanspruch oder ihr internationales Prestige in Frage gestellt wurde. Umgekehrt, wenn die Sicherheit und Stabilität ihres Herrschaftsanspruches nicht in Frage gestellt wurde, wie z.B. in Polen[37], war die Sowjetunion durchaus bereit, Reformen zuzulassen. Daraus ergab sich, daß jede Politik, die die Wiedervereinigung Deutschlands durch eine Destabilisierung der DDR erreichen wollte, von vornherein zum Scheitern verurteilt war. Eine solche Politik traf nicht die Führung, sondern die

30. Siehe: Egon Bahr, S. 7 in diesem Buch;
Schmidt, Helmut, a.a.O. (Anm. 10), S. 561.
31. Siehe: Willy Brandt, S. 6 in diesem Buch.
32. Bender, Peter, a.a.O. (Anm. 16), S. 37.
33. Beschluß der Nato-Ministertagung in Brüssel vom 13.-14.Dez. 1967, abgedruckt in: Nato-Informationsdienst, Das Atlantische Bündnis. Tatsachen und Dokumente, Brüssel, 1982, S. 325-327; hier wurde auch die *flexible response* als neue Nato-Doktrin festgelegt.
34. Bender, Peter, a.a.O. (Anm. 16), S. 37.
35. Hierzu: Bender, Peter, a.a.O. (Anm. 16), S. 37;
Bahr, Egon, a.a.O. (Anm. 21).
36. Bender, Peter, a.a.O. (Anm. 16), S. 17.
37. Gomulka's Reformversuche.

Bevölkerung. Die Folgerung daraus war, daß "*Änderungen und Veränderungen nur ausgehend von dem zur Zeit dort herrschenden verhaßten Regime erreichbar sind*"[38].

Damit ergab sich sowohl aus der Analyse der internationalen als auch der nationalen Situation, daß nur über eine Politik der Stabilisierung der Ostblockstaaten eine Veränderung zu erreichen war. Voraussetzung für diese Stabilisierung war eine Politik, die sich am »status quo« orientierte. Nur eine Anerkennung des »status quo« konnte es ermöglichen, dessen Folgen zu mildern.

Hier zeigt sich bereits, daß in der Deutschland- und Ostpolitik die Gesamtpartei mit einer gewissen zeitlichen Verzögerung ihren aus dem linken Lager stammenden Exponenten folgt. Es ist aber auch festzustellen, daß sie die Erkenntnisse und ihre Folgerungen nicht in letzter Konsequenz, sondern in einer abgeschwächten Form zum Gegenstand politischen Handelns macht. Das Maß dieser Abschwächung bestimmt sich aus der öffentlichen Perzeption. Aus dieser Annahme lassen sich später Wahrscheinlichkeiten für die Entwicklung der sozialdemokratischen Entspannungspolitik bestimmen.

2.1. Die Anerkennung des »status quo« und der Gewaltverzicht

Zwar erklärte Kiesinger 1967 für die Regierung der Großen Koalition, sie wolle "*ohne Scheuklappen sehen was ist*"[39] und er bot auch den Austausch von Gewaltverzichtserklärungen an, aber dieser verbalen Entspannung folgte keine Konsequenz im praktischen Handeln. Erst Brandts Erklärung, die "*Regierungen haben davon auszugehen was ist*"[40], war mit der Bereitschaft verbunden, diese Erkenntnis mit den erforderlichen Konsequenzen in praktische Politik umzusetzen.

Eine erste konkrete Grundlage war mit der auf dem Nürnberger Parteitag 1968 beschlossenen »Plattform« gelegt worden. Dort hieß es unter anderem:

"*Diese Politik wird um so erfolgreicher sein, je klarer unser Wille zum Ausdruck kommt, die bestehenden Grenzen in Europa insbesondere die gegenwärtige polnische Westgrenze zu respektieren und anzuerkennen ... Die Interessen des deutschen Volkes und der europäischen Völker verlangen ein Höchstmaß an Kooperation zwischen den beiden Teilen Deutschlands. Gegensätzliche politische Ordnungen ent-*

---

38. Bahr, Egon, a.a.O. (Anm. 21), S. 46.
39. Kiesinger, Kurt Georg, Rede anläßlich des Staatsaktes zum Tag der deutschen Einheit vor dem Deutschen Bundestag vom 17.Jun.1967, in: Texte zur Deutschlandpolitik, Bd.I, S. 78.
40. Brandt, Willy, Rede zur Lage der Nation vor dem Deutschen Bundestag vom 14. Jan. 1970, in: Texte zur Deutschlandpolitik, Bd.IV, S. 209.

binden uns nicht von der Pflicht, das Nebeneinander der Bundesrepublik Deutschland und der DDR zu ordnen."[41]

In seiner Regierungserklärung im Oktober 1969 vertrat Brandt die Auffassung, daß die das deutsche Volk betreffenden Fragen "*abschließend nur in einer europäischen Friedensordnung*" beantwortet werden könnten.[42] Auch wenn die erste Bundesregierung unter der Führung Brandts eine völkerrechtliche Anerkennung der DDR ausschloß[43], so steckte in der Formulierung "*auch wenn zwei Staaten in Deutschland existieren, sind sie doch füreinander nicht Ausland*"[44] das eigentlich Neue der Ostpolitik Brandts. Die Bundesregierung hatte damit die DDR anerkannt, ohne den Begriff »Anerkennung« verwendet zu haben. Sie war bereit, die »Oder-Neiße-Linie« als Westgrenze Polens anzuerkennen, wenn auch vorbehaltlich der Zustimmung eines gesamtdeutschen Souveräns. Da sie aber bereit war auf Gebietsansprüche auch zukünftig zu verzichten und die DDR schon 1950 im »Görlitzer Abkommen« die »Oder-Neiße-Linie« als Westgrenze Polens anerkannt hatte, war das, was später die »politische Bindungswirkung« der Verträge genannt wurde, schon in ihrer Grundkonzeption vorhanden. Mit ihrer Bereitschaft zu einer Politik der Anerkennung des »status quo« hatte die Regierung Brandt den Grundstein zu ihrer erfolgreichen Entspannungspolitik gelegt. Kern dieser Politik war der Gewaltverzicht.

"*Dieser Gewaltverzicht soll Grundlage für eine Verbesserung der Beziehungen zu allen osteuropäischen Staaten sein. Da das deutsche Volk in seiner Gesamtheit in absehbarer Zeit nicht auf einen Friedensvertrag hoffen kann, wird der Gewaltverzicht - er kann es zumindest werden - die Basis für die Regelung der einzelnen, heute lösbaren politischen Fragen mit den verschiedenen Staaten Osteuropas. Wir sehen insoweit im Gewaltverzicht etwas Dauerhaftes, weil es für das deutsche Volk - und hier denke ich auch an unseren Sicherheitsbeitrag im Atlantischen Bündnis - nur noch Friedenspolitik geben kann.*"[45]

Diese Politik führte zu den Ostverträgen[46], bei denen ein wesentliches Element der Gewaltverzicht ist. Aber nicht der vordergründige Gewaltverzicht ist das entscheidende Moment der Verträge, sondern die dahinter stehende Aner-

---

41. Beschluß des SPD-Parteitages in Nürnberg "Beitrag der SPD zu aktuellen Problemen der deutschen Politik" ("Plattform") vom 21.März 1968 (Auszug), in: Meissner, Boris, a.a.O. (Anm. 21), S. 246.
42. Brandt, Willy, Regierungserklärung vor dem Deutschen Bundestag vom 28.Okt.1969, in: Texte zur Deutschlandpolitik, Bd.IV, S. 11.
43. Brandt, Willy, a.a.O. (Anm. 42), S. 11.
44. Brandt, Willy, a.a.O. (Anm. 42), S. 12.
45. Ders., Rede zur Lage der Nation vor dem Deutschen Bundestag vom 14.Jan.1970, in: Texte zur Deutschlandpolitik, Bd.IV, S. 213.
46. Warschauer-Vertrag, Moskauer-Vertrag, Grundlagen-Vertrag, Brief zur deutschen Einheit.

kennung des »status quo« in Europa einschließlich der bestehenden Grenzen und der Verzicht auf jegliche Gebietsansprüche. Auch wenn in den Verträgen und ihrem Umfeld gemachte Vorbehalte auf die innenpolitisch bedeutsame »Rechtslage Deutschlands« Rücksicht nehmen und zwischen einer de facto- und de jure-Anerkennung unterscheiden, handelt es sich hierbei um eine rein akademische Fragestellung.[47] Denn nicht die rechtlichen, sondern allein die politischen Voraussetzungen sind entscheidend für praktisches Handeln einer Regierung.[48]

Die Anerkennung des »status quo« wurde zum Primat sozialdemokratischer Entspannungspolitik, und dies ist bis heute so geblieben. Die Anerkennung des »status quo« bildet das Fundament des praktischen, politischen Handelns; visionäres Denken und Konzeptionieren muß darauf aufbauen und wird von der Partei daran gemessen. Damit wird der Rahmen abgesteckt, in dem sich, von nun an, die Weiterentwicklung der Ost-West-Konzeptionen und der Europamodelle bewegen muß, wenn sie sich in der SPD durchsetzen sollen.

2.2. Die Politik der Normalisierung und die »deutsche Frage«

"*Zwanzig Jahre nach der Gründung der Bundesrepublik Deutschland und der DDR müssen wir ein weiteres Auseinanderleben der deutschen Nation verhindern, also versuchen, über ein geregeltes Nebeneinander zu einem Miteinander zu kommen.*"[49]

Dieses geregelte Nebeneinander, für das auch der Begriff »modus vivendi« gebraucht wurde[50], war Ziel praktischer Politik der Regierung Brandt. Um zu diesem »modus vivendi« nicht nur mit den osteuropäischen Staaten, sondern auch mit der DDR zu kommen, war die sozial-liberale Regierung bereit, das Ziel der Wiedervereinigung in eine ferne Zukunft zu legen. Damit war sie von dem wesentlichen Hemmschuh aller bisherigen ostpolitischen Bemühungen befreit, hatte aber die »deutsche Frage« - zumindest in einer theoretischen Möglichkeit - offen gehalten.

Schon Kiesinger hatte erkannt, daß ein wiedervereinigtes Deutschland "*eine kritische Größenordnung*" habe. Es sei zu groß, um in der Balance der Kräfte keine Rolle zu spielen und zu klein, um die Kräfte selbst im Gleichgewicht zu hal-

---

47. Heimann, Gerhard, Europa muß stabil bleiben, In: Berliner Stimme, 13.Okt.1984.
48. Schmude, Jürgen, 13 Thesen-Perspektiven der Deutschlandpolitik in den 80er Jahren, in: Sozialdemokratischer Pressedienst, 31.Mai 1983.
49. Brandt, Willy, a.a.O. (Anm. 42), S. 12.
50. Ders., Ansprache vor einer Betriebsversammlung der AEG-Telefunken, Berlin, 8. Juli 1970, in: SPD-Parteivorstand, (Hrsg.), SPD wir informieren. 13 Jahre danach, Bonn, 1985, S. 18.

ten. Es sei schwer vorstellbar, daß sich ganz Deutschland bei der Fortdauer der gegenwärtigen politischen Struktur in Europa der einen oder der anderen Seite ohne weiteres zugesellen könne. Eben darum könne man das Zusammenwachsen Deutschlands nur in einen Prozeß der Überwindung des Ost-West-Konflikts in Europa eingebettet sehen.[51]

Die Regierung Brandt/Scheel zog daraus die Konsequenzen für ihr praktisches Handeln. Sie vertrat die Auffassung, daß die »deutsche Frage« nur in einer europäischen Friedensordnung gelöst werden könne, ohne genauer zu beschreiben, wie diese Friedensordnung eigentlich aussehen sollte und wann sie erreicht werden könnte.

"Wir haben ... was die deutschen Dinge angeht in der Tat keine Antwort zu geben versucht. Wir haben uns das nicht zugetraut; dies bekenne ich. Wir haben keine Antwort darauf gegeben, in welcher Form die Deutschen eines Tages im Rahmen einer europäischen Friedensordnung sich wieder begegnen, miteinander leben und an ihrer gemeinsamen Zukunft arbeiten werden. Wir haben stattdessen gesagt, was die Regierung in dieser Legislaturperiode in der Deutschlandpolitik zu bewegen versuchen will."[52]

Als Ziel dieser Politik wurde auch nicht mehr unbedingt der Begriff »Wiedervereinigung« genannt, sondern öfter Begriffe wie »staatliche Einheit«, »Selbstbestimmung«, »Lösung der deutschen Frage«, »Einheit der Deutschen« oder der Begriff der »Nationalen Einheit«, der für die spätere SPD-Politik eine immer größere Bedeutung haben sollte. Es kam der damaligen Regierung nicht darauf an, eine konkrete Antwort auf die »deutsche Frage« zu geben, sondern es war ihr in allem, was sie tat wichtig, keine, wie auch immer geartete, Möglichkeit einer Antwort zu verbauen.

Dadurch, daß die Regierung sich vom Offenhalten der Gegenwart zu einem Offenhalten der Zukunft als Maxime ihrer Politik bewegte, erlangte sie in der Gegenwart den nötigen Spielraum für Verhandlungen mit dem Osten. Diese sollten zu einem geregelten Nebeneinander, dem angestrebten »modus vivendi« führen, von dem man sich eine wesentlich bessere Ausgangslage für das angestrebte Miteinander, für die Überwindung des Systemkonflikts, versprach.

Bisher wurde dargelegt, wie die SPD aus der Analyse des Historischen und Gegebenen zu einer neuen Ostpolitik kam. Die wesentlichen Elemente dieser Politik waren der Gewaltverzicht, die Anerkennung des »status quo«, die Herstellung eines »modus vivendi« und die Projektion einer nebulösen Antwort auf die »deutsche Frage« in eine zukünftige Friedensordnung; dies wird alles zusam-

---

51. Kiesinger, Kurt Georg, a.a.O. (Anm. 39), S. 81.
52. Brandt, Willy, Rede vor dem Deutschen Bundestag vom 30.Okt.1969, in: Texte zur Deutschlandpolitik, Bd.IV, S. 47.

mengefaßt unter dem Begriff »Anerkennung der Realitäten«. Im Folgenden soll der Frage nachgegangen werden, welche Vorteile sich die SPD von einer solchen Politik versprach und was sie zu erreichen gedachte.

2.3. Wandel durch Annäherung - vom Kalten Krieg zum Systemkampf

"Die amerikanische Strategie des Friedens läßt sich auch durch die Formel definieren, daß die kommunistische Herrschaft nicht beseitigt, sondern verändert werden soll. Die Änderung des Ost-West-Verhältnisses, die die USA versuchen wollen, dient der Überwindung des status quo, in dem der status quo zunächst nicht verändert werden soll. Das klingt paradox aber es eröffnet Aussichten, nachdem die bisherige Politik des Drucks und Gegendrucks nur zu einer Erstarrung des status quo geführt hat."[53]

Bahr übertug diese »Strategie des Friedens« auf Deutschland und folgerte daraus: *"Die Zone muß mit Zustimmung der Sowjets transformiert werden."*[54] Als treibende Kraft dieser Transformierung sah Bahr das Gefälle zwischen der DDR und der Bundesrepublik Deutschland. Wenn nun dieses Gefälle nicht destabilisierend auf die DDR wirkte, wie im Juni 1953, sich durch die politische Stabilisierung und die Anerkennung des »status quo« nicht die Gefahr eines revolutionären Umschlags ergab und somit die sowjetischen Interessen nicht tangiert werden würden, sah Bahr einen schmalen Weg der *"Erleichterung für die Menschen in homöopathischen Dosen"*[55].

Ziel der sozialdemokratischen Politik war es nicht mehr den Kommunismus zu beseitigen, sondern sie war darauf gerichtet, ihn zu verändern. Man hatte erkannt, daß eine *"Humanisierung der DDR"* nicht gegen den Willen der herrschenden Kommunisten durchzusetzen war. Mit der SED wollte man zu einer Reformierung der DDR kommen, allein durch die Überzeugungskraft des eigenen Systems.[56]

Unter der Politik des »Wandels durch Annäherung« verstand man eine Annäherung an den Standpunkt des Ostens mit dem Ziel seines Wandels. Mit der

---

53. Bahr, Egon, a.a.O. (Anm. 21), S. 45;
siehe dazu auch: Bender, Peter, a.a.O. (Anm. 16), S. 40ff.
54. Bahr, Egon, a.a.O. (Anm. 21), S. 46.
55. Bahr, Egon, a.a.O. (Anm. 21), S. 48.
56. Bender, Peter, a.a.O. (Anm. 16), S. 111;
vgl. auch mit dem Kapitel: "IV 4.2.4. SPD/SED-Papier" in diesem Buch.

Konsolidierung der DDR[57] war die Hoffnung verbunden, daß man das System, dessen Veränderung man von außen nicht hatte erzwingen können, unter einen inneren Reformdruck brächte, der wesentlich durch die Kooperation mit der Bundesrepublik geprägt wäre. "*Allein eine begrenzte Stabilisierung der DDR gestattet die Überlegenheit der Bundesrepublik ins Spiel zu bringen.*"[58] Durch eine offensive Politik der Kooperation[59], die als westliches Pendant zur kommunistischen Politik der »friedlichen Koexistenz« verstanden wurde, hoffte man den Osten zu einem friedlichen Wandel und zur Annäherung an das westliche System zu bewegen.

Die SPD glaubte, eine zukünftige Ostpolitik könne eine Situation schaffen, in der das eigene System sich in einem friedlichen Systemkampf als das überlegenere erweisen müßte. Im wesentlichen gründete sich diese Annahme auf zwei Prämissen, zum einen darauf, daß es möglich wäre, den Ostblock, und insbesondere die DDR, durch entsprechende Angebote, die ihren Forderungen teilweise entsprachen, dazu zu veranlassen, sich diesem veränderten Systemkampf zu stellen und die erforderlichen Begegnungsmöglichkeiten als Voraussetzung zu schaffen. Zweitens mußte die SPD davon ausgehen, daß das Wirtschaftssystem, wie es sich in der Bundesrepublik präsentierte, erstrebenswert und dem sozialistischen überlegen wäre. Dabei wurde die eigene Wirtschaftskraft als so überzeugend und die parlamentarische Demokratie als so gefestigt angesehen, daß umgekehrt ein Wandel in Richtung auf das System der DDR nicht für möglich gehalten wurde. Es handelte sich bei dem »Wandel durch Annäherung« also keinesfalls um einen gleichseitigen und gleichgewichtigen Prozeß einer Annäherung der beiden Systeme.[60]

---

57. Bender, Peter, a.a.O. (Anm. 16), S. 109ff.
58. Bender, Peter, a.a.O. (Anm. 16), S. 124.
59. Bender, Peter, a.a.O. (Anm. 16), S. 30ff.
60. Vgl.: SPD/SED-Papier: SPD-Parteivorstand, (Hrsg.), Im Wortlaut: Streit der Ideologien und die gemeinsame Sicherheit, in: Informationsdienst der SPD, Intern Nr. 9, Bonn, 02.09. 1987.

III. Gründe für das Ende der ersten und die Notwendigkeit der zweiten Phase der Entspannungspolitik

Die erste Phase der Entspannungspolitik hatte zwischen den Supermächten zu einer Reihe von Rüstungskontrollvereinbarungen geführt.[61] Ergebnisse der deutschen und der europäischen Entspannung waren u.a. das Berliner Vier-Mächte-Abkommen, der Grundlagenvertrag, die Gewaltverzichtsverträge mit der Volksrepublik Polen und der Sowjetunion und die Verträge mit den anderen osteuropäischen Staaten zur Aufnahme diplomatischer Beziehungen. All dies mündete schließlich im Jahre 1975 in die KSZE-Schlußakte von Helsinki, die den Höhepunkt der ersten Phase der Entspannungspolitik darstellt.[62] Darauf aufbauend wurden eine Reihe von Kooperationsvereinbarungen auf vielen politischen Sachfeldern abgeschlossen. Der entscheidende Vorteil für Deutschland war, daß es aus der unmittelbaren Situation, der Ost-West-Konfliktherd zu sein, heraustrat und zu einer politisch relativ stabilisierten Zone wurde. Wie richtig diese Einschätzung ist, zeigte sich zu Beginn der 80er Jahre. Als die Spannungen im Ost-West-Verhältnis zwischen den Supermächten zunahmen, gingen mäßigende Impulse von Mitteleuropa aus. Bei sich verschärfenden Ost-West-Gegensätzen arbeiteten die deutsch-deutschen Kommissionen weitgehend unbeeinflußt. Auch die Gesprächskontakte auf hoher politischer Ebene brachen nicht ab.[63]

Trotz der zahlreichen Erfolge war die erste Phase der Entspannungspolitik am Ende der 70er Jahre an die Grenzen ihrer Möglichkeiten gestoßen.[64] Die Gründe hierfür stellen gleichzeitig die Grundlage der »zweiten Phase der Entspannungspolitik« dar. Für diese Grenzen gibt es sowohl innere, d.h. in der Konzeption der ersten Phase selbst enthaltene, als auch äußere, in den politischen Entscheidungen und Ereignissen liegende Gründe.

Unter inneren Gründen seien hier solche verstanden, die sich nur aus der Konzeption der ersten Phase der Entspannung heraus bestimmen und von den äußeren Einflüssen weitgehend unabhängig sind. Sie haben sich bei einer Forderung nach Weiterentwicklung der ersten Phase als konzeptionelle Mängel erwiesen, und aus der Art und Weise, wie sie erkannt wurden und der Versuch ihrer Beseitigung gemacht wurde, ergibt sich ein großer Teil der Konzeption der

---

61. So z.B.: begrenzter Atomteststop (1963), atomarer Nichtverbreitungsvertrag (1968), ABM-Vertrag (1972), SALT I(1972), SALT II(1979).
62. Schmidt, Helmut, Menschen und Mächte, Berlin (West), 1987, S. 73, 215 und 286.
63. Büchler, Hans, An Perspektiven braucht es nicht zu fehlen, in: Sozialdemokratischer Pressedienst, Ausgabe 229, 1.Dez.1981.
64. Schmidt, Helmut, a.a.O. (Anm. 62), S. 73 und 286.

zweiten Phase, die sich nicht als Neuschöpfung, sondern als konsequente Weiterentwicklung versteht.

Unter äußeren Gründen sei hier der Bereich zu verstehen, der sich von der Konzeption unabhängig, als veränderte Rahmenbedingungen, darstellt, wie die weltpolitische Lage, die Situation der Weltmächte, die sich in einem Perzeptionswandel der Sozialdemokraten in der zweiten Hälfte der 70er und der ersten Hälfte der 80er Jahre widerspiegelt. Sie stellen äußere Anstöße für ein inneres konzeptionelles Nachdenken der SPD dar. Als ein exponierter Auslöser dieser Entwicklung wird der Nato-Doppelbeschluß gesondert untersucht.

1. Innere Gründe

1.1. Fehlende Zielperspektive der Friedensordnung

Nach den ersten, auch konzeptionell begleiteten Erfolgen der Entspannungspolitik erstarrte diese in der zweiten Hälfte der 70er Jahre. Sie wurde administrativ und zu einem, jeder weiterentwickelnden Konzeption entbehrenden "*business as usual*".[65] Dabei war das, die ersten Jahre beherrschende Motiv, die Anerkennung des »status quo« in Europa als Voraussetzung für dessen allmähliche Überwindung im Sinne des Bahr-Mottos »Wandel durch Annäherung«, verloren gegangen. Übrig blieb ein statisches, auf Sicherheit und Stabilität begründetes Gleichgewichts- und Blockdenken. Im jährlichen »Bericht zur Lage der Nation« war die Formel von der "*Lösung der deutschen Frage im Rahmen einer europäischen Friedensordnung*" am Ende nur noch eine Pflichtübung und leere Worthülse.[66]

Mit der europäischen Friedensordnung hatte die Entspannungspolitik zwar einen Zielpunkt benannt, aber diese Finalität des Entspannungsprozesses wurde kaum weitergehend diskutiert - ein Mangel, der Ende der 70er Jahre mit der erneuten Eskalation des Rüstungswettlaufs deutlich wurde. Es zeigte sich, daß die politische Entspannung den Spielraum der europäischen Staaten zwar erweitert hatte[67], daß aber dieser Spielraum bei einem Konflikt der sich in Europa gegen-

---

65. Scheer, Hermann, Vom "Wandel durch Annäherung" zur "Annäherung durch Wandel". Zu den Bedingungen einer erneuerten Entspannungspolitik (Vortrag auf dem SPÖ-Kongreß Perspektiven '90 "Die Zukunft der internationalen Politik", Wien), 13.05.1987, S. 4; Heimann, Gerd, Thesen zur Deutschlandpolitik, in: Evangelische Kommentare, Heft 3, 1984, S. 149-151.
66. Heimann, Gerd, a.a.O. (Anm. 65), S. 149-151.
67. Schmidt, Helmut, a.a.O. (Anm. 62), S. 286.

überstehenden Supermächte sehr schnell wieder verloren gehen konnte. Nun erwies sich die Trennung der politischen von der militärischen Entspannung als verhängnisvoll. Bei aller politischen Entspannung waren die militärischen Gefahrenpotentiale unangetastet geblieben; und nicht nur unangetastet, sie eskalierten im Windschatten der Entspannungseuphorie.

Da zu Beginn der 80er Jahre weder ein Konzept für die europäische Friedensordnung noch für einen Weg zu ihr vorlag, blieb den europäischen Staaten nichts anderes übrig als der Rückweg in eine größere Abhängigkeit von der Politik der Supermächte.[68] Das geregelte Nebeneinander war ein wichtiger Schritt für die europäischen Staaten, wenn aber die europäischen Staaten eine, in erster Linie ihren eigenen Interessen dienende, Ost-West-Politik betreiben wollten, war mehr verlangt. Um aber vom geregelten Nebeneinander zum Miteinander zu kommen[69], mußte man Abschied nehmen von der im Gleichgewichts- und Blockdenken erstarrten bisherigen Politik. Dazu fehlte aber sowohl die Konzeption als auch die Bereitschaft.

1.2. Mangelnde Gleichzeitigkeit der abrüstungspolitischen Initiativen

Die Entstehung der Entspannungspolitik in der ersten Hälfte der 60er Jahre war gekennzeichnet von einer Gleichzeitigkeit und Gleichgerichtetheit im entspannungspolitischen Willen aller Beteiligten in Ost und West. Dieser Zustand hielt bis Anfang der 70er Jahre an[70], danach ging diese Einigkeit verloren.[71]

Jimmy Carter, der Ende 1976 amerikanischer Präsident wurde, war von der Notwendigkeit, nicht nur der Kontrolle und Begrenzung, sondern auch des Abbaus der nuklearen Potentiale überzeugt. Er glaubte, daß der Ost-West-Konflikt gegenüber den sich abzeichnenden Nord-Süd-Problemen an Bedeutung verlieren würde und war daher bestrebt, das amerikanische Verhältnis zu den sozialistischen Ländern - insbesondere zur Sowjetunion - auf eine neue Basis zu stellen. Weil seine Ost-West-Politik aber in starkem Maße mit der Politik der Menschenrechte verknüpft war und er die Sowjetunion mit drastischen Abbauvorschlägen im rüstungspolitischen Bereich konfrontierte, zeigten ihm die kon-

---

68. Nach Glotz Auffassung ist im Mai 1981 das europäische Selbstbewußtsein nahe am Nullpunkt. Glotz, Peter, a.a.O. (Anm. 6), S. 51
69. Brandt, Willy, a.a.O. (Anm. 42), S. 12
70. Bender, Peter, Neue Ostpolitik. Vom Mauerbau zum Moskauer Vertrag, München, 1986, S. 82-102 und 115ff.
71. Griffith, William E., Die Ostpolitik der Bundesrepublik Deutschland, Stuttgart, 1981, S. 312.

servativen Kremlchefs die kalte Schulter. Den Sowjets gingen die Abrüstungsvorschläge Carters zum SALT-Abkommen im Frühjahr 1977 zu weit. Sie wären zum Abbau der Hälfte ihrer landgestützten Interkontinental-Raketen gezwungen gewesen. Die Amerikaner, deren nukleares Schwergewicht im Bereich der Luft- und Seestreitkräfte lag, hätten mit der Annahme dieser Vorschläge einen entscheidenden Vorteil im Machtkampf zwischen den Supermächten erlangt.[72]

Dieses Beispiel zeigt, wie wenig die Vorstellungen über Rüstungskontrolle mit Bestrebungen zur Rüstungsbegrenzung oder gar Abrüstung übereinstimmten. Rüstungskontrolle in der ersten Phase der Entspannungspolitik stellte sich als eine neue Variante des Rüstungswettlaufs dar. Obwohl die Begrenzung dieses Wettlaufs als die wichtigste Komponente der Entspannungspolitik gegenüber der Sowjetunion bezeichnet wurde, zeigte schon das SALT-Abkommen, daß Vereinbarungen dieser Art die Aufrüstung mit immer neuen und immer besseren Waffen nicht verhinderten, sondern diese eher unterstützten und förderten.[73]

Mit der ersten Phase der Entspannungspolitik und ihrer erfolgreichen Durchführung in der ersten Hälfte der 70er Jahre waren die Ansprüche, die zu dieser Politik geführt hatten, weitgehend erfüllt. Eine weitergehende Notwendigkeit zu einer Ausweitung des Entspannungsprozesses, vor allem auf militärischem Gebiet, wurde noch nicht gesehen. Die Vereinigten Staaten und die Sowjetunion betrieben, wie schon zu Zeiten des »Kalten Krieges«, ihren rüstungspolitischen Machtkampf. England, und vor allem Frankreich, hatten sich mit dem Aufbau ihrer eigenen Atomrüstung ein eigenes, von den USA unabhängiges Nuklearpotential geschaffen und damit eine begrenzte politische Unabhängigkeit erlangt, auf die zu verzichten sie nicht bereit waren. Die westeuropäischen Staaten insgesamt waren, so wie die osteuropäischen auf der anderen Seite, durch die jeweilige Militärdoktrin vom Funktionieren der gegenseitigen atomaren Abschreckung zwischen den Großmächten abhängig. Da aber die Konzeption der ersten Phase der Entspannungspolitik gerade diese Militärdoktrinen voraussetzte und auf ihnen aufbaute, war mit dieser Konzeption kein weiterer Fortschritt in der Entspannungspolitik möglich. Nennenswerte Bestrebungen zu einem gleichzeitigen konzeptionellen Neuansatz in den Ost-West-Beziehungen waren nicht erkennbar.

---

72. Merseburger, Peter, Die unberechenbare Vormacht, München, 1985, S. 29, 46, 53 und 211.
73. Merseburger, Peter, a.a.O. (Anm. 72), S. 209.;
Schmidt, Helmut, a.a.O. (Anm. 62), S. 264.

1.3. Mangel an europäischen Ideen für eine militärische Entspannung

Aus der Möglichkeit der gegenseitigen nuklearen Verwundbarkeit der Supermächte zog Charles de Gaulle die Konsequenz der Notwendigkeit des Ausbaus einer selbständigen französischen Atomstreitmacht. Mit dieser »force de frappe« erreichte Frankreich zwar keine nukleare Unabhängigkeit, da sie aber allein unter französischem Einsatzbefehl steht, sichert sie die Möglichkeit, die USA in einen Nuklearkrieg hineinzuziehen. Eine ähnliche Option, wenn auch politisch nicht so prononciert vertreten, hat sich Großbritannien offengehalten.[74]

Die Erfahrungen der Kuba-Krise, die die Welt an den Rand der atomaren Vernichtung gebracht hatte, veranlaßten die Vereinigten Staaten in den 60er Jahren zu einem Übergang von ihrer bisherigen Militärdoktrin einer »massiven Vergeltung« hin zu einer Strategie der »flexible responce«.[75] Dies war nötig geworden, da die Glaubwürdigkeit der Abschreckung durch die Strategie der »massiven Vergeltung« angesichts der angehäuften Potentiale und der geopolitischen Situation erschüttert war. Die Doktrin der »flexible response« beinhaltete die Androhung einer Eskalation bis zum Einsatz auch strategischer Waffen durch die Vereinigten Staaten und dies auch, wenn der Konflikt auf Europa begrenzt bliebe. Bei einem geschlossen Bündnis und unter der Voraussetzung, daß das Vertrauen in sein Funktionieren nicht erschüttert würden, hatte sich damit an den militärischen Grundbedingungen der Allianz nichts geändert. Solange die nukleare Parität zwischen den Supermächten erhalten blieb, und die Vereinigten Staaten glaubhaft an ihrer Eskalationsbereitschaft festhielten, sich also nicht aus Europa zurückziehen würden, blieb die atomare Abschreckung wirksam. Ein Rückzug der Vereinigten Staaten aus Westeuropa war ebensowenig denkbar, wie eine Abkehr Westeuropas von den USA. Bei der vorhandenen militärischen Situation wäre das Erreichen einer sicherheitspolitischen Unabhängigkeit Westeuropas von den USA nur durch den Aufbau einer eigenen, der Sowjetunion ebenbürtigen, europäischen Atomstreitmacht zu gewährleisten. Dazu war Westeuropa aber politisch und militärisch weder bereit noch in der Lage. Damit ergab sich auch mit der neuen Strategie der »flexible response« eine Festschreibung der sicherheitspolitischen Abhängigkeit Westeuropas von den USA.[76]

---

74. Dettke, Dieter, Rüstungskontrolle als Aufgabe des Bündnisses, in: Die Neue Gesellschaft, Heft 10, 1979, S. 903.
75. Schmidt, Helmut, a.a.O. (Anm. 62), S. 284-285.
76. Seidelmann, Reimund, Die Entspannungspolitik der Bundesrepublik Deutschland. Entstehungsursachen, Konzepte und Perspektiven, Frankfurt/Main, 1982, S. 96-100.

Ende der 70er Jahre zeigte sich, daß die europäischen Staaten in den Zeiten der Entspannungseuphorie diese Abhängigkeit verdrängt hatten. Als sich die Konfrontation der Supermächte, durch die im Windschatten der Entspannung sich weiterentwickelnde Rüstungseskalation, verschärfte, zeigten sich die militärischen Mängel der Entspannungspolitik. In dieser Situation ging der, während der ersten Entspannungsphase gewonnene, politische Spielraum der europäischen Staaten wieder weitgehend verloren. In Ermangelung einer eigenen europäischen sicherheitspolitischen Alternative wurden die europäischen Staaten wieder in den "*Status relativer Vasallen der Supermächte*"[77] zurückgedrängt, von dem sie sich wirtschaftlich und politisch im Zuge der Entspannung schon weitgehend emanzipiert hatten.

Es wurde deutlich, daß die Interessenlage der Europäer nicht mit der der Supermächte identisch war. Die Supermächte können das Bedrohungspotential der jeweils anderen Macht als Mittel einsetzen, um globale und europäische Ziele durchzusetzen. Jeder Abbau dieser Bedrohung würde auch die sicherheitspolitische Abhängigkeit der Europäer von den Supermächten verringern. Daher standen die amerikanisch-sowjetischen Interessen an der Aufrechterhaltung der sicherheitspolitischen Abhängigkeit der europäischen Staaten dem Interesse dieser Staaten an einer Verringerung der militärischen Bedrohung trotz aller ideologischen und politischen Einbindung in das jeweilige Bündnissystem diametral entgegen.

Damit erklärt sich die Zurückhaltung der Supermächte bei den Bemühungen um eine europäische, militärische Entspannung. Trotz der beschriebenen Interessenlage der Europäer fehlten, wenn man den größeren Handlungsspielraum der Westeuropäer berücksichtigt, vor allem hier konkrete Konzepte und Initiativen.

1.4. Widerspruch zwischen Entspannung und atomarer Bedrohung

Die Konzeption der ersten Phase der Entspannungspolitik beinhaltete die Beibehaltung der wechselseitigen atomaren Vernichtungsdrohung.[78] Die Entspannung wurde gewissermaßen als zusätzliche Komponente in die Ost-West-Beziehungen aufgenommen. Das führte in den 70er Jahren dazu, daß die auf Konsens und Kooperation im politischen und wirtschaftlichen Bereich basierende Politik des Ausgleichs mit der auf Konflikt und Konfrontation im militärischen Bereich begründeten Abschreckungs- und Rüstungspolitik in Konkurrenz treten mußte.

---

77. Scheer, Hermann, a.a.O. (Anm. 65), S. 5.
78. Harmelbericht.

Eine erfolgreiche Abschreckung und eine ausreichende Verteidigungsfähigkeit wurden als Voraussetzung und Rückhalt, in gewisser Weise auch als Alibi für nötig empfunden, um die Entspannungspolitik überhaupt durchführen zu können. Diese Konstruktion wurde akzeptiert, da man in der damaligen Phase glaubte nicht ohne sie auskommen zu können. Zum anderen hoffte man, daß die Entspannung eine solche Eigendynamik entwickeln würde, daß es zwangsläufig auch zu einer militärischen Entspannung kommen müsse.

Die entspannungspolitische Eigendynamik entwickelte sich aber nicht so schnell, wie es nötig gewesen wäre, um ein entsprechendes Gegengewicht zur sich gleichzeitig weiterentwickelnden Rüstungsdynamik darstellen zu können. Während die Entspannungspolitik langsamer als erwartet schrittweise ausgebaut und weiterentwickelt wurde, arbeitete die Militärpolitik unbeeinflußt in gewohnter Weise weiter. Man könnte sogar sagen, daß die Militärs eher von der Entspannungspolitik profitiert haben.[79] Das System der Abschreckung wurde immer weiter entwickelt und der Rüstungswettlauf sowohl auf konventioneller als auch auf nuklearer Ebene perfektioniert. So spitzte sich die Entwicklung dieser kontradiktorischen Bereiche immer mehr zu.

Gerade in der Zeit der Entspannung wurde militärisches Konfliktverhalten besonders sensibel registriert; denn eigentlich sollte es stagnieren, und man erwartete eher einen Rückgang. Das verstärkte Auftreten militärischen Konfliktverhaltens schien aber das Gegenteil zu beweisen. Es sprach für die mangelnde Durchsetzbarkeit der Entspannung und stellte die gerade erreichte wirtschaftliche und politische Kooperation in Frage. Dies zeigte sich deutlich bei den internationalen Konflikten[80], der Stationierung der SS-20 und der Reaktion in Form des Nato-Doppelbeschlusses.

Die Ost-West-Beziehungen wiesen einen inneren Widerspruch auf, der zwischen Kooperation und nichtmilitärischen Instrumenten der Entspannungspolitik auf der einen Seite und Konflikt und militärischen Instrumenten der Sicherheitspolitik andererseits lag.

Diese Erkenntnis und der Wunsch, die Glaubwürdigkeit der Entspannung zu erhalten, erforderte ein Nachdenken über mögliche Wege, die die Entspannung aus der Sackgasse, in die sie geraten war, herausführen könnten. Zur Bewahrung der politischen Entspannung mußte eine Strategie der militärischen Entspannung entwickelt werden.

Diese Strategie sollte ein möglichst geringes Risiko für alle Beteiligten beinhalten und über langsame, überschaubare und vorstrukturierte Schritte in eine

---

79. In keiner Zeit stieg der bundesdeutsche Militärhaushalt so wie in diesen Jahren.

80. Siehe Kapitel: "III 2.3. Internationale Krisen" in diesem Buch.

eigendynamische Entwicklung führen, an deren Ende echte Abrüstungsmaßnahmen stehen sollten.[81]

Der Widerspruch zwischen Entspannung und atomarer Bedrohung ist prinzipiell unaufhebbar. Erst diese Erkenntnis würde ermöglichen, daß die Entspannungsphase nicht von einer neuen Spannungs- und Rüstungsphase abgelöst würde. Denn dazu würde die Eigengesetzlichkeit der atomaren Rüstungsdynamik und die politische Psychologie der atomaren Abschreckung führen.

Die Nato und die Warschauer Vertragsstaaten waren technisch in der Lage, sich gegenseitig in sekundenschnelle durch atomare Blitzschläge völlig zu vernichten. In dieser Aussage steckten die beiden entscheidenden waffentechnischen Komponenten der besonderen Brisanz atomarer Rüstung in den 80er Jahren. Gäbe es nur schnelle Trägersysteme oder nur die Massenvernichtungswaffen, wäre die Lage noch nicht so kritisch. Erst die Kombination von immer wirkungsvolleren Massenvernichtungswaffen und immer höherer Geschwindigkeit der dazu gehörenden Trägersysteme hatten die Militärrüstung an den Punkt gebracht, an dem sie die Entspannungspolitik ad absurdum führte.

Die politische Psychologie der atomaren Abschreckung beinhaltet das bewußte in Kauf nehmen des Risikos der Selbstvernichtung. In der Regel unausgesprochen bedeutet dies, daß es etwas geben muß, das noch schlimmer ist als die eigene Selbstvernichtung, und das kann nach dem Wertesystem der Abschreckung nur der Gegner sein. Ihn gilt es, mit der Errichtung und Aufrechterhaltung entsprechender Feindbilder so bösartig und grausam zu zeichnen, daß die atomare Abschreckung das Risiko der Selbstvernichtung wert ist.

Die Psychologie der Abschreckung verhindert also den Abbau von Feindbildern, ohne den aber die Entspannungspolitik nicht möglich ist. Beides schließt sich somit gegenseitig aus.[82]

1.5. Aussparung der Systemdifferenz

Die erste Phase der Entspannungspolitik hatte ganz bewußt die Systemdifferenz zwischen Ost und West ausgespart. Nach den vergeblichen wechselseitigen Versuchen der gegenseitigen Systemüberwindung in den 50er Jahren zielte die Entspannungspolitik auf eine friedliche Systemnachbarschaft. Man wollte zunächst mit Hilfe des »Wandels durch Annäherung« zu einem geregelten Nebeneinander kommen. Es ging darum, Friedens- und Entspannungspolitik trotz des

81. Seidelmann, Reimund, a.a.O. (Anm. 76), S. 85-96.
82. Scheer, Hermann, a.a.O. (Anm. 65), S. 7-9;
vgl. hierzu auch: SPD/SED-Papier, a.a.O. (Anm. 60).

vorhandenen Systemgegensatzes zu entwickeln. Hatte Willy Brandt in seiner ersten Regierungserklärung als Bundeskanzler schon erklärt, er wolle "*über ein geregeltes Nebeneinander zu einem Miteinander*"[83] kommen, so wurde dieser Schritt Ende der 70er Jahre zur Notwendigkeit.

Beim Aufbau der Systemnachbarschaft blieb die Systemkonkurrenz weiterhin bestehen. Diese Konkurrenz beinhaltete alle Befürchtungen der gegenseitigen Aushöhlung und Erschütterung durch allmähliche Systemunterminierung.

Nach dem geregelten Nebeneinander mußte nun auch das Miteinander perspektivisch in das Entspannungskonzept aufgenommen werden. Um "*vom »Wandel durch Annäherung« zur »Annäherung durch Wandel«*"[84] zu kommen, war die Aufnahme der friedlichen Systemreform in das Entspannungssystem nötig. Grundlage dieser Systemreform ist die Anerkennung der uneingeschränkten Integrität beider Seiten und die Einsicht in die Existenz einer »Verantwortungsgemeinschaft«[85] für das Überleben der Menschheit.[86]

2. Äußere Gründe

2.1. Perzeptionswandel im Ost-West-Verhältnis

In den 70er Jahren hatten sich die globalen und die nationalen Einschätzungen des Ost-West-Verhältnisses gewandelt. In beiden Bündnissystemen kam es zu entscheidenden Veränderungen für das Ost-West-Verhältnis. Beide Supermächte büßten ihre ideologische Führerschaft zu einem großen Teil ein, behielten aber aufgrund der überlegenen militärischen und politischen Potenz ihre Rolle als Hauptdarsteller auf der weltpolitischen Bühne bei. Da sie die Weltpolitik aus der Sicht der Supermacht betrieben und ihre Interessenlage mit der Gesamtinteressenlage des jeweiligen Bündnisses gleichsetzten, entwickelte sich ein immer stärkeres Divergenzpotential zwischen den Verbündeten.[87] Diese Divergenzen lassen sich für das westliche Bündnis einfacher und in stärkerem Ma-

83. Brandt, Willy, a.a.O. (Anm. 42), S. 12.
84. Scheer, Hermann, a.a.O. (Anm. 65), Titel.
85. Im Zusammenhang mit der Deutschlandpolitik taucht dieser Begriff zum ersten Mal anläßlich einer öffentlichen Anhörung des Ausschusses für innerdeutsche Beziehungen des Deutschen Bundestages im Jahre 1981 in der schriftlichen Stellungnahme von Prof Dr. Rudolf von Thadden (Göttingen) auf, siehe: Deutscher Bundestag (Hrsg.), Zur Sache, Nr.2, Deutsche Geschichte und politische Bildung, Bonn, 1981, These 7, S. 19.
86. Vgl. auch mit: SPD/SED-Papier, a.a.O. (Anm. 60).
87. Schmidt, Helmut, a.a.O. (Anm. 62), S. 332.

ße belegen, können aber sicherlich auch für das östliche Bündnis angenommen werden.[88]

Nachdem die Entspannungspolitik eine emanzipatorische Wirkung auf die europäischen Staaten ausgeübt hatte, wurden die sich Ende der 70er und Anfang der 80er Jahre entwickelnden Bestrebungen der Supermächte, die verlorene Meinungsführerschaft wiederzuerlangen, als hegemonial betrachtet.[89] Die Verhaltensweisen der Supermächte wurden als ein Rückfall in die Verhaltensweisen des Kalten Krieges charakterisiert.

Den Supermächten stellten sich die jeweiligen Verbündeten als widerspenstig und störrisch dar. Ihnen schien es, daß die Verbündeten aus dem Gleise liefen und in immer stärkerem Maße eigene Wege gingen. Es wurde befürchtet, daß die europäischen Staaten aus den amerikanisch-sowjetischen Auseinandersetzungen für sich selbst Vorteile herausschlagen wollten.[90]

Die Entwicklung innerhalb der Supermächte, in ihrem Verhältnis zueinander und die sich daraus ergebenden weltpolitischen Rahmenbedingungen haben sich innerhalb der 70er Jahre verändert. Die Faktoren, die zu der ersten Phase der Entspannungspolitik geführt haben, waren zu Beginn der 80er Jahre nicht mehr gegeben. Es schien, daß die Möglichkeiten für die Entspannung ausgeschöpft und ihre Grenzen erreicht wären. Angesichts des sich verschlechternden amerikanisch-sowjetischen Verhältnisses mußte sogar befürchtet werden, daß das bereits Erreichte gefährdet war.

2.1.1. USA

Die Bundesrepublik und insbesondere die SPD waren von dieser weltpolitischen Entwicklung in besonderem Maße betroffen. Hatte die SPD zunächst ihre Ost- und Entspannungspolitik in Anlehnung an die amerikanische entwikkelt und gemeinsam mit ihr zu den ersten Erfolgen geführt, so zeichnete sich ein Wandlungsprozeß, mit zunehmender Verselbständigung und Erfolg insbesondere der deutschen Entspannungspolitik, ab.

Auch wenn man, trotz des bekanntgewordenen Mißtrauens des amerikanischen Außenministers Kissinger an der bundesdeutschen Entspannungspolitik[91], eine Konfrontation mit den USA zu verhindern suchte, verstärkte dies

---

88. Bredow/Brocke, Das Deutschlandpolitische Konzept der SPD, Erlangen, 1986, S. 50-51; Spittmann, Ilse, Irritationen zur Jahreswende, in: Deutschland Archiv, Heft 1, Köln 1988, S. 1.
89. Scheer, Hermann, a.a.O. (Anm. 65), S. 5.
90. Pfeiler, Wolfgang, Über den Einfluß des gewandelten amerikanisch-sowjetischen Verhältnisses auf die Deutschlandpolitik der 80er Jahre, in: Edition Deutschland Archiv, Die beiden deutschen Staaten im Ost-West-Verhältnis, Fünfzehnte Tagung zum Stand der DDR-Forschung in der Bundesrepublik Deutschland, 1. bis 4. Juni 1982, Köln, 1982, S. 41.
91. Schmidt, Helmut, a.a.O. (Anm. 62), S. 220.

nur den Widerspruch zwischen der Erwartungshaltung in bezug auf den Entspannungsprozeß auf der einen Seite und der Erwartungsenttäuschung durch die hegemoniale Supermachtspolitik der USA auf der anderen Seite.[92]

Hinzu kommt, daß sich die Bundesrepublik in den 70er Jahren zu dem nach den USA wichtigsten Allianzpartner des Westens[93] und neben Japan zu einem der entscheidensten Faktoren in der Weltwirtschaft entwickelt hatte. Daraus, und nicht zuletzt aus der wirtschafts- und außenpolitischen Kompetenzschwäche der Carter-Regierung, kam der Bundesregierung eine weltpolitische Meinungsführerschaft, auch in der Wahrnehmung der Führungsgruppen, zu. Die Rolle der Führungsmacht im westlichen Bündnis zu übernehmen, war die Bundesregierung weder bereit noch in der Lage. Aber sie geriet oft in einen Gegensatz zur Politik der USA. Die neue Superioritätspolitik der USA, die sich immer mehr, bis hin zum weltpolitischen Konzept der Reagan-Administration, steigerte, führte zu einer, mit großer Offenheit vorgetragenen, Kritik durch die SPD, die auf den wesentlichen Politikbereichen eigene, den amerikanischen entgegenstehende Ansätze zeigte.

Die geopolitische Lage der Bundesrepublik Deutschland hätte sie im Falle eines bewaffneten Konfliktes in Europa zu dem Hauptleidtragenden gemacht. Sie wäre mit ihrem dichtbesiedelten Gebiet zum Hauptschlachtfeld eines sehr wahrscheinlich atomaren Krieges geworden. Daraus ergab sich, daß die Bundesrepublik Deutschland mehr als andere Staaten daran interessiert war, das Ost-West-Konfliktpotential auf einem möglichst niedrigen Niveau zu halten. Neben dem Erhalt der eurostrategischen Balance war die Vermeidung risikoreicher Konfrontationen zwischen den Weltmächten für die sozialliberale Regierung von besonderem Interesse.

Die Bundesregierung war immer weniger bereit, für weltmachtpolitische Strategien deutsche Interessen aufs Spiel zu setzen. Innerhalb des Nato-Bündnisses und gerade in der Bundesrepublik wurde hier eine ambivalente Einstellung zu den USA als Führungsmacht deutlich. Einerseits war man bemüht, sich den hegemonialen Bestrebungen zu widersetzen, andererseits blieb man auch weiterhin vom amerikanischen Sicherheitsschirm abhängig und befürchtete immer wieder die Gefahr der strategischen Abkoppelung. Das Gefühl, daß diese Befürchtung berechtigt war, wurde durch die Diskussion in den USA über die

92. Zum Imagewandel der USA siehe: Wenger, Helmut, Sicherheitspolitik - Bündnispolitik - Friedensbewegung. Über die Studie des Sinus-Instituts im Auftrag der Friedrich-Ebert-Stiftung, in: Die Neue Gesellschaft, Heft 2, 1984, S. 47ff.

93. Seidelmann, Raimund, deutsch-deutsche Rüstungskontrollpolitik, Deutschland Archiv 5, 1984, S. 480-481.

Führbarkeit eines begrenzten Atomkrieges in Europa bestärkt.[94] Dieses Gefühl ließ sich nur durch die Beschreibung einer geringen Konfliktwahrscheinlichkeit kompensieren. Daher war die Bundesregierung in besonderem Maße an einem Erfolg der Entspannungspolitik, auch und gerade zwischen den Supermächten, interessiert.

In der Einschätzung und Bewertung dieser Entspannungspolitik unterschieden sich aber die sozialliberale Bundesregierung und die US-Führung.[95] Für die Bundesrepublik hatte die Entspannung die Teilung Deutschlands für die Menschen erträglicher gemacht und den Zusammenhalt der Deutschen in beiden Staaten gefördert. Die amerikanische Führung sah dagegen die Entspannungspolitik als einen Fehlschlag an. Sie hatte nach ihrer Auffassung die an sie gestellten Erwartungen nicht erfüllt.[96]

2.1.2. Die Sowjetunion

Für die vom Ende der 70er bis Anfang der 80er Jahre fällt eine Beschreibung der Perzeption der Sowjetunion aus sozialdemokratischer Sicht aus verschiedenen Gründen schwer.

Zum einen ist eine Einschätzung der Sowjetunion durch die schwierige Informationslage nicht einfach und wird nur von sehr wenigen und nicht sehr häufig vorgenommen. In diesem Fall kommt hinzu, daß die Mehrheit der Sozialdemokraten in der Zeit nach Breschnew's Tod zu einer neuen und positiveren Einschätzung der Sowjetunion gekommen war. Für die Retrospektive läßt sich ein geschöntes Bild und eine Ablehnung der Einschätzungen aus der Zeit um den Nato-Doppel-Beschluß erkennen. Dennoch soll der Versuch unternommen werden, aufzuzeigen, welche Perzeptionen die Führung der SPD am Ende der ersten Phase der Entspannungspolitik geleitet haben.

Am Ende der 70er Jahre waren zwar nicht alle Erwartungen der Sowjetunion erfüllt, aber sie konnte mit der Bilanz insgesamt zufrieden sein, obwohl sich die Erwartungen, die in die wirtschaftliche Kooperation und den technologischen Handel gesetzt worden waren, nicht erfüllten. Auch die Anerkennung als gleichberechtigte Weltmacht durch die USA blieb aus.[97] Die verschiedenen

---

94. Siehe auch: Stettner, Herbert, Mehr Selbstbehauptung der Europäer, in: Die Neue Gesellschaft, Heft 9, 1984, S. 867f.
95. Siehe z.B.: Glotz, Peter, a.a.O. (Anm. 6), S. 50-51.
96. Zur amerikanischen Einschätzung siehe: Pfeiler, Wolfgang, a.a.O. (Anm. 90), S. 38-45.
    Zur Beschreibung der amerikanischen Politik aus SPD-Sicht siehe: Bahr, Egon, Sozialdemokratische Sicherheitspartnerschaft, in: Die Neue Gesellschaft, Heft 2, Bonn, 1983, S. 106ff.
97. So beteiligten die USA die Sowjetunion nicht an der Lösung des Nahost-Konfliktes.

Verträge bis hin zur KSZE-Schlußakte von Helsinki brachten zwar die Anerkennung der Grenzen, wirkten sich aber innerhalb der sozialistischen Staaten destabilisierend aus.

Am Ende der ersten Phase der Entspannungspolitik hatte sich die Sicherheit der Sowjetunion erhöht und das Kräfteverhältnis hatte sich zu ihren Gunsten weltweit verbessert. Hinzu kam, daß der Einfluß in den Entwicklungsländern insgesamt zugenommen hatte und die USA mit den Befreiungsbewegungen schrittweise aus der globalen Machtposition herausgedrängt zu werden schienen.

Trotz des globalen Machtzuwachses war "*das sowjetische Wirtschafts- und Gesellschaftssystem ... inzwischen so verkrustet, daß es nicht in der Lage sein wird, die Probleme der unter ihr lebenden Völker zu lösen.*"[98] Ohne Reformen, die das System grundlegend verändern würden, waren die Probleme in Osteuropa nicht zu lösen. Die Entspannungspolitik brachte nicht die gewünschte Entlastung der Sowjetunion innerhalb der osteuropäischen Staaten, in denen das Sowjetsystem nicht nur als ineffizient, sondern auch als fremd empfunden wurde. Sie hatte im Gegenteil den Bewegungsspielraum für Reformen, auch in der Sowjetunion, vergrößert. Die Entwicklungen in Polen[99] wären ohne die Entspannungspolitik nicht denkbar gewesen.

Diese Reformbewegungen waren der Preis für die Entspannung in Europa. Ende der 70er Jahre war die Sowjetunion bemüht, diesen Preis so gering wie möglich zu halten.

Zum einen war man in der Sowjetunion noch nicht bereit, die notwendigen Reformen zu riskieren, weil man den Bestand des Systems gefährdet sah und eine unkontrollierbare Auswirkung auf die sozialistische Staatengemeinschaft befürchtete. Zum anderen glaubte man nach dieser langen Phase der Entspannung und dem bisher ungestört nebenher laufenden Ausbau der Rüstung, daß die Westeuropäer zu einer massiven Antwort auf ein weiteres Drehen an der Rüstungsschraube nicht in der Lage wären. Die Diskussions- und Protestwelle, die den Nato-Doppelbeschluß begleitete, schienen zu zeigen, wie berechtigt diese Einschätzung war. Daß es bei der SPD die Auffassung gab, die Sowjetunion habe in der Phase der Entspannung einseitig an der Rüstungsschraube gedreht, zeigt beispielsweise die Begründung für den Nato-Doppelbeschluß, die Horst Ehmke in seinem Artikel über die sozialdemokratische Außenpolitik gab:

"*Eine Sowjetunion, die die einseitige Rüstungsverschiebung und -verzichte Präsident Carters - MX-Raketen, B1-Bomber, Neutronenwaffen - mit forcierter Rüstung*

---

98. Ehmke, Horst, Sozialdemokratische Außenpolitik, in: Die Neue Gesellschaft, Heft 5, Bonn, 1982, S. 207.

99. Solidarnozc-Bewegung.

beantwortet hat, muß sich nicht wundern, wenn sich in den Vereinigten Staaten die politischen Kräfte durchsetzen, die nur von einer Position der Stärke aus verhandeln wollen. Eine Sowjetunion, die Afghanistan militärisch besetzt, muß sich nicht wundern, wenn China und die Vereinigten Staaten näher aneinanderrücken. Eine Sowjetunion, die seit Jahren, trotz aller unserer eindringlichen Vorbehalte, gegenüber Westeuropa ein ständig wachsendes Drohpotential an eurostrategischen Raketen aufbaut - obwohl seit 1963 keine Raketen, die die Sowjetunion erreichen können, mehr in Westeuropa stehen -, diese Sowjetunion kann sich auch nicht über den Nato-Doppelbeschluß vom Dezember 1979 wundern."[100]

2.2. Mitelstreckenwaffen - eine neue Qualität des atomaren Schreckens

Die Sowjetnion, die als einziger Warschauer-Vertragsstaat über LRINF-Flugkörpersysteme[101] verfügt, hielt bis 1976 ca 600 Systeme vom Typ SS-4[102] und SS-5[103] mit einer gleichen Anzahl von Gefechtsköpfen einsatzbereit. Danach kam es zur zügigen Einführung von SS-20 Systemen[104] bei einem parallel dazu vonstatten gehenden Abbau der SS-5 Systemen. Damit veränderte die Sowjetunion die Zahl ihrer einsatzbereiten Waffensysteme in dieser Kategorie nicht. Da aber jeder SS-20 Flugkörper in der Lage ist, drei Gefechtsköpfe zu transportieren und getrennt in verschiedene Ziele zu bringen, erhöhte sich die Zahl der einsatzbereit gehaltenen Gefechtsköpfe um ca. 140%. Dieses System besitzt wesentlich verbesserte Leistungsparameter, insbesondere im Bereich der Reichweite, der Treffgenauigkeit, der Reaktionszeit und der Beweglichkeit und führte damit zu einem entscheidenden Qualitätssprung.[105]

Die atomaren Mittelstreckenraketen bildeten eine Art Grauzonenwaffen, da sie weder durch die SALT- noch durch die MBFR-Verhandlungen erfaßt wur-

---

100. Ehmke, Horst, a.a. O. (Anm. 98), S. 211.
101. Longer range intermediate nuclear forces (Reichweite 1000-5000 km).
102. Bei der SS-4 handelt es sich um ein LRINF-System mit einem Sprengkopf und einer Reichweite von 2000 km.
103. Bei der SS-5 handelt es sich um ein LRINF-System mit einem Sprengkopf und einer Reichweite von 4800 km.
104. Bei der SS-20 handelt es sich um ein LRINF-System mit drei Gefechtsköpfen und einer Reichweite von 5000 km, das bedeutet, von jenseits des Ural sind alle Ziele in Westeuropa zu erreichen. Bei einer solchen Verschiebung wären die SS-20 für die in Europa stationierten amerikanischen, englischen und französischen Nuklearwaffen unerreichbar und könnten nur durch die amerikanischen Interkontinentalraketen (ICBM) erfaßt werden.
105. Bericht d. Bundesministerium f. Verteidigung, Streitkräftevergleich 1987, Bonn, 1987, S. 48.

den. Weil diese Waffen von keiner Abrüstungs- oder Rüstungsbegrenzungsverhandlung eingeschlossen wurden, hatten die Sowjets bei ihrer Stationierung zunächst freie Hand.[106]

Führende Staatsmänner des Nato-Bündnisses hatten seit 1977 diese Entwicklung mit zunehmender Besorgnis zur Kenntnis genommen. Die Einführung neuer beweglichen Raketensysteme führte zu der Auffassung, daß im Interesse der Erhaltung der Strategie der Vorneverteidigung und der »flexible response« die Nato die Modernisierung der TNF[107] prüfen müsse.[108] Die Modernisierungssysteme waren zum einen die Pershing II und zum anderen die cruise missile.[109]

Alle diese neuen Waffensysteme bergen in den verschiedenen militärischen Anforderungskategorien bisher nicht dagewesene Maximalwerte in sich. So besitzen sie die erschreckende Fähigkeit, mit Hilfe ihrer Trägersysteme die Gegenseite in minutenschnelle, mit hoher Zielgenauigkeit zu erreichen und dort eine beträchtliche Zerstörungskraft zu entfalten. Damit haben sich die wichtigsten Grundparameter der Strategie der atomaren Abschreckung und der »flexible response« zu äußerst komplizierten Funktionen entwickelt.

Mit der angesprochenen Treffsicherheit wurde der Erfolg eines atomaren, den Gegner entwaffnenden Erstschlages in eine beängstigend erreichbare Nähe gerückt. Daraus ergibt sich, unter militärischen Gesichtspunkten, daß die eigenen Waffensysteme in jedem Fall vor dem erwarteten Einschlag der gegnerischen Atomsprengköpfe ihre Stellungen in Richtung auf den Gegner verlassen haben müssen.

Dadurch verkürzt sich die Vorwarnzeit für diese Waffensysteme, die für sich genommen schon extrem kurz ist. Um diesen mobilen Waffensystemen mit extrem kurzer Vorwarnzeit und hoher Treffgenauigkeit eine wirksame Abschrekkung entgegensetzen zu können, bedarf es einer so großen Reaktionsgeschwindigkeit beim Angegriffenen, daß eine manuelle Entscheidung über Einsatz oder Nichteinsatz von Gegenmaßnahmen kaum möglich erscheint. Diese Waffen zwingen zu automatischen Abwehrsystemen, »launch on warning«[110], in denen die Kontrollfunktion weitgehend vom Menschen auf den Rechner übertragen werden muß.

---

106. Schmidt, Helmut, a.a.O. (Anm. 62), S. 89.
107. theatre nuclear forces (in Europa stationierte nukleare Streitkräfte).
108. Nato Informationsdienst, Das Atlantische Bündnis. Tatsachen und Dokumente, Brüssel, 1982, S. 92.
109. Bei der Pershing II handelt es sich um ein LRINF-System mit einem Gefechtskopf und 1800 km Reichweite; bei der cruise missile (GLCM) handelt es sich um einen bodengestützten Marschflugkörper mit einem Gefechtskopf und 2500 km Reichweite.
110. Start von Raketen auf ein erstes Warnsignal, ohne vorherige Überprüfung der Richtigkeit.

Da selbst für die hochleistungsfähigsten Rechner des Westens ein Fehler nicht völlig ausgeschlossen werden kann, ist die potentielle Erhöhung der Gefahr eines durch einen technischen Defekt ausgelösten, »zufälligen« Atomkrieges erkennbar. Noch deutlicher wird diese Gefahr, wenn man sich vorstellt, daß auch die Sowjetunion gezwungen ist, ihre Abwehr auf einen automatischen Betrieb umzustellen. Da ein technischer Rückstand der Sowjetunion, insbesondere im Computerbereich, von kaum jemandem im Westen bestritten wird, läßt sich für diese Systeme eine Fehlerwahrscheinlichkeit annehmen, die bei den angesprochenen Flugzeiten der Waffensysteme durch nichts mehr zu verantworten ist.[111] Es bleibt im konkreten Fall keine Zeit mehr festzustellen, ob eine geortete Rakete eine solche wirklich ist, und wenn ja, ob sie absichtlich oder durch einen technischen Defekt gestartet worden ist. Der Gegenschlag und der darauffolgende Gegen-Gegenschlag wären schon vorprogrammiert, wahrscheinlich schon ausgelöst.

Aus dieser hohen Brisanz der Mittelstreckenwaffen und aus der Erkenntnis heraus, daß diese Waffen fast ausschließlich in Europa ihre zerstörerische Wirkung entfalten würden, lösten sie eine hohe Betroffenheit in weiten Teilen Europas aus. Mit den Mittelstreckenwaffen kam eine neue Qualität des atomaren Schreckens nach Europa, die ein weitergehendes Nachdenken über die bisherige Sicherheitspolitik und ihre Richtigkeit auslöste.

2.3. Internationale Krisen

Nach der Entspannungsdekade wurde den Europäern 1980 die auch weiterhin bestehende Kriegsgefahr mit aller Deutlichkeit vor Augen geführt. Die Sowjetunion besetzte Afghanistan, und Polen wurde wegen seiner Gewerkschaftsbewegung politisch unter massiven Druck gesetzt. In dem einen Fall kam es zu der tatsächlichen Anwendung, im anderen zur Androhung von Gewalt. Dies löste eine erneute Verhärtung der Ost-West-Fronten aus. Beide Krisensituationen, sowohl die in Afghanistan als auch die in Polen, lassen sich durch das Zusammentreffen des Selbstbestimmungwillens einer Nation auf der einen und der Machterhaltung der Sowjetunion auf der anderen Seite charakterisieren.

Selbst wenn der schlimmste Fall, eine sowjetische Intervention, eingetreten wäre, blieb es in Polen ein Vorgehen innerhalb der sowjetischen Einflußsphäre[112], so stellte sich das Vorgehen in Afghanistan in der internationalen Bewer-

111. Lafontaine, Oskar, a.a.O. (Anm. 13), S. 68.
112. Vergleichbar mit Ungarn (1956) oder der CSSR (1968).

tung als eine Expansion über diesen Bereich hinaus und als eine Bedrohung der westlichen Ölregionen dar.

Das Ost-West-Verhältnis hatte sich in den letzten ca. 15 Jahren weitgehend entschärft, und dies hatte dazu geführt, daß ein Atomkrieg für fast unmöglich gehalten wurde. Der Ost-West-Konflikt insgesamt verlor als Krisenherd in Europa an Interesse. In viel stärkerem Maße konzentrierte man sich, vor allem im Westen, auf die Bewältigung der Nord-Süd-Problematik. Es zeigte sich nun, daß zwar ein Atomkrieg zwischen Nord und Süd unmöglich und, wie schon gesagt, ein solcher zwischen Ost und West in Europa, wenn nicht unmöglich, so doch sehr unwahrscheinlich war, daß aber die Verbindung aus beidem eine ungeheuere Brisanz in sich bergen konnte. Darunter ist eine Situation zu verstehen, in der die beiden Großmächte in der Dritten Welt ungewollt in einen Konflikt miteinander geraten könnten und dieser sich dann zu einem Weltkrieg ausweiten würde. Ende 1979 kam es zu einer solchen gefährlichen Konstellation, als zur gleichen Zeit nicht nur die Sowjets in Afghanistan intervenierten, sondern die Amerikaner im Iran in eine Lage kamen, in der eine militärische Lösung nicht unwahrscheinlich war.[113] Ein direktes Zusammentreffen amerikanischer und sowjetischer Streitkräfte wurde denkbar, und ein Krieg zwischen beiden schien wieder möglich.

Diese Möglichkeit wurde aber nicht aus Angst vor einem Überfall oder durch bewußte Provokation der Gegenseite als real existierend angesehen, sondern sie beschrieb sich aus der Unberechenbarkeit beider Großmächte. Die Krisen zu Beginn der 80er Jahre brachten somit eine neue Erfahrung:

"*Nicht der Gegner ist die Hauptgefahr sondern der Gegensatz; nicht die bösen Absichten sind das Problem sondern die bösen Folgen dessen, was Moskau und Washington tun ohne viel zu beabsichtigen.*"[114]

Deshalb kam es im Falle von Afghanistan zum ersten Mal im Ost-West-Konflikt nicht zu einer Festigung der Bündnisse. Erstmals gerieten mit der sowjetischen Besetzung in Afghanistan weitgehend nur die Amerikaner und Sowjets aneinander, während sich die Europäer, sowohl in Ost als auch in West, von ihren Großmächten distanzierten. Die Westeuropäer verurteilten zwar den Überfall auf Afghanistan, sie folgten aber nicht der amerikanischen Konfrontationspolitik gegen die Sowjetunion und bemühten sich darum, soweit dies möglich war, Widerstand zu leisten gegen die Embargo- und Boykottpolitik der USA. Sie kündigten zwar nicht die Solidarität mit den USA auf, bemühten sich aber

113. Irankrise mit der Besetzung der amerikanischen Botschaft und die mißglückte Geiselbefreiung.

114. Bender, Peter, Das Ende des ideologischen Zeitalters, Berlin (West), 1981, S. 12-13.

darum, den Konflikt nicht ausweiten zu lassen und die Krise von Europa fernzuhalten.

Es zeigte sich, daß die europäischen Staaten bemüht waren, so viel wie möglich von der Entspannung zu retten und nach Wegen suchten, sie weiter zu führen.[115] Sie scherten zwar nicht aus ihrem jeweiligen Bündnissystem aus, empfanden ihr Bleiben aber erstmals als Zwang. In dem Maße, in dem sich die Konfrontation zwischen den Supermächten verschärfte, wurde den europäischen Staaten eine große Übereinstimmung ihrer jeweiligen nationalen Interessen deutlich. Die Afghanistankrise bewirkte also bei ihnen eine Verstärkung der Bedeutung von Entspannung.

Im Gegensatz dazu wirkte sich die polnische Krise eher destabilisierend auf den Entspannungsprozeß aus. Insbesondere im deutsch-deutschen Verhältnis wurde dies deutlich. Hatte sich zu Beginn der Afghanistankrise gezeigt, daß sich das deutsch-deutsche Verhältnis trotz des sich verschlechternden sowjetisch-amerikanischen besonders gut entwickelte, so setzte mit der Zuspitzung der polnischen Verhältnisse eine gewisse Eiszeit ein.

Die Gründe hierfür lagen sicherlich in der Erschütterung, die eine selbständige Gewerkschaftsbewegung in einem Land der sozialistischen Staatengemeinschaft auf die anderen Mitgliedsstaaten ausübte. Alle Führungen in Osteuropa befürchteten durch die Entwicklung in Polen ein Überschwappen auf das eigenc Land und damit eine Gefährdung der eigenen Position. Dadurch sahen sie sich genötigt, einerseits Polen unter Druck zu setzen und andererseits die Kontakte zum Westen möglichst zu begrenzen, da gerade westliche Einflüsse erfahrungsgemäß destabilisierende Wirkungen in sozialistischen Ländern haben. Damit sollte kein grundsätzlicher Kurswechsel, sondern eine stabilisierende Ruhepause erreicht werden.

3. Nato-Doppelbeschluß - Endpunkt und Anfang?

"*Die ab 1976 forcierte SS-20-Aufrüstung ist später zu einem der wichtigsten Faktoren für den Zerfall der Entspannungsphase zwischen West und Ost geworden.*"[116]

Mit dem Nato-Doppelbeschluß ist die Person des damaligen Bundeskanzler Helmut Schmidt eng verbunden. Nach seiner eigenen Aussage hat Schmidt das

---

115. Besonders sei hier noch einmal auf das Verhältnis zwischen der DDR und der Bundesrepublik in dieser Phase hingewiesen;
siehe auch: Schmidt, Helmut, a.a.O. (Anm. 62), S. 73.

116. Schmidt, Helmut, a.a.O. (Anm. 62), S. 64.

erste Mal im Oktober 1974[117] auf das Ungleichgewicht hingewiesen, das durch die sowjetischen Mittelstreckenraketen entstehen könnte.[118] Damals befanden sich die sowjetischen Mittelstreckenraketen von Typ SS-20 in der Erprobung. Der Gleichgewichtspolitiker Schmidt war dadurch sehr beunruhigt, denn er sah in den neuen Raketen eine zusätzliche Bedrohung für die Bundesrepublik.

Im Herbst 1977 kam es zu einer weiteren starken Belastung des Entspannungsprozesses; zum einen durch die von den USA neu entwickelten Neutronenwaffen, die in Europa stationiert werden sollten[119], weil Carter diese Absicht aufgab, verschwand dieses Problem zunächst wieder, zum anderen durch den Beginn der Stationierung der SS-20 in Europa und die Reaktion des Westens darauf.

Im November 1977 hatte Schmidt in London[120] zum ersten Mal öffentlich die Problematik der Mittelstreckenraketen angesprochen. Schmidt vertrat die Auffassung, daß die SS-20 aufgrund ihrer Reichweite nur von amerikanischen Interkontinentalraketen völlig erfaßt werden könnten, daß aber seit SALT I im Bereich von ICBM ein Gleichgewicht gegeben wäre. Für den im System des Gleichgewichts Denkenden fielen sie zur Anwendung gegen die SS-20 aus.[121] Die Ziele der SS-20 lagen zum größten Teil in der Bundesrepublik Deutschland, und da eine Kompensation dieser Bedrohung durch die amerikanischen Waffen nicht gegeben schien, befürchtete Schmidt die Möglichkeit der politischen Nötigung in der Zukunft.

Ob die sowjetische politische Führung das SS-20 Programm bewußt mit dieser Zielsetzung genehmigt hatte oder ob sie einer Aufforderung der Militärs zu einer routinemäßigen Modernisierung gefolgt war, läßt Schmidt offen.[122] Auch 1978 ging die SS-20 Aufrüstung unvermindert weiter und bei den SALT II Verhandlungen machten die USA keine ernsthaften Versuche dieser Entwicklung, z.B. durch Einbeziehung in SALT II, entgegenzutreten. Schmidt mahnte das Mittelstreckenproblem immer wieder bei den Supermächten ohne Erfolg an.[123] Erst Ende 1978 kam es zu einem Meinungswechsel in Washington. Ob er allerdings durch Schmidt ausgelöst wurde oder durch inneramerikanische

---

117. Anläßlich des Staatsbesuches von Schmidt bei Breschnew in Moskau im Oktober 1974.
118. Schmidt, Helmut, a.a.O. (Anm. 62), S. 64.
119. Schmidt, Helmut, a.a.O. (Anm. 62), S. 90.
120. Vortrag vor dem International Institute of Strategic Studies am 28.10.1977.
121. Schmidt, Helmut, a.a.O. (Anm. 62), S. 91.;
siehe dagegen: Bülow, Andreas von, in: Der Spiegel, SPD: Neue Vorstöße gegen die Nachrüstung, Nr. 26, Hamburg, 1981, S. 21.
122. Schmidt, Helmut, a.a.O. (Anm. 62), S. 91.
123. Schmidt, Helmut, a.a.O. (Anm. 62), S. 99.

Gründe,[124] kann nicht eindeutig geklärt werden.

Anfang 1979 kam es zu einem Treffen zwischen Carter, Callaghan, Giscard d'Estaing und Schmidt auf der französischen Antillen-Insel Guadeloupe. Hier wurde der spätere Nato-Doppelbeschluß konzipiert und abgestimmt. Auf der Ministertagung in Brüssel faßten die Außen- und Verteidigungsminister am 12. Dezember 1979 dann den präzisierten Doppelbeschluß zu Abrüstungsverhandlungen über die Mittelstreckenwaffen und zur Modernisierung der LRINF für den Fall, daß die Verhandlungen bis Ende 1983 keine befriedigenden Ergebnisse liefern würden.

Schmidt war fest entschlossen, diesen Beschluß in seinen beiden Teilen durchzuführen. Er setzte sich für die Verhandlungslösung ein, war aber auch bereit, gegen alle Widerstände in der Bundesrepublik und in seiner eigenen Partei amerikanische Raketen auf deutschem Boden zu stationieren, und er war bereit, dafür den Bestand seiner eigenen Regierung aufs Spiel zu setzen.[125]

In der sowjetischen Perzeption des Westen konnte festgestellt werden, daß sich der Widerstand gegen die Nachrüstung in der westlichen Bevölkerung verstärkte[126], daß im Nato-Doppelbeschluß eine Zeitspanne von vier Jahren für Verhandlungen gesetzt war, bevor mit der Nachrüstung begonnen werden konnte, und daß die USA die Frage der Mittelstreckenwaffen in den Verhandlungen kaum ansprachen.[127] Trotzdem konnte mit der Verhandlungsbereitschaft der Sowjetunion gerechnet werden.

Dann aber erfolgte am 27.12.1979 der Einmarsch in Afghanistan und ein Sturm der Entrüstung ging durch die Weltöffentlichkeit.[128] Daraufhin igelte sich die Sowjetunion ein, und an Abrüstungsverhandlungen war zunächst nicht

---

124. Ein solcher Grund wäre z.B. der alte Streit zwischen den einzelnen Waffengattungen in den USA, insbesondere zwischen air force und army. Es gibt »areas of interest« nach denen alle Raketen mit einer Reichweite unter 150 km der army unterstehen und die Systeme größerer Reichweite der air force. Nun heißt es, habe man in Washington die Gelegenheit genutzt und dem Wunsch der army, auch über strategische Nuklearwaffen zu verfügen, nachgegeben; Tatsache ist, die army bekam die Pershing II, während die air force die cruise missile erhielt.

125. Schmidt, Helmut, a.a.O. (Anm. 62), S. 292.

126. Auf diese Stimmung zielte wohl auch u.a. die Rede Breschnew's vom 6.10.1979, in der er den Abzug von 20.000 Mann aus der DDR ankündigte und das Angebot machte, die Zahl der sowjetischen Mittelstreckenraketen im Westen zu verringern, wenn der Westen auf die Nachrüstung verzichtet. Andernfalls sähe sich die Sowjetunion gezwungen zusätzliche Schritte zu ihrer Sicherheit zu unternehmen.;
Zur Einwirkung der Sowjets auf die Stimmung gegenüber der Bundesregierung, siehe: Schmidt, Helmut, a.a.O. (Anm. 62), S. 108

127. Schmidt, Helmut, a.a.O. (Anm. 62), S. 100-101.

128. Zur westlichen Reaktion, siehe: Schmidt, Helmut, a.a. O. (Anm. 62), S. 106-107

mehr zu denken. Auch gab es kaum noch eine Chance, daß der SALT II Vertrag ratifiziert werden könnte.

Im Sommer 1980 zeigten die Sowjets dann wieder ihre Bereitschaft, über die Mittelstreckenraketen zu verhandeln, aber in den USA war man inzwischen im Präsidentschaftswahlkampf, und nach der Wahl Ronald Reagans im November 1980 verging noch einmal ein weiteres Jahr für die Einarbeitung seiner Administration, bevor im November 1981 die »INF-Verhandlungen« in Genf begannen. Damit waren fast zwei Jahre seit dem Doppelbeschluß vergangen, ohne daß der erste Teil überhaupt in Angriff genommen worden war. Der Verhandlungszeitraum hatte sich gegenüber der ursprünglichen Planung halbiert und die Supermächte zeigten kein starkes Interesse nun forciert zu einer Lösung zu kommen.

Im November 1983 waren dann auch die INF-Verhandlungen ergebnislos zu Ende gegangen. Seit Guadeloupe hatten die Regierungen in allen vier beteiligten Ländern gewechselt. In November 1982 war Breschnew gestorben. Die gesamtstrategische Kontinuität der ersten Phase war verlorengegangen.

Von Kwizinskis und Nitzes sogenanntem »Waldspaziergang« im Juli 1982, der dabei diskutierten Kompromißformel einer Begrenzung der eurostrategischen Mittelstreckenwaffen und deren Ablehnung erfuhr Schmidt erst nach seinem Rücktritt[129] durch die Presse.[130] Nach dieser Kompromißformel sollten den USA 75 Abschußvorrichtungen für landgestützte cruise missiles in Europa zugestanden werden, und die Sowjetunion sollten ihre SS-20 im europäischen Teil auf ebenfalls 75 Systeme reduzieren. Schmidt hätte diesem Vorschlag zustimmt, auch wenn er nicht die gewünschte Nullösung gebracht hätte, weil damit zumindest das für ihn so wichtige Gleichgewicht wieder hergestellt worden wäre.[131] Die Mehrheit der SPD, auch aus dem »Linken Spektrum« befürwortete diesen Kompromiß[132], während einige ihn kritisierten.[133]

Nach dem Ende der Regierung Schmidt und dem Scheitern der Genfer Verhandlungen schlug das Stimmungsbarometer in der SPD endgültig um. Schon während der letzten Jahre war der Kreis um Schmidt kleiner geworden, und es fiel immer schwerer, die Mehrheit der Bundestagsfraktion und erst recht der

129. Entlassung der FDP-Minister am 17.09.1982 und Sturz der Regierung Schmidt am 01.10.1982.

130. Schmidt, Helmut, a.a.O. (Anm. 62), S. 294 und 333.

131. Schmidt, Helmut, a.a.O. (Anm. 62), S. 333;
eine ähnliche Auffassung hatte auch Egon Bahr, siehe: Bahr, Egon, Was wird aus den Deutschen? Fragen und Antworten, Hamburg, 1982, S. 176-181.

132. Gespräch des Autors mit Karsten D. Voigt, Bonn, 10.03.1988, Mitschrift im Archiv des Autors.

133. Lafontaine, Oskar, a.a.O. (Anm. 13), S. 70-72.

Gesamtpartei zur Unterstützung seiner Politik zu zwingen. Schließlich hatte die einen nur noch die Hoffnung auf den Durchbruch bei den Genfer Verhandlungen und die anderen nur noch die Drohung des Kanzlers zurückzutreten still halten lassen.[134]

Schon vor dem Berliner Parteitag im Dezember 1979 hatte der »Linke Flügel« der SPD, unter der Führung Wehners, darauf gedrungen, daß vor einer Entscheidung über die Produktion und die Dislozierung von landgestützten LRINF-Systemen mit der Sowjetunion verhandelt werde. Diese Haltung war von der Sorge getragen, daß mit einer Entscheidung zur Stationierung die Erfolge der Ostpolitik zunichte gemacht werden würden. Trotzdem setzte Schmidt sich gegen alle Widerstände durch, und er ließ keinen Zweifel daran, daß für ihn die Entscheidung über die Mittelstreckenproblematik eine Vertrauensfrage sei. Unter diesem Gesichtspunkt war die Annahme des entsprechenden Antrags auf dem Parteitag keine Überraschung. Die Linken konnten allerdings schon damals einige Änderungen und verschiedene Anträge zur Sicherheitspolitik durchsetzen, so z.B. die Aufhebung des Automatismus der Stationierung nach Ablauf der Frist, das hieß, daß 1983 über den bis dahin erfolgten Verlauf der Verhandlungen geurteilt und über die Frage der Stationierung erneut entschieden werden sollte.

Als schließlich Mitte Dezember 1979 die Entscheidung bei der Ministertagung in Brüssel für den Nato-Doppelbeschluß fiel, war sie schon sehr umstritten, wie auch in anderen europäischen Ländern. Durch den Doppelbeschluß begann in der SPD eine schon lange fällige Diskussion um Alternativen zur bisherigen Sicherheitspolitik, aber durch die Tatsache Regierungspartei zu sein, war diese innere Entwicklung gehemmt. Nun wurde sie von außen in die Partei getragen und vom Bundeskanzleramt mit allen Mitteln bekämpft.[135] Durch diese Situation kam es in der Partei zu einem Erosionsprozeß,[136] der durch das Beharren der Atlantiker auf den alt hergebrachten politischen Denkmustern verschärft wurde und nach dem Sturz der Regierung lawinenartig losbrach. Ob die nun einsetzende produktive konzeptionelle Phase, die neue Wege in der Entspannungs- und Sicherheitspolitik erarbeitete und für die auch Doktrinen und Denkmuster keine Tabus waren, ohne den Doppelbeschluß und den Verlust der Regierungsmacht möglich gewesen wäre, ist äußerst fraglich.

So läßt sich feststellen, daß der Doppelbeschluß zwar den Endpunkt der ersten, aber auch den Anfang der zweiten Phase markiert. Er ist der Wendepunkt im Denken.

---

134. Gespräch des Autors mit Gerhard Heimann, Bonn, 24.02. 1988, Mitschrift im Archiv des Autors.

135. So z.B.: Glotz, Peter, a.a.O. (Anm. 6), S. 78 oder S. 98.

136. Siehe hierzu: Glotz, Peter, a.a.O. (Anm. 6), S. 61; S. 117-128 und 159-161.

IV. Die Zweite Phase der Entspannungspolitik

"Die Entspannung ist nicht gescheitert, sie ist steckengeblieben. Die Konsequenz heißt: Sie muß wiederbelebt werden. Sie muß vor allem ausgedehnt werden auf andere Regionen, d.h. außerhalb Europas und andere Sektoren, d.h. insbesondere den militärischen Sektor."[137]

Im Grundlagenvertrag war vorgesehen, erst einmal das Nebeneinander zu organisieren. Dies war mit der Hoffnung verbunden, einmal zu einem Miteinander zu kommen. Aus der Analyse der ersten Phase und aus der Anfang der 80er Jahre entstandenen Situation glaubte man jetzt die Phase des Miteinanders auf dem Gebiet der Sicherheitspolitik ins Auge fassen zu können.[138]

Das auf Abschreckung basierende Sicherheitssystem hatte durch das beschleunigte Wettrüsten auf dem Gebiet der eurostrategischen Waffensysteme im Bewußtsein vieler Sozialdemokraten erheblich an Vertrauen in seine Wirksamkeit verloren.[139] Aus dem Gefühl, vom gemeinsamen Untergang bedroht zu sein, stellte sich in Ost und West die Frage, ob die Fortsetzung einer im Gleichgewichts- und Blockdenken erstarrten Politik noch eine Garantie für den Frieden in Europa war. Dieses Gefühl wurde in der SPD in eine Politik umgesetzt, die zum Ziel hatte, über eben dieses Blockdenken hinauszugehen.

Eine besondere Rolle für die Konzeption der »zweiten Phase der Entspannungspolitik« spielten die rüstungspolitischen Vorschläge der Palme-Kommission[140], auch wenn vor Ende der Regierungsverantwortung viele Sozialdemokraten im Denken noch nicht so weit waren.

Der Vorschlag der Palme-Kommission kam erst im April 1982 in die Öffentlichkeit und wurde lange diskutiert. Im Herbst 1982 aber schied die SPD schon aus der Regierungsverantwortung aus, und Helmut Schmidt war zunächst gegen die Vorstellungen der Palme-Kommission. Er hielt sie nicht für geeignet, denn er bezweifelte - ähnlich wie später die Kritiker der Idee einer waffenfreien Zonen - ihren militärischen Sinn. Später erst hat er seine Meinung revidiert.[141]

---

137. Bahr, Egon, Gemeinsame Sicherheit, Vortrag auf Einladung der sowjetischen Akademie der Wissenschaft in Moskau am 16.Apr.1984.
138. Bahr, Egon, Zum Ergebnis des Brandt-Besuchs in der DDR, in: Interview im Hessischen Rundfunk am 21.09. 1985.
139. Bredow, Wilfried von, Friedensbewegung und Deutschlandpolitik, in: politik und zeitgeschichte, B46/83, Bonn, 19.Nov.1983, S. 37-38.
140. Bahr, Egon, Eine Antwort auf Gorbatschow. Wandel durch Annäherung, Berlin, 1988, S. 23.
141. Bahr, Egon, Zu den anstehenden Gesprächen mit der SED über eine atomwaffenfreie Zone in Europa, Interview im Deutschlandfunk vom 25.09.1985, in: BPA-Nachrichtenabt., Ref. II R

Die Vorschläge der Palme-Kommission lieferten die Grundideen zu den ersten Themen und Inhalten der gemeinsamen Arbeitsgruppen von SPD und SED, und die SPD hat sich immer wieder auf sie gestützt und berufen.

Ein anderer Aspekt, der bis jetzt noch nicht angesprochen wurde, aber trotz seiner vordergründigen Selbstverständlichkeit immer berücksichtigt werden muß, ist, daß eine neue Generation von Politikern in der SPD herangewachsen war. Sie stellten neue Forderungen und hatten die alten Feindbilder nicht mehr. Es war in immer stärkerem Maße die Nachkriegsgeneration, die die politische Führung der Partei übernahm. Ihr stellten sich andere, aber genauso ernste Gefahren für den Fortbestand der Entspannungspolitik, für sie war die »Angst vor den Freunden« genauso real wie die vor den alten Feinden.[142]

1. Sicherheitspartnerschaft

Ein Schlüsselbegriff sozialdemokratischer Entspannungspolitik wurde die »Sicherheitspartnerschaft«. Sie baute gedanklich auf der Erkenntnis auf, daß Sicherheit nicht mehr in den Bündnissen und vor dem Gegner, sondern nur in gemeinsamer Verantwortung zwischen den Bündnissen zusammen mit dem Gegner möglich ist. Es galt daher, eine "*gemeinsame und gleiche Sicherheit für alle*" zu organisieren, bei der jeder dem anderen das "*gleiche Maß an Sicherheit*" zubilligt, das er für sich in Anspruch nimmt.[143] Die »Verantwortungsgemeinschaft« und das sich daraus ergebende »Konzept der Sicherheitspartnerschaft« waren konzeptionelle Konsequenzen aus der Analyse der bisherigen Sicherheits- und Entspannungspolitik.

Die Partei hatte erkannt, daß neue Waffensysteme statt zusätzlicher Sicherheit neue Risiken bringen, und schloß daraus, daß nur durch blockübergreifende Vereinbarungen zusätzliche friedenstabilisierende Bedingungen zu schaffen sind. Da auch unterschiedliche Gesellschaftssysteme ein übergeordnetes Interesse haben, gemeinsam zu überleben[144], verlangte dieses eine "*Politik der*

3, Rundf.-Ausw. Deutschland, BPA/ KÜ II/25.9.85, Bahr,Auszug, 0925-3/II, DLF/25.9.85/ 7.17/Pp-kl - Viertel nach Sieben -.

142. Lafontaine, Oskar, Angst vor den Freunden. Die Abschreckungs-Strategie der Supermächte zerstört die Bündnisse, Hamburg, 1983.

143. SPD/SED-Papier, a.a.O. (Anm. 60).

144. Ehmke, Horst, Sicherheitspartnerschaft, in: Die Neue Gesellschaft, Heft 2, 1983, S. 110; oder: "Die Alternative ist, beispielsweise in einem deutschen Kommunisten aus der DDR zuallererst einen Deutschen und Europäer zu sehen, der trotz dieser Grenzen, die durch die Köpfe geht, überleben will wie wir auch." Heimann, Gerhard, Die europäische Mitte und die Zukunft Berlins, in: Die Neue Gesellschaft, Heft 7, Bonn, 1986, S. 592.

Partnerschaft zur Sicherheit".[145] Ziel der Sicherheitspartnerschaft wurde es, eine *"blockübergreifende Sicherheitsstruktur"*[146] zu erstellen, die nicht allein auf militärpolitischen Bedingungen basierte, sondern in erster Linie auf dem Vertrauen zwischen den Völkern, der Bereitschaft zur Friedfertigkeit und einer aktiven Erziehung zum Frieden.[147]

Die Einbindung in die Bündnissysteme war Voraussetzung für das Konzept der Sicherheitspartnerschaft und unabdingbar, weil nur durch die Akzeptierung der Einbindung in das jeweilige Bündnissystem ein Umdenkprozeß überhaupt möglich wurde. Durch das in Frage stellen der Zugehörigkeit zu einem Bündnis und den Versuch der Herauslösung wäre jede Verhandlungsebene zunichte gemacht worden, weil alles nur noch darauf gerichtet gewesen wäre, die vermeintlich verlorengegangene Bündnistreue wiederherzustellen. Nur wenn gesichert war, daß die Verhandlungspartner nicht aus dem jeweiligen Bündnissystem heraustreten, wurde eine Vertrauensebene geschaffen, die geeignet war, Konflikte zu minimieren.

Das Konzept der Sicherheitspartnerschaft implizierte von vornherein, daß sich dort zwei Seiten, die sehr verschieden sind, um einen »modus vivendi« bemühen. Partnerschaft hieß also, trotz aller Gemeinsamkeit verschieden zu sein.

Angesichts der Tatsache, daß die beiden Großmächte immer noch genug Massenvernichtungswaffen haben, um die Menschheit mehrfach zu vernichten, und unter Berücksichtigung der bisherigen waffentechnologischen Entwicklung erschien ein Rückgriff auf traditionelle rüstungspolitische Mechanismen nicht mehr ausreichend, um den Frieden zu sichern und die Kapazitäten freizusetzen, die notwendig wären, um die wirtschaftlichen Entwicklungsprobleme der Industriestaaten und den Nord-Süd-Konflikt zu lösen.

Um Aussicht auf Erfolg zu haben, hatte das »Konzept der Sicherheitspartnerschaft« die Beibehaltung des Systemantagonismus zur Voraussetzung. Da aber *"das Verhältnis der Staaten nicht einfach von dem Verhältnis der Gesellschaftssysteme zueinander getrennt werden kann und die Entspannungspolitik daher notwendigerweise auch die ideologische und innenpolitische Entwicklung beider Seiten beeinflußt, muß ihre innere Dimension so angelegt sein, daß sie die Bedingungen für Reform positiv beeinflußt."*[148]

---

145. Sicherheitspolitischer Beschluß des Münchner Parteitages vom April 1982, in: SPD-Parteivorstand, (Hrsg.), Protokoll, Bd. II, Bonn, 1982, S. 909.
146. Schubert, Klaus von, Das dickste Brett. Die Mühen der SPD um Sicherheitspolitik, in: Die Neue Gesellschaft, Heft 2, Bonn, 1985, S. 106.
147. Ehmke, Horst, a.a.O. (Anm. 144), S. 110.
148. Ehmke, Horst, Frieden und Freiheit als Ziele der Entspannungspolitik, in: Die Neue Gesellschaft, Heft 11, 1985, S. 1010.

Für deutsch-deutsche Bemühungen um einen Abbau des politischen Willens und der militärischen Fähigkeit zum Krieg und zur Kriegsdrohung in Europa gab es neben humanitären noch konkrete praktische Gründe. Beide deutschen Staaten hatten zunehmend verteidigungspolitische Strukturprobleme, wie die Kosten-Nutzen-Problematik heutiger Rüstungswettläufe, der Fehlbedarf im Wehrpflichtigenaufkommen, die hohen Zerstörungs- und Eskalationsrisiken in einem potentiellen Verteidigungsfall und, hieraus resultierend, sicherheitspolitische Legitimationsprobleme.

Für die sicherheitspolitischen Konsequenzen, die sich konzeptionell aus »Verantwortungsgemeinschaft« und »Sicherheitspartnerschaft« ergeben würden, galten fünf Bedingungen:[149]

1. Solche Konzeptionen hatten von einer Realanalyse auszugehen, die durch die Beschränkung des Wünschbaren auf das Machbare Alternativen wie eine Rückkehr zur massiven Vergeltung oder ein wiedervereinigtes, neutrales und einseitig abgerüstetes Deutschland ausschlossen.
2. Sie durften keine zusätzlichen Risiken nach sich ziehen oder bestehende vergrößern.
3. Sie sollten Kostenvorteile mit sich bringen und Legitimationsdefizite abbauen.
4. Sie mußten im Macht-, Kompetenz- und Interessenrahmen beider Staaten liegen.
5. Sie mußten die Grundlinien der bisherigen Politik der DDR und der Bundesrepublik fortschreiben und bestehende Vorschläge aufgreifen.

Sicherheitspartnerschaft leugnete nicht den antagonistischen Charakter des Systemkonfliktes zwischen Ost und West. Er bestand fort, aber Sozialdemokraten versuchten, diesen Konflikt gewaltfrei auszutragen und ihn schrittweise zu entmilitarisieren, Regeln für diesen Konflikt, der andauern würde, zu etablieren und zu vereinbaren und ihn in Richtung auf die Perspektive einer »Europäischen Friedensordnung« zu transformieren. Sicherheitspartnerschaft war kein Konzept gesellschaftlicher und sicherheitspolitischer Anpassung, sondern eines Interessenausgleichs zum wechselseitigen Nutzen, einer systemöffnenden Kooperation und eine reformerische Umgestaltung durch gleichberechtigte Zusammenarbeit. Die Konzeption der Sicherheitspartnerschaft wollte sicherheits- und abrüstungspolitisch stabilisieren, aber gesellschaftlich dynamisierend wirken, sie war der Versuch, das Risiko der militärischen Eskalation zwischen Ost und West zu bannen und die Energien des Systemkonfliktes produktiv als Antriebskraft von Reformen zu nutzen. Die Notwendigkeit, über alternative militärische Strategien nachzudenken, führte die SPD zu den Vorstellungen einer

---

149. Seidelmann, Raimund, a.a.O. (Anm. 93), S. 480-481.

»strukturellen Nichtangriffsfähigkeit«, auf deren Basis sich verschiedene neue verteidigungspolitische Konzepte unterschiedlicher Tragweite, Folgenschwere und Durchsetzbarkeit ergaben.

2. Neue Verteidigungspolitische Konzepte[150]

Die Diskussion um die Mittelstreckenwaffen hatte in der SPD dazu geführt, daß auch Militärstrategien kein Tabuthema blieben. Vielmehr wurde erkannt, daß Fortschritte in der militärischen Entspannungspolitik nur durch eine umfassende Strukturreform der Bündnisse zu erreichen waren, die auch die Strategien einschlossen.[151]

"Auf militärischem Felde könnte eine Truppenbegrenzung auch erreichen, daß der Westen die militärische Strategie und Planung des frühen Ersteinsatzes (»early first use«) von nuklearen Waffen aufgibt."[152]

Neben der doppelten Null-Lösung bei den Mittelstreckenwaffen und einem Gleichgewicht auf einem möglichst niedrigen Niveau bei den SNF-Waffen[153] war die Herstellung einer »konventionellen Stabilität« in Europa das wichtigste Ziel dieser Politik. Dabei war es von entscheidender Bedeutung, ein Konzept zu entwickeln, bei dem die Streitkräfte der beiden Bündnisse so umstrukturiert würden, daß sie zwar den Erfordernissen der militärischen Defensivfähigkeit entsprächen, aber auf der anderen Seite nach ihrer Struktur, Organisation, der Art der Bewaffnung und ihrer Strategie für den Gegner erkennbar zu keiner militärischen Aggression in der Lage wären. Eine solche »strukturelle Nichtan-

---

150. An dieser Stelle sollen nicht die verschiedenen Konzepte im einzelnen beschrieben werden, dies ist nicht der Sinn dieser Arbeit und würde ihren Rahmen sprengen. Vielmehr sollen die gedanklichen Hintergründe und die Ansprüche, die die SPD an solche Konzepte stellt, so wie die allen gemeinsamen und für die Partei entscheidenden Wesensmerkmale wie »veränderte Militärdoktrinen«, »strukturelle Nichtangriffsfähigkeit« und »konventionelle Stabilisierung« vorgestellt werden. Einige wesentliche Konzepte seien hier mit ihren Autoren genannt: »raumgreifende Verteidigung« siehe: Jochen Löser; »integrierte Vorne-Verteidigung« siehe: Albrecht C. von Müller; »Bundeswehrstruktur der 90er Jahre« siehe: Andreas von Bülow; »Studiengruppe Alternative Sicherheitspolitik« siehe: SAS; »Verteidigungswall« siehe: Norbert Hanig; »Technokommandos« siehe: Horst Afheldt.

151. Bloemer, Klaus, Automomie in den beiden Europa. Nachdenkliches zu Gorbatschows Modell vom "Gemeinsamen Haus", in: Die Neue Gesellschaft, Heft 9, 1986, S. 811.

152. Schmidt, Helmut, a.a.O. (Anm. 62), S. 87.

153. Strategic nuclear forces.

griffsfähigkeit«[154] würde die politischen Voraussetzungen in Europa wesentlich verändern und die Entspannungspolitik auf eine neue Grundlage stellen.

Wie schon dargestellt, ergab sich ein Widerspruch zwischen der deklaratorischen Politik beider Systeme und ihrem militärischen Aufbau, der von der Entwicklung der Entspannung praktisch unberührt geblieben war. Beide Seiten versicherten sich zwar gegenseitig, keine Angriffsabsichten zu haben, optimierten ihre Militärorganisationen aber so, als beständen solche, und produzierten damit Bedrohungsängste. Hier lag der entscheidende politische Ansatzpunkt für die Konzeption der »konventionellen Stabilisierung« mit Hilfe der »strukturellen Nichtangriffsfähigkeit«.

"*Konventionelle Rüstungskontrolle ist erforderlich, um nukleare Abrüstung durch konventionelle Stabilisierung zu ergänzen. Konventionelle Rüstungskontrolle ist aber auch aus sich heraus geboten, weil die Rüstungsdynamik im Bereich der nichtnuklearen Waffen eine wesentliche Quelle militärischer Risiken in Europa bildet. Darüberhinaus ist das Bewußtsein konventioneller Überlegenheit hauptverantwortlich dafür, daß sich die Nato-Strategie in Europa bisher so stark auf Nuklearwaffen stützt.*"[155]

Bei allen Konzepten war die Veränderung des politischen Ost-West-Verhältnisses mindestens genauso wichtig wie die der militärischen Details. Die Dominanz lag bei einem gemeinsamen politischen Abrüstungswillen, in den die militärischen Faktoren eingebunden wären. "*Entmilitarisierung der Beziehungen in Europa und Repolitisierung des Ost-West-Konfliktes sind deshalb zwei Seiten der gleichen Medaille.*"[156]

Mit dem INF-Vertrag war der Einstieg in eine atomare Abrüstung gemacht worden, aber er bedeutete nicht die Entnuklearisierung Europas, denn auf beiden Seiten blieben noch Tausende von Nuklearwaffen stationiert. Auch wenn alle landgestützten Nuklearwaffen aus Europa abgezogen werden würden, wäre damit noch keine Entnuklearisierung Europas erreicht, weil es immer in der Reichweite der SNF läge. Daraus folgte, daß Europa immer in das System wechselseitiger nuklearer Abschreckung der Supermächte eingebunden blieb und erst dann und nur dann daraus gelöst werden könnte, wenn der Ost-West-Konflikt politisch überwunden wäre und weltweit alle Nuklearwaffen abgeschafft worden wären.

---

154. Zur Entstehung des Begriffs »strukturelle Nichtangriffsfähigkeit« siehe: Spiegel, Abrüstung. Nur noch rückwärts, Nr.43, 19.10.1987, S. 38-40.
155. Voigt, Karsten D., Schritte zur beiderseitigen Nichtangriffsfähigkeit, Manuskript vom 13.05.1987, Kopie liegt im Archiv des Autors.
156. Ders., Konventionelle Stabilisierung und strukturelle Nichtangriffsfähigkeit - ein systematischer Vergleich verschiedener Konzepte, Manuskript, 2.Fassung, S. 2, liegt dem Autor in Kopie vor.

Die Entscheidung darüber lag aber nicht bei den Europäern, sondern bei den Supermächten. Die europäischen Staaten könnten aber Einfluß nehmen auf die Ausgestaltung der Abschreckung und die Stationierung, bzw. Modernisierung, von Atomwaffen in Europa. Die SPD verlangte, daß dieser Einfluß zu einem schrittweisen Abbau aller Atomwaffen genutzt werden würde, um an die Stelle der »flexible response« eine nukleare Minimalabschreckung treten zu lassen.

Das Fernziel der Sicherheitspolitik der SPD war eine Entmilitarisierung des Ost-West-Konflikts auf allen Ebenen. Eine nukleare ohne eine konventionelle Abrüstung würde letztendlich nur zu einer Verlagerung, nicht aber zu einer Lösung des Ost-West-Konfliktes führen.

3. Die Europäisierung Europas

Schon in den vorherigen Kapiteln tauchte immer wieder eine sehr stark diskutierte politische Forderung auf, die mit »Europäisierung Europas« oder auch die »Selbstbehauptung Europas« bezeichnet wurde. Eine mögliche Konzeption, die hinter einer solchen Idee stehen konnte, war noch wenig strukturiert und befand sich in einem Stadium, das mit dem der »Entspannungspolitik« in der Mitte der 60er Jahre zu vergleichen war.

Für die Forderung nach einer »Selbstbehauptung Europas« gab es die unterschiedlichsten Motive. Die sicherheitspolitische Argumentation wurde in den vorherigen Kapiteln beschrieben, und die Kritik an der Politik der Weltmächte ermöglicht es, spiegelbildlich verkehrt, die sozialdemokratischen Interessen zu definieren, die in vielen Punkten genau entgegengesetzt waren.[157]

Europapolitische Motive spielten eine nicht unwesentliche Rolle. In der SPD waren gesamteuropäische Perspektiven schon aus ihrer Tradition Bestandteil zukunftsorientierter Ideologiebeschreibung.

Es gab aber auch ein »patriotisches« Motiv, das eine Emanzipation von den ehemaligen Siegermächten, im wesentlichen von den Supermächten, für die Deutschen erreichen wollte.

"Wenn die Deutschen irgendwann einmal einen Schlußstrich unter die Nachkriegszeit setzen und aus der Rolle des beschützten kleinen Partners herauskommen wol-

157. Siehe hierzu auch: Lafontaine, Oskar, Die Begriffe der heutigen Sicherheitspolitik stimmen nicht mehr. Über Null-Option, Gleichgewicht und die unterschiedlichen Sicherheitsinteressen von Amerikanern und Europäern, in: Blätter für deutsche und internationale Politik, Heft 11, Köln, 1981, S. 1323-1327.

len, wenn sie politisch erwachsen werden wollen, dann ist dieser - teilweise schmerzhafte - Prozeß unvermeidlich."[158]

Im Januar 1984 stellte eine Arbeitsgruppe der SPD unter der Leitung von Horst Ehmke ein Konzept auf der Grundlage eines Entwurfs mit dem Titel "*Programm für die Selbstbehauptung Europas*"[159] vor. Dieser Entwurf betont, daß die Westeuropäer am westlichen Bündnis festhalten müßten, aber ihre Rolle ausbauen und mit einer Stimme gegenüber Amerika sprechen sollten, um sich nicht »amerikanische Interessen überstülpen« zu lassen. Im Bereich der Weltwirtschaft habe Europa der »rücksichtslosen Wirtschafts-, Währungs- und Finanzpolitik« der USA entgegenzutreten und sich nicht vom Osthandel abbringen zu lassen. Für die Sicherheitspolitik wurden neben der Abrüstung der amerikanischen Mittelstreckenwaffen Vorkehrungen verlangt, die garantierten, daß die westeuropäischen Bündnispartner nicht in unabgestimmte Aktionen der USA über die Nato hinaus verstrickt werden.[160]

3.1. Mitteleuropa eine neue Möglichkeit?

"*Die Renaissance Mitteleuropas ist zunächst ein Protest gegen die Teilung des Kontinents, gegen die Vorherrschaft der Amerikaner und Russen, gegen den Totalitarismus der Ideologien.*"[161]

Im Zusammenhang mit der Diskussion über die »Selbstbehauptung Europas« tauchte der Begriff »Mitteleuropa« immer häufiger auf.[162] Daraus läßt sich auch das Hauptmotiv der Befürworter eines Mitteleuropakonstrukts als Finalität politischen Denkens und Handelns ableiten. Über die Stoßrichtung war man sich in diesem Kreis einig: »Mitteleuropa« bedeutete eine Emanzipation

---

158. Heimann, Gerhard, a.a.O. (Anm. 65), S. 149-151.

159. Ehmke, Horst, Programm für die Selbstbehauptung Europas, in: Politik. Informationsdienst der SPD, Nr. 1, Bonn, Jan. 1984.

160. z.B.: 25.10.1983 amerikanische Invasion auf Grenada, oder 15.04.1986 amerikanischer Angriff auf Libyen.

161. Bender, Peter, Mitteleuropa - Mode, Modell oder Motiv?, in: Die Neue Gesellschaft, Heft 4, 1987, S. 297;
Peter Bender läßt sich als einer der Exponenten der Diskussion ausmachen. Es sieht so aus, als ob er, angefangen mit seinem Buch "Das Ende des ideologischen Zeitalters", das schon den Untertitel, "Die Europäisierung Europas" trägt, wieder einmal eine Vordenkerrolle in der SPD einnahm;
vgl.: (Anmerkung 21) S. 9.

162. So gab es 1986 in der Neuen Gesellschaft zwei Serien "Thema: Die Mitte Europas", in: Die Neue Gesellschaft, Heft 7, Bonn, 1986 und Die Neue Gesellschaft, Heft 9, Bonn, 1986;
hier wurde auch an Friedrich Naumann's Werk "Mitteleuropa" mit einem Auszug erinnert.

von den Weltmächten, eine Einschränkung ihrer Hegemonie über Europa. Was Mitteleuropa allerdings sein sollte und welche Länder dazugehören sollten, darüber gingen die Meinungen auseinander.[163] Auch wenn diese Diskussion sehr interessant sein mag,[164] für die Beschreibung der in der Hauptsache emotionalen Motive ist eine genaue geographische Bestimmung obsolet.

Mitteleuropa war zunächst die Empfindung einer kulturellen Zusammengehörigkeit, und damit rückte die Kultur als verbindendes Element in den Vordergrund europapolitischer Ideen.[165] Die Jahre der Entspannung hatten gezeigt, daß sich in beiden Systemen eine historische gegenüber einer ideologischen Identitätssuche stärker durchzusetzen begann.[166] Unter den Linken wurde »Mitteleuropa« aus ihrer Analyse der Lage in Europa auch zu einem politischen Begriff.

In Mitteleuropa gab es eine außergewöhnliche militärische Situation. Hier grenzten die zwei Bündnissysteme aneinander, und nirgendwo sonst in Europa war so viel Rüstung konzentriert wie in Mitteleuropa, eine Rüstung, deren atomarer und chemischer Teil nicht von den Mitteleuropäern selbst stammte, sondern von den beiden Weltmächten, die die Europäer durch die Beibehaltung des Ost-West-Gegensatzes zur Aufnahme solcher Waffen zwangen. Die gesamte Rüstung, Nachrüstung und Nach-Nachrüstung im Bereich der Mittelstrekkenwaffen spielte sich in Mitteleuropa ab und es war zu befürchten, daß das Gleiche mit den neuen chemischen Binärwaffensystemen geschehen würde. Unter militärischen Gesichtspunkten war Mitteleuropa strategisches Vorfeld der Randmächte[167] und damit Hauptschlachtfeld und Hauptleidtragender einer hypothetischen Auseinandersetzung zwischen Ost und West.

---

163. Siehe: Bender, Peter, a.a.O. (Anm. 161), S. 297-298;
Bahr, Egon, Zum europäischen Frieden. Eine Antwort auf Gorbatschow, Berlin, 1988, S. 63;
Pollack, Martin, Mitteleuropa oder Mutmaßungen über Tüffer, in: Die Neue Gesellschaft, Heft 9, Bonn, 1986, S. 828.

164. Vor allem unter der Fragestellung, ob die Bundesrepublik als Ganzes, nur in ihrem östlichen Teil oder überhaupt nicht zu dem zu bildenden »Mitteleuropa« gehört hätte.

165. Hauff, Volker, Europäische Kultur und internationaler Markt, in: Die Neue Gesellschaft, Heft 3, Bonn, 1987, S. 234-237.

166. In der DDR kommt es zu einer Historisierung: Lutherjahr, Revidierung des Bismarkbildes, der Wille die weißen Flecken in der Geschichte zu beseitigen;
hierzu auch: deutsch-deutsches Historikertreffen am 12. bis 13. März 1987 in Bonn mit dem Titel "Erben deutscher Geschichte - Bundesrepublik und DDR";
siehe dazu auch: Miller, Susanne, "Wende"-Zeichen auf dem Gebiet der Geschichte, in: Die Neue Gesellschaft, Heft 10, 1987, S. 871-877.

167. Glotz, Peter, Deutsch-böhmische Kleinigkeiten oder Abgerissene Gedanken über Mitteleuropa, in: Die Neue Gesellschaft, Heft 7, Bonn, 1986, S. 585.

Aus dem gemeinsamen Interesse der Änderung dieser Situation leitet sich ein wichtiges Argument für »Mitteleuropa« ab. Die sicherheitspolitischen Vorstellungen der Mitteleuropäer stimmten nur teilweise mit denen ihrer jeweiligen Verbündeten in Ost und West überein und waren geprägt von einer äquivalenten gemeinsamen Gefährdung im Falle eines Konfliktes. Diese Vorstellung war zwar subjektiv und beruhte auf der sicher sehr fragwürdigen Annahme, daß sich ein Krieg auf Europa begrenzen ließe, aber für die politische Diskussion war wichtig, daß viele in Mitteleuropa glaubten, besonders gefährdet zu sein, und daher ein besonderes gemeinsames Interesse glaubhaft formuliert werden könne. Dies um so mehr, als sich aufzeigen ließ, daß, wenn es in der Vergangenheit in Europa zu Krisen kam, diese in der Regel in Mitteleuropa lagen und nicht auf dem Balkan oder in Skandinavien.[168]

Kulturhistorisch waren sich die Mitteleuropäer näher als ihren westlichen, bzw. östlichen Allianzpartnern, deren Interessen auch nur teilweise in Europa lagen, "*wenn es darum geht einander zu begreifen, sind Deutsche und Österreicher den Polen, Tschechen und Ungarn näher.*"[169] Sie waren es auch, die durch die Teilung des Kontinents am stärksten betroffen waren, und ihr Interesse, auch die kleinsten Spannungen im Ost-West-Dialog zu verhindern, war sehr hoch. Dies resultierte schon aus geographischen und wirtschaftlichen Gesichtspunkten. Sie hatten auf den verschiedensten Gebieten die meisten Kontakte untereinander, denn von ihnen wurden der Ost-West-Handel, die Kulturbeziehungen und die Begegnungen im wesentlichen getragen. Daher hätten sie auch in Krisensituationen mehr zu verlieren gehabt; umgekehrt, durch eine Weiterentwicklung der Entspannung und bei einer stärkeren Zusammenhalt Mitteleuropas konnten sie mehr gewinnen als die Randmächte.

"*Die Alternative ist der Versuch, in einer zweiten Stufe der Entspannung die geographische Mitte Europas wieder zu einer politischen, wirtschaftlichen und kulturell äußerst intensiv kommunizierenden europäischen Mitte zu machen.*"[170]

Wenn in der SPD von der »Selbstbehauptung Europas« oder der »Europäisierung Europas« gesprochen wurde, dann war das von der Mitte aus gedacht und

168. Berlin-Blockade (1948), DDR (17. Juni 1953), Ungarn (1956), Polen (Oktober 1956), Berliner Mauer (1961), CSSR (1968), Polen (1970), Polen (1976), Polen (1980/81).

169. Bender, Peter, a.a.O. (Anm. 161), S. 302;
vgl.: ders., a.a.O. (Anm. 16), S. 10.

170. Heimann, Gerhard, a.a.O. (Anm. 144), S. 592;
siehe auch Müller/Klose/Heimann u.a., Neuordnung des sowjetischen Wirtschaftssystems und Chancen für eine zweite Stufe der Ostpolitik, in: Vorstand der SPD, (Hrsg.), Materialien, Bonn, 1986, S. 3-4;
vgl. dazu die Kritik von Stobbe, Dietrich, Der Traum von der "Wiederherstellung der Europäischen Mitte", in: Die Neue Gesellschaft, Heft 7, Bonn, 1986, S. 586-589.

nicht vom Atlantik her. Das heißt, daß es nicht die »Atlantiker« dieser Partei waren, die für diese Idee standen und »Mitteleuropa« als einen politischen Begriff in die entspannungspolitische Diskussion gebracht hatte. Es waren in erster Linie die Linken der Partei, die der USA als dominierender Bündnismacht kritisch gegenüberstehenden Sozialdemokraten,[171] die eine mehr europäisch und national orientierte Politik forderten.

"*Die SPD hat dem eine die eigenen Interessen betonende Politik entgegengestellt, die deutlich patriotische und europäische Akzente setzt. Was verlangt wird, ist Konfliktfähigkeit und -bereitschaft im Bündnis und das massive Vertreten deutscher und europäischer Interessen. Der Spielraum für deutsche und europäische Politik muß im Bündnis erweitert werden.*"[172]

Dabei meinte kritisch ausdrücklich nicht grundsätzliche Ablehnung alles Amerikanischen, aber eben auch nicht eine grundsätzliche Zustimmung. Sie forderten eine Abwägung und wo nötig die Formulierung eigener Interessen, oder anders ausgedrückt, eine "*Neudefinition des Verhältnisses Westeuropa/ USA im Bündnis.*"[173]

Hierbei waren diesen Sozialdemokraten die Grenzen, die eine Politik in und für Mitteleuropa haben könnte, durchaus klar. Sie mußten immer Teil einer Politik für ganz Europa unter Einbeziehung der Weltmächte sein.[174] Die Rolle Mitteleuropas wurde verstanden als eine besonders starke Antriebskraft auf dem Wege zu der »Europäischen Friedensordnung«, zu einer Einheit des Kontinents und dadurch zur Lösung der »deutschen Frage«.

"*Das Ziel ist, das Netz wechselseitiger Beziehungen aller mit allen so fest und dicht zu knüpfen, daß keiner es mehr zerreißen kann, ohne sich selbst schwer zu schaden. Das Ziel ist wechselseitige Abhängigkeit.*"[175]

3.2. Deutschlandpolitik und Friedensordnung

"*Die Entspannungspolitik erhält eine neue politische Qualität, wenn es gelingt, die Kräfte der ganzen Nation in beiden deutschen Staaten gemeinsam mit den europäi-*

---

171. z.B.: Bloemer, Klaus, a.a.O. (Anm. 151), S. 810-822.
172. Heimann, Gerhard, a.a.O. (Anm. 65), S. 149-151.
173. Heimann, Gerhard, a.a.O. (Anm. 144), S. 593.
174. Voigt, Karsten D., Brücken der gemeinsamen Sicherheit bauen. Ein Beitrag zur Mitteleuropa-Diskussion, in: Sozialdemokratischer Pressedienst, Ausgabe 247/248, Bonn, 29./30.12.1987, S. 3.
175. Bender, Peter, a.a.O. (Anm. 161), S. 304.

schen Nachbarn in Ost und West auf das Ziel einer dauerhaften europäischen Friedensordnung zu lenken."[176]

Die Sozialdemokratie hat bis heute ein ambivalentes Verhältnis zu der »deutschen Frage«.[177] Immer war und ist - wie sich im November 1989 wider zeigte - die Sozialdemokratie hin- und hergerissen zwischen einem zaghaften sozialistischen Internationalismus und einem genötigten deutschen Nationalismus. Seit den Anfängen der »Sozialistischen Internationale« war die Sozialdemokratie immer wieder gezwungen, ihr Verhältnis zur Internationale und zur deutschen Nation zu erklären. Daraus resultierte eine Haltung, die von dem Bemühen geprägt ist, einerseits die »besten Deutschen« und andererseits die »besten Europäer« zu sein. Im Zweifelsfall hat die SPD sich aber immer für die Nation entschieden,[178] vielleicht um besonders deutlich den Vorwurf der »Vaterlandslosen Gesellen« oder die »Dolchstoßlegende« zu entkräften.

In der jüngsten Vergangenheit waren es es die Vorwürfe des »Antiamerikanismus« oder der »Verzichtpolitik« die es zu entkräften galt. Ebenso verlangte die politisch-historische Verwandtschaft zu den Kommunisten eine besondere Rechtfertigung und Betonung der Grenzlinie.[179] Dabei bestand auch zu den

---

176. SPD-Bundesparteitag 1982 in München, Sicherheitspolitischer Beschluß, in: SPD Parteitag. Protokoll, Bd. II, Bonn, 1982, S. 908.

177. Ammon, Herbert / Brandt, Peter, (Hrsg.), Die Linke und die nationale Frage, Hamburg, 1982;
Bender, Peter, Europa und die Deutschen, in: derselbe, Das Ende des ideologischen Zeitalters, Berlin(West), 1981, S. 219-149;
Borm, William / Staack, Michael, Die Bundesrepublik Deutschland ein Teilstaat? Demokratische oder nationalstaatliche Identität?, in : Die Neue Gesellschaft, Heft 8, Bonn, 1984, S. 696-703;
Brandt, Willy, Deutscher Patriotismus. Spiegel Essay. 1982, in: Wir informieren: SPD. Bilanz einer Wende. Dokumente der Deutschland- und Ostpolitik: Nach 13 Jahren am Ende?, Bonn, 09.10.1985, S. 61-62;

178. Nach Äußerungen aus dem Bereich der Linken, das staatliche Wiedervereinigungsgebot des Grundgesetzes aufzugeben, z.B.: "Um eine europäische Friedensordnung zu schaffen, ist es notwendig, auf Dauer von der Existenz zweier deutscher Staaten auszugehen." (Konrad Gilges, Zitiert nach: Neue Presse vom 24.02. 1986), ging die Parteispitze schnell auf Distanz, siehe z.B.: Die Welt vom 26.02.1986.
siehe hierzu auch: Brandt, Willy, Zur Diskussion über die Präambel des Grundgesetzes. Interview mit dem Deutschlandfunk, in: Sozialdemokraten, Service, Presse/Funk/TV, Nr. 271/85, Bonn, 20.05.1985.
jüngstes Beispiel: der 9. November 1989; siehe: Kapitel VI.

179. Das Programm des Honecker-Besuchs in Bonn 1987 wäre mit einem SPD-Kanzler so wohl nicht möglich gewesen.

Kommunisten ein ambivalentes Verhältnis, eine »Haßliebe« gewissermaßen.[180] Die historischen Belastungen lagen schwer auf diesem Verhältnis[181] und jedes weitere Aufeinanderzugehen war gerade für die SPD ein schwerer aber auch gewünschter Schritt.

Diese Ambivalenzen bestimmte und belastete die Ost-West-Politik der SPD. In der »zweiten Phase der Entspannungspolitik« wurde nun der Versuch unternommen, mit Hilfe der Dialektik, einem klassischen Ansatz, die Ambivalenz der »deutschen Frage« in ihre Lösung zu überführen. Das Ergebnis wäre eine Einheit in der Zweistaatlichkeit;[182] "*vereint gespalten*"[183] hieß, ein beispielhaftes Verhältnis für eine »Europäische Friedensordnung« zu schaffen. Dafür war es unabdingbar, sich von einem alten, in der Forderung nach staatlicher Einheit verharrenden Nationenbegriff zu lösen[184] und zu einem solchen überzugehen, für den es tatsächlich zutraf, daß die "*deutsche Nation ... eine von der Teilung unabhängige Realität*"[185] ist. Daher war nicht eine staatliche Einheit das vorrangige Ziel der Deutschlandpolitik der SPD, sondern sie sollte "*größtmögliche Beiträge zur Sicherung des Friedens in Europa und in der Welt* [zu] *leisten.*"[186]

Sozialdemokratische Deutschlandpolitik war Teil ihrer Friedens- und Entspannungspolitik,[187] die zu einer gesamteuropäischen Friedensordnung führen sollte, die den trennenden Charakter der Grenzen überwände und auf lange Sicht die Militärblöcke überflüssig werden ließe.

---

180. Ich bin mir klar darüber, daß dies viele Sozialdemokraten - gerade heute - entrüstet zurückweisen werden. Wer aber dieses Verhältnis in der Realität erlebt hat, wird diese Mischung aus Umwerbung und Ablehnung nachempfinden können.
vgl.: Brandt, Willy, Sechs Thesen zum Verhältnis von Kommunisten und Sozialdemokraten Ende der 80er Jahre, in: Die Neue Gesellschaft, Heft 4, Bonn, 1986, S. 347-348.
181. So z.B.: Zwangsvereinigung oder noch nicht so lange her die Guillaume Affäre (25.04.1974).
siehe auch: Glotz, Peter, a.a.O. (Anm. 6), S. 101.
182. Siehe hierzu: Bahr, Egon, Zum europäischen Frieden. Eine Antwort auf Gorbatschow, Berlin, 1988.
183. Görner, Rüdiger, Vereint gespalten. Über deutsche Wiedervereinigung, in: Die Neue Gesellschaft, Heft 9, Bonn, 1986, S. 803.
184. Gaus, Günter, Wo Deutschland liegt - eine Ortsbestimmung, Hamburg, 1983, S. 35.
185. SPD-Bundestagsfraktion, Entschließungsantrag der Fraktion der SPD zum Bericht zur Lage der Nation im geteilten Deutschland, in: Deutscher Bundestag, Drucksache 10/2927, Bonn, 27.02.1985, S. 1.
186. Schmude, Jürgen, a.a.O. (Anm. 48).
187. Siehe: SPD-Parteivorstand, (Hrsg.), Entwurf für ein neues Grundsatzprogramm der Sozialdemokratischen Partei Deutschlands. Entwurf Irsee, Bonn, Juni 1986, S. 9-12.

Im Interesse dieses Zieles und menschlicher Erleichterungen in der DDR waren viele Sozialdemokraten zu weitreichenden Zugeständnissen gegenüber der SED-Führung in bezug auf die Geraer Forderungen[188] bereit.

"*Aus der wechselseitigen Anerkennung der Existenz zweier deutscher Staaten ergeben sich Folgerungen für die Respektierung der DDR-Staatsbürgerschaft. Auch die Abschaffung der »Erfassungsstelle Salzgitter« kann nicht länger ein Tabu sein. Unbeschadet der völkerrechtlich strittigen Frage des Grenzverlaufs der Elbegrenze ist eine gemeinsame Lösung zwischen beiden deutschen Staaten anzustreben, wobei ein Grenzverlauf in der Mitte Gegenstand der Verhandlungen sein kann.*"[189]

4. SPD-SED-Kontakte

"*Und deshalb ist es auch keine Aufkündigung der Wertegemeinschaft - welche auch gerade gemeint sein mag -, wenn deutsche Sozialdemokraten aus der Bundesrepublik und deutsche Kommunisten aus der DDR über Frieden und Zusammenarbeit in Europa sprechen. Dabei dürfen die Deutschen sich allerdings nicht in einer exklusiven Rolle verstehen, sondern, begünstigt durch dieselbe Sprache, die gemeinsame Geschichte und die geographische Nähe, als Schrittmacher für die europäischen Nachbarn in Ost und West.*"[190]

Für die SPD war die wechselseitige Besuchsoffensive Bestandteil der neuen, der »zweiten Phase« ihrer Entspannungspolitik. Dabei wurde besonders betont, daß es sich bei den deutsch-deutschen Kontakten (Arbeitsgruppen) nicht um Sonderbeziehungen handelte. Vielmehr wurde darauf verwiesen, daß es sich hierbei um einen Teil einer Gesamtkonzeption handelte, die sich auf alle Ostblockstaaten erstreckte. Wenn die deutsch-deutschen Kontakte auch sehr erfolgreich waren, wollte die SPD vermeiden, daß sich der Eindruck verstärkte, sie konzipieren mit der SED einen Sonderweg. Wenn über SPD/ SED-Arbeitsgruppen oder -Kontakte gesprochen oder geschrieben wurde, wiesen Sozialdemo-

---

188. Honecker, Erich, Rede in Gera am 13.10.1980, in: Texte zur Deutschlandpolitik, Reihe II, Bd.8, S. 170-179. Darin forderte er u.a.:
    1. Die Anerkennung der Staatsbürgerschaft der DDR
    2. Die Auflösung der "Zentralen Erfassungsstelle" in Salzgitter
    3. Die Umwandlung der Ständigen Vertretungen in Botschaften
    4. Eine Regelung des Grenzverlaufs auf der Elbe [in Strommitte]
189. Entschließung der Konferenz der Vorsitzenden der SPD-Fraktionen des Bundes, der Landtage und der Bürgerschaften am 19. und 20. September 1985 in Lübeck.
190. Heimann, Gerhard, a.a.O. (Anm. 144), S. 592.

kraten auf die Arbeitsgruppen mit anderen Ostblockstaaten hin[191] und erklärten den Erfolg der deutsch-deutschen mit der fehlenden Sprachbarriere, der geographischen Nähe oder einer Zufälligkeit.[192]

Die SPD hatte bis Ende der 70er Jahre jede offizielle Zusammenarbeit mit der SED vermieden.[193] Bis dahin hatte es Kontakte auf Regierungs- und Behördenebene oder persönliche Kontakte einzelner gegeben. Die Regierungsebene stand ab 1983 nicht mehr zur Verfügung, so daß verstärkt der Aspekt der Parteikontakte[194] in den Vordergrund getreten war. Richtig war auch, daß die SPD in ihrer nach der Nachrüstungsdebatte konzipierten »zweiten Phase der Entspannungspolitik« verstärkt auf diese Kontakte einging. Es war aber auch von wesentlicher Bedeutung, daß es noch 1960 Kontaktverbote gab, daß die Entspannungspolitik erst seit Ende der 60er Jahre praktiziert wurde, daß alte Ängste und Vorurteile sich noch lange gehalten hatten und zum Teil bis heute nachwirkten, und schließlich, daß jetzt eine neue Generation von Politikern in der SPD in die Verantwortung kam.

Der Stellenwert der SPD/SED-Kontakte in den Jahren nach 1982, in denen sich die SPD in der Opposition befand, also auch keine Verhandlungen auf Regierungsebene führen konnte, war der, alternative Konzepte zu beschreiben und - das ist auch Aufgabe von Opposition - Alternativen zur Regierungspolitik aufzuzeigen. In diesem Bereich sah die SPD ihre Aufgaben, neben den originären eigenen historischen Interessen, darin, durch Kontakte auch zur SED ein Feld zu bearbeiten, das die liberal-konservative Regierung brach liegengelassen hatte und der SPD damit die Möglichkeit ließ, die eigene besondere Kompetenz in diesem Bereich nach außen zu demonstrieren.

---

191. Mit der Volksrepublik Polen über »vertrauensbildende Maßnahmen«, mit der CSSR über Fragen des »Umweltschutzes« und mit Ungarn über »Probleme der wirtschaftlichen Zusammenarbeit zwischen Ost und West«

192. So z.B.: Meyer, Thomas, Ein neuer Rahmen für den Ost-West-Dialog, in: Die Neue Gesellschaft, Heft 10, Bonn, 1987, S. 870-871.

193. Das Verhältnis zwischen Sozialdemokraten und Kommunisten ist nicht gerade unproblematisch und unbelastet durch die gemeinsame Geschichte. Die Spaltung der Arbeiterbewegung, das feindliche Verhältnis zwischen SPD und KPD in der Weimarer Republik mit der Sozialfaschismustheorie, Zwangsvereinigung von SPD und KPD zur SED in der DDR und das weitere Verhältnis zwischen der SED und SPD (Guillaume-Affäre) wirken bis in die heutige Zeit nach;
siehe: Weber, Hermann, Zwangsvereinigung oder freiwilliger Zusammenschluß? Zur Gründung der SED vor 40 Jahren, in: Die Neue Gesellschaft, Heft 1, Bonn, 1986, S. 26-31;
Bahr, Egon, Zwangsvereinigung. Zur Erinnerung an den April 1946 und die Gründung der SED, in: Die Neue Gesellschaft, Heft 1, Bonn, 1986, S. 9-25.

194. Die SPD unterhält zu den kommunistischen Parteien in kommunistischen europäischen Staaten mit Ausnahme der kommunistischen Partei Jugoslawiens nur sogenannte Informationsbeziehungen und keine offiziellen Parteibeziehungen.

Gesamtpolitisch versprach sich die SPD eine Verstärkung ihrer Bahr'schen Entspannungspolitik des »Wandel durch Annäherung«. Durch die Entspannungspolitik der Vergangenheit war es zur Öffnung in Osten gekommen. Diese Öffnung erlaubte ein höheres Maß an zwischenmenschlichen Kontakten. Dies wiederum führte zu einer verstärkten Diskussion zwischen den Systemen und vor allem innerhalb der kommunistischen Staaten. Die Entspannungspolitik hatte Gorbatschow in der Sowjetunion und die daraus resultierenden Entwicklungen ermöglicht. Die logische Folgerung aus dieser Analyse war, eine Politik zu betreiben, die die Kontakte und Diskussionen förderte. Durch die »zweite Phase der Entspannungspolitik« sollte die systemimmanente Diskussion ermöglicht und verstärkt und gleichzeitig durch die Anerkennung der Integrität des Gegenüber geschützt werden. Am Ende dieser Politik sollte im Zuge der systemimmanenten Diskussion in Ost und West die Aufhebung des Systemgegensatzes und die Überführung in eine weiterentwickelte Gesellschaft in ganz Europa stehen. Die Geschichte gab diesen Sozialdemokraten zumindest in bezug auf die Entwicklung im Osten recht.

4.1. Städtepartnerschaften[195]

Mit der im April 1986 zwischen Saarlouis und Eisenhüttenstadt vereinbarten Städtepartnerschaft hatte die SPD eine neue Ebene in den deutsch-deutschen Beziehungen eröffnet. Eine weitere Regionalisierung der Beziehungen, und damit eine breitere Verankerung und eine größere Unumkehrbarkeit der »zweiten Phase der Entspannung«, wurde mit diesem Schritt erreicht.

Bundesdeutsche Kommunen hatten seit Beginn der 70er Jahre ohne Erfolg immer wieder Angebote für Städtepartnerschaften an Kommunen in der DDR gerichtet.[196] Zunächst wurde von seiten der DDR gar nicht geantwortet, später wurde auf die nichterfüllten »Geraer Forderungen«[197] oder auf den Stand der deutsch-deutschen Beziehungen verwiesen, der die Herstellung von Städtepartnerschaften nicht ermögliche. Diese Situation änderte sich erst, als Oskar Lafontaine im Nov. 1985 von einer DDR-Reise eine grundsätzliche Zustimmung Honeckers zu einer Städtepartnerschaft von Saarlouis mit einer Stadt in der DDR mitbrachte. Seit dem 07.12.1984 bemühte sich Saarlouis um eine Städtepartnerschaft mit Halberstadt. Im Januar 1986 konnten die Verhandlungen al-

195. Ausführlich hierzu: Pawlow, Nicole-Annette, Innerdeutsche Städtepartnerschaften, Berlin 1990.
196. So z.B.: Erlangen an Jena (1970) oder Frankfurt a.M. an Leipzig.
197. A.a.O. (Anm. 188).

lerdings mit der vom Staatsrat der DDR[198] ausgewählten Partnerstadt Eisenhüttenstadt beginnen.

Es bemühten sich bis Ende 1989 über 600 Kreise, Städte und Gemeinden in der Bundesrepublik um eine solche Partnerschaft. Bis März 1990 lagen 67 Partnerschaftsvereinbarungen vor. 8 weitere waren im Verhandlungsstadium bzw. die DDR hatte hier eine Bereitschaft signalisiert.

Auf seiten der bundesdeutschen Städte und Gemeinden wurden die deutsch-deutschen Städtepartnerschaften im Rahmen ihres Rechts auf Selbstverwaltung kommunaler Angelegenheiten in eigener Kompetenz geschlossen. Der Deutsche Städtetag hatte zwar kommunale Partnerschaften als Freundschaftsverhältnisse zwischen Städten, Gemeinden und Kreisen »verschiedener Nationalität« definiert, aber die Einschränkung »verschiedener Nationalität« wurde in der Vergangenheit schon durch Partnerschaften kommunaler Körperschaften innerhalb der Bundesrepublik einschließlich Berlin (West)[199] entkräftet. Der Einwand, daß die deutsch-deutschen Städtepartnerschaften der DDR eine eigene Nationalität anerkennen würden, erwies sich als nicht haltbar.

Die Kommunen in der DDR bedurften dagegen der Genehmigung oder der Anweisung durch die staatliche Zentrale bzw. die politische Führung. Über Auswahl von Partnergemeinden wurde in der DDR offenbar auf höchster politischen Ebene entschieden. Durch die Einbeziehung von Trier (CDU-Mehrheit) und Fellbach (CSU-Mehrheit, FDP-OB) hatte sich die anfangs beobachtete politische Einseitigkeit (zunächst nur SPD regierte Städte) bei der Berücksichtigung von Partnerschaftswünschen durch die DDR abgeschwächt. Bei der Auswahl von Partnerschaftsanliegen durch die DDR waren aber politische Motive nach wie vor unverkennbar, so ließen sich Stattgaben nach hochrangiger Fürsprache, Anknüpfungspunkte persönlich-biographischer und ideologischer Art registrieren.

Die Vereinbarungen wiesen (bis Mitte 1989) grundsätzliche Übereinstimmungen auf. Formal waren sie Rahmenvereinbarungen, die der jährlichen Konkretisierung bedurften. Ziel der Partnerschaften war es, laut Präambel der meisten Vereinbarungen, auf kommunaler Ebene einen "*Beitrag zum Frieden und zu normalen, gutnachbarlichen Beziehungen zwischen der Deutschen Demokratischen Republik und Bundesrepublik Deutschland zu leisten*"[200]. Daher wurde in diesem Zusammenhang insbesondere auf den Grundlagenvertrag von 1972 und in mehreren Vereinbarungen auch auf die KSZE-Schlußakte von 1975 Bezug genommen.[201] Teilweise wurde die Hinnahme bestehender Grenzen als grundlegende

198. Die Entscheidung dürfte, wie in späteren Fällen auch, im Politbüro gefallen sein.
199. So z.B.: Berlin-Schöneberg/Ahlen oder Wuppertal/Bad Kreuznach.
200. Aus der Vereinbarung zwischen Eisenhüttenstadt und Saarlouis.
201. So z.B.: Saarlouis/Eisenhüttenstadt, Wuppertal/Schwerin oder Kiel/Stralsund.

Bedingung für den Frieden erklärt[202] und die Unterstützung des Bemühens u.a. um Abrüstung vereinbart.[203] Die vorliegenden Partnerschaftsverträge wiesen dennoch eine große Variationsbreite in formaler und inhaltlicher Hinsicht auf. Das galt auch für Umfang und Thematik der aufgenommenen politischen Grundsatz- und Absichtserklärungen. In den Verhandlungen hatte sich gezeigt, daß ein erheblicher Spielraum für die Gestaltung von Partnerschaftsvereinbarungen bestand. Entgegen anfänglicher Befürchtungen war die DDR nicht auf ein bestimmtes Vertragsmodell oder auf einzelne Formulierungen, mit Ausnahme der oben genannten Bereiche, festgelegt.

Hauptziel der Vereinbarungen von sozialdemokratischer Seite war die Förderung vielfältiger Begegnungen zwischen den Bürgern der beteiligten Städte zum Zweck des gegenseitigen Kennenlernens und zur Herstellung freundschaftlicher Beziehungen. Dafür waren Informationsreisen, gegenseitige Besuche, der Meinungs- und Erfahrungsaustausch (unter Einbeziehung von Verbänden, Vereinen und Bürgern) ebenso vorgesehen wie der Austausch von Informationen u.a. auch durch gegenseitige Ausstellungen, deren Ziel es war, die Geschichte, Gegenwart und Zukunft in der jeweiligen Gemeinde zu veranschaulichen.

Neben dem Dialog über politisch interessierende Fragen (wie Friedenssicherung und Abrüstung) war vor allem der Erfahrungsaustausch über kommunalpolitische Themen (wie Stadtplanung, Denkmalschutz, Entwicklung der Arbeits- und Lebensbedingungen, Kultur und Freizeit) vorgesehen.

Diese allgemein gehaltenen Punkte wurden in sog. Jahresplänen als Einzelprojekte vereinbart. Erfaßt waren hierbei auch die Modalitäten der Unterbringung in der Partnerstadt bei gegenseitigen Besuchen.

In den Verhandlungen (bis Mitte 1989) hatten sich folgende Punkte als kritisch erwiesen: politisch-programmatische Aussagen der DDR; ausreichende Konkretisierung kommunaler und bürgerschaftlicher Elemente, Unterbringung in Privatquartieren, Einbeziehung von Schülern in Jugendbegegnungen.

4.2. SPD/SED-Arbeitsgruppen

In den folgenden Kapiteln soll ein Einblick in ausgewählte gemeinsame Arbeitsgruppen von SPD und SED gegeben werden. Sie stellten ein entscheidendes Element der »zweiten Phase der Entspannungspolitik« dar und bildeten den praktischen Schwerpunkt des sozialdemokratischen Entspannungskonzeptes.

---

202. So z.B.: Wuppertal/Schwerin.
203. So z.B.: Hamburg/Dresden, Kiel/Stralsund oder Bremen/ Rostock.

In den Themen der Arbeitsgruppen äußerte sich das sozialdemokratische Verständnis von einer Umsetzung des KSZE-Prozesses in praktisches, politisches Handeln. Durch die Gespräche mit den kommunistischen Parteien versuchte die SPD, ihre Vorstellungen über Sicherheitspartnerschaft, Abrüstung und Zusammenarbeit einzubringen und den ihrer Meinung nach erkennbaren Prozeß einer neuen Positionsbestimmung im Osten - verteidigungs- und gesellschaftspolitisch - in einem gesamteuropäischen Interesse zu nutzen.

Sinn der Arbeitsgruppen war es auch, das in der Zeit der Regierungsverantwortung begonnene vorsichtige, gegenseitige Kennenlernen zur Schaffung eines Gesprächs- und Verhandlungsklimas zu nutzen, das geeignet wäre vertrauenbildende Maßnahmen zu entwickeln, historische Belastungen abzubauen und damit in einen friedenschaffenden Prozeß auf der Basis der »Sicherheitspartnerschaft« zu münden. Das Ziel der Arbeitsgruppen waren Regierungsinitiativen. In einem formal vorstaatlichen Raum sollten mit ihrer Hilfe die Möglichkeiten dazu ausgelotet werden.

Die Arbeitsgruppen hatten durch ihren Verlauf zwar einen eigenen Wert; für die SPD-Bundestagsfraktion waren sie aber ein Bestandteil ihres Bemühens um die Aufnahme offizieller Beziehungen zwischen dem Deutschen Bundestag und der Volkskammer der DDR. Diese Beziehungen waren für die SPD wichtig, weil es zu ihrer »Politik des Dialogs« gehörte, alle sich bietenden Gesprächsebenen zu nutzen. Sie ging davon aus, daß die Diskussion und der Erfahrungsaustausch zwischen Parlamentariern über politische Sachfragen geeignet wäre, Kenntnisse zu vertiefen und Anregungen für Regierungen zu entwickeln.

In diesem Zusammenhang waren auch die Aufnahme der zwischen Volkskammer und SPD-Bundestagsfraktion vereinbarten Gespräche über Umweltschutz, Städtebau, Kultur- und Agrarpolitik, die in dieser Arbeit nicht weiter behandelt werden sollen, zu sehen, als einen Beitrag, um die Bedeutung der Kontakte zwischen den Parlamenten zu unterstreichen.

Im folgenden sollen die drei bekanntesten Arbeitsgruppen vorgestellt werden: Die SPD/SED-Arbeitsgruppe zur Schaffung einer chemiewaffenfreien Zone in Europa, - zur Schaffung eines atomwaffenfreien Korridors in Europa und die Arbeitsgruppe deren Ergebnis das SPD/SED-Papier »Streit der Ideologien und die gemeinsame Sicherheit« war. Die Arbeitsgruppe Jugendpolitik wurde als Beispiel für eine unbekanntere Arbeitsgruppe, an deren Ende nicht ein abschließendes Dokument stand, sondern deren Ziel der kontinuierliche Dialog war, ausgewählt, weil sie die längste Arbeitserfahrung in diesem Bereich hatte.

4.3.1. Zur Schaffung einer chemiewaffenfreien Zone in Europa

Die SPD hatte bereits 1979 auf ihrem Berliner Bundesparteitag eine chemiewaffenfreie Zone gefordert.[204] 1983 war ein entsprechender Beschluß in das Bundeswahlprogramm aufgenommen worden.[205]

Als Ergebnis eines Gesprächs zwischen dem Vorsitzenden der SPD-Bundestagsfraktion Vogel und dem Generalsekretär der SED am 14. März 1984 war eine gemeinsame Arbeitsgruppe gegründet worden, die Möglichkeiten für die Schaffung einer von Chemiewaffen freien Zone in Europa erörtern sollte.[206] Das erste Treffen dieser Arbeitsgruppe fand am 2. und 3. Juli 1984 in Ost-Berlin statt.[207] Am 19. Juni 1985 wurde eine Vereinbarung veröffentlicht, die aus einem »Gemeinsamen Kommuniqué«, einem »Rahmen für ein Abkommen zur Bildung einer von chemischen Waffen freien Zone in Europa« und einer »Erläuterung zum Rahmenabkommen« besteht.[208]

In ihrem »Gemeinsamen Kommuniqué« bezogen sich SPD und SED ausdrücklich auf den Artikel 5 des Grundlagenvertrages[209] und auf die gemeinsame Verantwortung, "*daß von deutschem Boden nie wieder Krieg ausgehen soll, daß*

---

204. Bundesparteitag 1979 in Berlin, Antrag zur Sicherheitspolitik im Rahmen der Friedenspolitik, in: SPD-Parteivorstand, (Hrsg.), SPD Parteitag Berlin 79. Protokoll, Bd. II, Bonn, 1979, S. 1239.

205. Das Regierungsprogramm der SPD - 1983-1987, VI. Wir wollen den Frieden, in: Vorstand der SPD, SPD Wahlparteitag Dortmund. Protokoll, Bonn, 1983, S. 189.

206. Auf seiten der SED gehörte hierzu: Hermann Axen (Politbüro), Manfred Uschner (ZK der SED), Karlheinz Lohs (Forschungsstelle für chemische Toxikologie der Akademie der Wissenschaften), Karl-Heinz Wagner (ZK der SED) und Klaus-Dieter Ernst (Ministerium für Auswärtige Angelegenheiten); auf seiten der SPD gehörten hierzu: Karsten D. Voigt (MdB), Egon Bahr (MdB), Hermann Scheer (MdB) und Uwe Stehr (Fraktionsreferent für Abrüstungsfragen)

207. Die Beratungen wurden am 20. und 21. September 1984 in Bonn, am 5. und 6. Dezember 1984 in Ost-Berlin, am 28. Februar und 1. März 1985 in Bonn, 11. und 12. April 1985 in Ost-Berlin und am 9. und 10. Juni 1985 in Ost-Berlin fortgesetzt.

208. SPD-Bundestagsfraktion, Chemische Abrüstung. Gemeinsames Kommuniqué. Rahmen zur Bildung einer von chemischen Waffen freien Zone in Europa, in: Sozialdemokratischer Pressedienst, Ausgabe 1191, Bonn, 19.06.1985.

209. "Die Bundesrepublik und die Deutsche Demokratische Republik werden friedliche Beziehungen zwischen den europäischen Staaten fördern und zur Sicherheit und Zusammenarbeit in Europa beitragen. Sie unterstützen die Bemühungen um eine Verminderung der Streitkräfte und Rüstung in Europa, ohne daß dadurch Nachteile für die Sicherheit der Beteiligten entstehen dürfen. Die Bundesrepublik Deutschland und die Deutsche Demokratische Republik werden mit dem Ziel einer allgemeinen und vollständigen Abrüstung unter wirksamer, internationaler Kontrolle der internationalen Sicherheit dienende Bemühungen um Rüstungsbegrenzung und Abrüstung, insbesondere auf dem Gebiet der Massenvernichtungswaffen, unterstützen." zitiert nach: Münch, Ingo von, (Hrsg.), Dokumente des geteilten Deutschland, Bd. II, Stuttgart, 1974, S. 302.

von deutschem Boden Frieden ausgehen muß."[210] Erklärte Absicht war es, Regierungshandeln nicht zu ersetzen sondern anzuregen und zu fördern, die Voraussetzungen für einen Vertrag über eine chemiewaffenfreie Zone zu schaffen und die Verhandlungen in Genf zu fördern, die "*einen wichtigen Schritt darstellen würden, Entspannung, Abrüstung und Vertrauen zur Herstellung gemeinsamer Sicherheit in Europa praktisch voranzubringen*".[211]

Mit den Vertretern der SED wurde vereinbart, die Gespräche über Rüstungsbegrenzung und Abrüstung, insbesondere zur Bildung einer atomwaffenfreien Zone entsprechend dem Vorschlag der Palme-Kommission, fortzusetzen.

Daß eine gemeinsame Arbeitsgruppe von SPD und SED gebildet werden und sich auf einen gemeinsam vertretenen Rahmenentwurf und die Fortsetzung der eingeleiteten Zusammenarbeit verständigen konnte, war ein Novum und zeigte die Möglichkeiten, die mit der neuen Entspannungs- und Sicherheitspolitik erschlossen hatte. Es sollte ein Modell ausgearbeitet werden, das zeigen sollte, "*daß mit dem Konzept der Sicherheitspartnerschaft und der Entspannung eine Lösung bislang kontroverser sicherheitspolitischer Fragen prinzipiell möglich ist.*"[212]

Daß mit den Chemiewaffen begonnen wurde, lag an ihrer besonderen sicherheitspolitischen Problematik und der damaligen rüstungspolitischen Situation. Der Einsatzwert chemischer Waffen war auch unter den Militärs stark umstritten, da ihr Einsatz zwar eine erhebliche Wirkung hat, diese aber nur schwer einzugrenzen ist. Es handelte sich hierbei also um den Rüstungsbereich, von dem der geringste Widerstand gegen Abrüstungsvorschläge zu erwarten war. Die Öffentlichkeit in der Bundesrepublik war durch die Diskussion um die Nachrüstung für sicherheitspolitische Themen sensibilisiert. Die bisherige Rüstungskontrollpolitik hatte durch das Scheitern der INF-Verhandlungen an Glaubwürdigkeit verloren, so daß das Angebot einer konkreten Problemlösungsalternative öffentlichkeitswirksam sein mußte. Berichte über einen Einsatz von chemischen Waffen in Indochina, Afghanistan und im Golf und die Umweltschutzbewegung in der Bundesrepublik, die besonders gegen die chemische Industrie und ihre Produkte, den Giftmüll und die C-Waffen-Depots gerichtet war, taten ein übriges, eine Diskussion um eine chemiewaffenfreie Zone als wählerwirksam und erfolgversprechend erscheinen zu lassen, dies um so mehr, da eine Ausweitung des Rüstungswettlaufs in diesem Bereich mit einer möglichen Einführung binärer Waffen zu befürchten war.

Nach einer Veränderung der Ostpolitik Reagans 1983/84 und dem Wechsel in der Führung der Sowjetunion im Sommer 1985 waren nun auch die Verhand-

---

210. SPD-Bundestagsfraktion, A.a.O. (Anm. 208).
211. SPD-Bundestagsfraktion, A.a.O. (Anm. 208).
212. Voigt, Karsten D., Chemiewaffenfreie Zone in Europa, in: Blätter für deutsche und internationale Politik, Heft 9, 1985, S. 1073.

lungen in Genf wieder offen geworden. Die spezielle Problematik und die vorherrschende Konstellation schienen eine umfassende Lösung möglich zu machen. Die Bundesregierung hatte zwar eine solche gefordert und begrüßt, war aber wenig in Erscheinung getreten, um die Rahmenbedingungen für ein mögliches Abkommen zu verbessern. Hier setzte die Initiative der SPD an, und sie stellte sich damit nicht nur als problemsensibel, sondern auch als problemlösungsfähig dar und verband dies gleichzeitig mit einem Untätigkeits- und Unfähigkeitsvorwurf an die Bundesregierung.

Über den rüstungstechnischen Wert der SPD-SED-Vereinbarung gab es unter den Abrüstungsexperten unterschiedliche Auffassungen, auf die in diesem Zusammenhang nicht näher eingegangen werden soll. Für die Entspannungspolitik der SPD war die Vereinbarung ein wichtiger Schritt zur Entwicklung einer neuen Konzeption und ihrer praktischen Umsetzung. "*Das Arbeitsergebnis ist ein Stück praktizierter Verantwortungsgemeinschaft.*"[213]

Die Arbeitsgruppe und ihr Ergebnis waren für die SPD ein Pilotprojekt für die »zweite Phase der Entspannungspolitik«. Weitere Arbeitsgruppen wurden mit Vertretern der Volksrepublik Polen über »vertrauensbildende Maßnahmen«, mit der CSSR über Fragen des »Umweltschutzes« und mit Ungarn über »Probleme der wissenschaftlichen Zusammenarbeit zwischen Ost und West« vereinbart.

4.3.2. Zur Schaffung eines atomwaffenfreien Korridors in Europa

Die Idee des atomwaffenfreien Korridors in Mitteleuropa als Vorstufe für eine auf ganze Regionen ausgeweitete Zone ohne Kernwaffen geht auf den ermordeten schwedischen Ministerpräsidenten Olaf Palme zurück. Entwickelt wurde sie zunächst von der nach ihm benannten Palme-Kommission, die Sicherheitsexperten[214] aus Ost und West vereinte.

Im Dezember 1982 wandte sich der schwedische Ministerpräsident mit seinen Vorschlägen an die Regierungen aller Teilnehmerstaaten der Nato und des Warschauer Vertrages. Von den Nato-Staaten wurde diese Initiative im Gegensatz zu den Warschauer-Vertagsstaaten weitgehend abgelehnt.

Bei dem Treffen von SPD-Vorsitzenden Brandt und SED-Generalsekretär Honecker[215] wurde die Korridor-Initiative wieder aufgegriffen. Sie vereinbarten die Bildung einer gemeinsamen Arbeitsgruppe von SPD und SED,[216] die den

---

213. Voigt, Karsten D., a.a.O (Anm. 212).
214. U.a. Egon Bahr.
215. Am 18.09.1985.
216. Die SPD wurde vertreten durch Egon Bahr(MdB), Karsten D. Voigt(MdB), Erwin Horn(MdB), Hermann Scheer(MdB) und Uwe Stehr(Fraktionsreferent);

Auftrag hatte, konkrete Modalitäten eines atomwaffenfreien Korridors zunächst in Mitteleuropa auszuarbeiten. Am 06. Dezember 1985 kam die Arbeitsgruppe zu ihrem ersten Treffen in Berlin(Ost) zusammen[217] und legte am 21. Oktober 1986 ihre gemeinsame Erklärung über die »Grundsätze für einen atomwaffenfreien Korridor in Mitteleuropa«[218] vor.

Auf ihrem Parteitag 1982 in München hatte die SPD beschlossen, die Möglichkeiten für einen atomwaffenfreien Korridor zu untersuchen, auf dem Parteitag von 1984 in Essen gab es dann einen prinzipiell positiven Beschluß für die Schaffung eines solchen Korridors und auf dem Parteitag 1986 in Nürnberg wurde dieser Beschluß bestätigt.[219]

Wie bei den chemischen wurde hier über Waffen diskutiert, die zwar auf deutschem Boden stationiert waren, aber die sich nicht in deutschem Besitz befanden. Anders als bei den chemischen Waffen wurde kein Vertragsentwurf sondern Grundsätze erarbeitet, die als Richtlinien für Regierungsverhandlungen dienen sollten, denn bei den taktischen Atomwaffen handelte es sich um solche, die auf beiden Seiten Teil der strategischen Militärdoktrinen waren und einer größeren Verhandlungskonzeption (militärische Strategien und Doktrinen der Bündnisse) bedurften.

Im Laufe der Gespräche stellte sich heraus, daß es nicht ausreicht, nur die Sprengköpfe aus dem Korridor zu entfernen, ihr Rücktransport wäre zu einfach und kaum kontrollierbar. Die Folgerung war, daß man auch die Trägersysteme abbauen müsse. Dies führte zu der weitreichenden Forderung, daß alle Trägersysteme, die, wenn auch nur theoretisch in der Lage wären atomare Munition zu verschießen, entfernt werden müßten, also auch die, die zwar nicht für den atomaren Einsatz vorgesehen waren, aber dazu in der Lage. Mit der Errichtung eines atomwaffenfreien Korridors würde ein erster Schritt auch auf konventionellem Gebiet gegangen werden, der auch Folgen für die Struktur der konventionellen Streitkräfte auf beiden Seiten hätte. Für die SPD hatten die Grundsätze

Die SED wurde vertreten durch Hermann Axen, Manfred Uschner, Günter Hillmann, Prof. Karl Lanius und Karl-Heinz Wagner.

217. Weitere Treffen: 14.-15.02.1986 in Bonn, 29.04.1986 in Berlin (Ost), 29.-30.05.1986 in Bonn, 30.06.1986 in Berlin (Ost), 05.-06.09.1986 in Berlin (Ost).

218. SPD-Bundestagsfraktion, Grundsätze für einen atomwaffenfreien Korridor in Mitteleuropa, in: Informationen der Sozialdemokratischen Bundestagsfraktion. Tagesdienst, Ausgabe 1191, Bonn, 19.06.1986.

219. SPD-Bundesparteitag 1986 in Nürnberg, Unser Weg zu Abrüstung und Frieden. Beschluß zur Friedens- und Sicherheitspolitik der SPD, in: SPD-Parteivorstand, (Hrsg.), Politik. Informationsdienst der SPD, Nr.8, Bonn, 07.1986.

für einen atomwaffenfreien Korridor somit auch Möglichkeiten aufgezeigt, wie mehr konventionelle Stabilität erreicht werden könnte.[220]

4.3.3. Jugendpolitik

Die Arbeitsgruppe Jugendpolitik der SPD-Bundestagsfraktion[221] und ihre Kontakte zu der FDJ-Volkskammerfraktion waren das Ergebnis des Besuchs einer Delegation der SPD-Bundestagsfraktion unter der Leitung von Prof. Horst Ehmke bei der Volkskammer der DDR[222] und gingen auf einen Vorschlag des Volkskammerpräsidenten Horst Sindermann zurück. Nach dem Gespräch des SPD-Vorsitzenden Willy Brandt mit SED-Generalsekretär Erich Honecker[223] konnte die konkrete Vorbereitung[224] für das erste Treffen der beiden Arbeitsgruppen beginnen, das vom 08. bis 10. Januar 1986 in Ost-Berlin stattfand. Bei den vier Treffen[225] der Arbeitsgruppen kam es zu zum Teil sehr hochrangigen Gesprächen.[226] Der relativ große Abstand zwischen dem dritten und vierten Treffen läßt sich damit erklären, daß die Jungendpolitik im Ost-West-Bereich allgemein sensibler auf die sogenannte »politische Großwetterlage« reagierte als andere Bereiche.[227]

Das Ziel dieser Arbeitsgruppe war es, Gespräche zu führen über beiderseitig interessierende, jugendpolitische Fragen. Es hatte sich allerdings bei den vier bisherigen Treffen gezeigt, daß der Inhalt der Gespräche weit über den originär jugendpolitischen Rahmen hinausging. Der Themenkatalog unfaßte neben der Vorstellung der jeweiligen jugendpolitischen Konzeptionen und der beteiligten Jugendorganisationen und -strukturen, auch Themen wie Friedenssicherung,

---

220. Vgl. mit: SPD-Parteivorstand, (Hrsg.), Zone des Vertrauens und der Sicherheit in Zentraleuropa, in: Politik. Informationsdienst der SPD, Nr. 6, Bonn, Juli 1988.
221. Im Mai 1984 benennt die AG-innerdeutsch die Sprecher für die einzelnen Kontaktgruppen und am 18. Oktober findet die erste Sitzung der AG-Jugendpolitik statt. Ihr gehörten Peter Büchner(MdB)/Sport, Rudolf Hauck(MdB)/Jugend, Familie, Gesundheit, Reinhold Hiller (MdB)/innerdeutsch, Eckart Kuhlwein(MdB)/Wissenschaft und Bildung, Egon Lutz (MdB)/Arbeit und Soziales, Margitta Terborg(MdB)/innerdeutsch, die die Leitung der Gruppe übernimmt, und Wolfgang Wiemer(Fraktionsreferent) an.
222. 8.-9. März 1984.
223. 18. September 1985.
224. 07. November 1985.
225. 08.-10.01.1986 in der DDR, 23.-27.06.1986 in der Bundesrepublik Deutschland, 11.-14.05.1987 in der DDR und 05.-09.09.1988 in der Bundesrepublik Deutschland.
226. Gesprächspartner waren u.a.: Horst Sindermann, Eberhard Aurich, Egon Krenz und Hans-Otto Bräutigam bei Besuchen in der DDR und Willy Brandt, Hans-Jochen Vogel, Heinz Westphal, Horst Ehmke, Egon Bahr und Ewald Moldt in der Bundesrepublik.
227. So ließen z.B. die Vorgänge um die Zionskirche ein geplantes Treffen scheitern, während ein Besuch von Hermann Axen, wenn auch verkürzt stattfand.

Sicherheitspolitik, die »Gerarer Forderungen«, Arbeitsmarktsituation, Wirtschaftsfragen, neue Technologien und Umweltschutz. Ein solcher Themenkanon war dadurch möglich, daß beide Gesprächsgruppen in ihrem Selbstverständnis davon ausgingen, daß Jugendpolitik und deren Themen nicht von gesellschaftspolitischen Themen zu trennen seien.

So hatten die Mitglieder der Arbeitsgruppe Jugendpolitik der SPD-Bundestagsfraktion in den bisherigen Gesprächen nicht nur den im Kulturabkommen verankerten Studentenaustausch angeregt, sich für eine weitere Förderung des deutsch-deutschen Jugendaustausches eingesetzt[228] und sich um Möglichkeiten für den Austausch von Lehrlingen und jungen Facharbeitern bemüht. Sie hatten auch die Bedeutung der Friedenserziehung für ein friedliches Zusammenleben der Völker herausgestellt und das Recht auf Kriegsdienstverweigerung unterstrichen. Gesprächsthemen waren auch immer die Ergebnisse der anderen Arbeitsgruppen und ihre Auswirkungen auf die Jugendpolitik.

4.3.4. SPD/SED-Papier

Im Frühsommer 1984 wurde am Scharmützelsee ein Dialog in Gang gesetzt, der es ermöglichte, daß zum ersten Mal seit der Spaltung der Arbeiterbewegung vor siebzig Jahren ein gemeinsames Grundsatzpapier formuliert werden konnte, das den Titel "*Der Streit der Ideologien und die gemeinsame Sicherheit*"[229] trägt.

Es lag historisch gesehen mitten in einer Zeit des politischen Umdenkens in Ost und West. Seine Veröffentlichung lag zwischen der Proklamierung des »Neuen Denkens« in der Sowjetunion durch Gorbatschow, Reykjavik und dem INF-Vertrag, dem sowjetischen Abzug aus Afghanistan, der veränderten Einstellung des amerikanischen Präsidenten zur Sowjetunion[230]. Damit besaß dieses Papier eine besondere Eingebundenheit in die damalige weltpolitische Konstellation.

"*Unsere weltgeschichtlich neue Situation besteht darin, daß die Menschheit nur noch gemeinsam überleben oder gemeinsam untergehen kann. Eine solche Alternative ist historisch ohne Beispiel. Sie verlangt ein politisches Denken, das historisch ebenfalls ohne Beispiel ist ...*"[231]

---

228. So u.a.: Erhöhung der Zahl der Jugendlichen, die durch dieses Programm reisen können, die Beteiligung von Berlin (West) und kirchlich organisierter Jugendgruppen aus der DDR oder die Einbeziehung der Sportjugend in den deutsch-deutschen Jugendaustausch.
229. SPD/SED-Papier, a.a.O. (Anm. 60).
230. Vom "Reich des Bösen" zu in "Freundschaft verbunden".
231. SPD/SED-Papier, a.a.O. (Anm. 60).

Wesentliche Elemente des gemeinsamen Papiers sind:

1. die Betonung des Dialogs
2. der Versuch der Festlegung von Normen für die Kultur des politischen Streits
3. die gegenseitige Anerkennung der Reformfähigkeit
4. die gegenseitige Anerkennung der Friedensfähigkeit
5. die Aufnahme des Systemkonflikts in das Konzept der Entspannungspolitik
6. die Beschreibung eines friedlichen Wettbewerbs zur Austragung des Systemkonflikts
7. der Abbau von Feindbildern auf beiden Seiten

Die Verabschiedung eines solchen Papiers war keineswegs von Anfang an geplant. Es sollte vielmehr festgestellt werden, ob und auf welchen Gebieten der Lösung moderner Gesellschaftsprobleme, die sowohl im »realexistierenden Sozialismus« als auch in der westlichen Industriegesellschaft existieren, ein Erfahrungsaustausch zwischen Sozialdemokraten und Kommunisten möglich sei.[232] Im Verlauf der Gespräche stand das Thema des SPD/SED-Papiers erstmals Ende Februar 1986 bei einer Begegnung in Freudenstadt zur Diskussion.

In einer ersten Bearbeitungsphase[233] waren auf seiten der SPD Dr. Thomas Meyer und von der SED Prof. Rolf Reisig federführend. In einer zweiten Phase[234] wurde der Entwurf Meyer/Reisig von Erhard Eppler und Prof. Otto Reinhold überarbeitet.[235] Auf einer Sitzung Anfang Juni 1987 billigte die Grundwertekommission den vorliegenden Text einstimmig, und am 22.06.1987 stimmte das Präsidium der SPD einer Veröffentlichung des Papieres durch die Grundwertekommission zu.[236]

Verantwortlich für den Text zeichneten nicht die jeweiligen Vorstände, sondern eine sorgsam ausgewählte Ebene darunter. Für die SED war dies die Akademie für Gesellschaftswissenschaften beim ZK der SED, und bei der SPD war

232. Fetscher, Iring, Für realistische Formen des Wettbewerbs der Ideen, in: Aktion Sühnezeichen/Friedensdienste, Das SPD/SED-Papier, Freiburg, 1988, S. 82.
233. In der zweiten Hälfte 1986.
234. In der ersten Hälfte 1987.
235. Eppler, Erhard, Friede zwischen Ost und West und ungezügelte ideologische Polemik vertragen sich nicht, in: Aktion Sühnezeichen/Friedensdienste, (Hrsg.), Das SPD:SED-Papier, Freiburg, 1988, S. 23.
236. SPD/SED-Papier, a.a.O. (Anm. 60).

es die SPD-Grundwertekommission. Die Tatsache, daß der Ansatz dieser Gespräche mehr ein philosophischer war und die Gespräche selbst in der Form eines wissenschaftlich Disputs losgelöst von der originär politischen Ebene geführt wurden, erhöhte den Spielraum für einen Gedanken- und Meinungsaustausch. Es hätte sich bei dem Papier auch nicht um eine Erklärung zweier deutscher Regierungen gehandelt, wenn die SPD in der Regierungsverantwortung gewesen wäre, denn "*Gegensätze von Ideologien und Systemen können nicht Gegenstand zwischenstaatlicher Verhandlungen sein.*"[237]

Auch wenn in dem Text eine Formulierung wie, "*Wir, deutsche Kommunisten und Sozialdemokraten ...*", verwandt wurde, so war dies genaugenommen unkorrekt, denn es handelte sich hierbei um den Versuch der Beschreibung einer Verständigungsbasis zwischen der Sozialdemokratischen Partei in der Bundesrepublik Deutschland und der Sozialistischen Einheitspartei in der Deutschen Demokratischen Republik.[238] Bei dem Papier handelte es sich nicht um den Versuch einer Aufhebung der Spaltung und einer Verbrüderung zwischen den beiden Teilen der Arbeiterbewegung.[239] Ihm lag keine »Konvergenz-Theorie« zugrunde, vielmehr wurden die Unterschiede und Gegensätze klar formuliert und herausgestellt.[240]

Es wurden aber auch gemeinsame Interessen[241] und Erkenntnisse beschrieben. So bekannten sich die Autoren zu einer neuen, positiven Auslegung der Koexistenz zwischen Ost und West, in der beide Systeme sich gegenseitig für prinzipiell friedens- und reformfähig hielten.

Mit dem Papier hatten beide Seiten einen Beitrag geleistet, über ihre Vorstellungen, wie sich ein friedlicher Wettbewerb zwischen den beiden Gesellschaftssystemen vollziehen könnte. Allein die Tatsache der Entstehung und Verabschiedung stellte für die Autoren einen Beweis für die prinzipielle Möglichkeit dieses friedlichen Wettbewerbs dar. Nicht ohne Grund wurde das Dokument auch Dialogpapier genannt.

Es beschrieb eine Form der Auseinandersetzung, die "*geprägt ist von friedlichem Wettbewerb, gewaltfreiem Streit über alle politischen und ideologischen Gegensätze hinweg sowie Zusammenarbeit zum beiderseitigem Nutzen und Vorteil.*"[242] Beide Systeme sollten darum wetteifern, welches den "*wirksamsten Bei-*

---

237. Eppler, Erhard, a.a.O. (Anm. 235), S. 22.
238. Dies betont auch die Erklärung des Präsidiums der SPD, in: Politik. Informationsdienst der SPD, Nr. 19, Bonn, Nov. 1986.
239. Eppler, Erhard, a.a.O. (Anm. 235), S. 23.
240. Siehe Kapitel II. und III. im SPD/SED-Papier, a.a.O. (Anm. 60).
241. "Frieden, Beendigung des Wettrüstens, Entspannung liegen im Interesse beider Systeme ...", siehe: SPD/ SED-Papier, a.a.O. (Anm. 60).
242. SPD/SED-Papier, a.a.O. (Anm. 60).

trag zur Lösung der übergreifenden Menschheitsfragen leistet."[243] Die SPD glaubte sich diesem freien Wettbewerb stellen zu können, weil sie ihre gesellschaftspolitischen Vorstellungen für überzeugend genug erachtete[244], und glaubte, die Konkurrenz nicht fürchten zu müssen.[245] Sie ging aber bewußt das Risiko ein, daß auch die andere Seite überzeugendere Lösungen hätte haben können. Beide Seiten hielten dabei an dem Universalismus ihrer Werte fest. Damit war aber keineswegs gesagt, daß eines von beiden Systemen aus diesem Wettbewerb als Sieger hervorgehen mußte.

In dem freien Dialog sollte sich zeigen, welche Fragen, welche Antworten einen Universalitätsanspruch erheben könnten. Wenn dies ernst gemeint sein sollte, so setzte es eine Lern- und Reformfähigkeit und die gegenseitige Anerkennung einer solchen voraus. Diese gegenseitige Anerkennung einer Reform- und Lernfähigkeit war etwas Neues an dem Papier. Bemerkenswerterweise war diese Passage auf beiden Seiten von den Gegnern des Papiers kritisiert worden.

"Leuten, die ununterbrochen erklären, daß der Sozialismus ein starres dogmatisches System ist, gefällt natürlich nicht, wenn festgestellt wird: Der Sozialismus ist entwicklungs- und reformfähig ... ."[246]

Diese Beschreibung der bundesdeutschen Kritiker durch Reinhold war zwar treffend, aber andererseits für jemanden, der aus den vermeintlich wissenschaftlichen Erkenntnissen der geschichtlichen Bewegungsgesetze die uneingeschränkte, unwiderrufliche Herrschaft der Kommunistischen Partei ableitete, warf eine Reform- und Entwicklungsfähigkeit des Kapitalismus (Imperialismus) schwerwiegende ideologische Probleme auf.[247] Indem über Werte gesprochen wurde, standen diese auch auf beiden Seiten zur Disposition. Es ging aber nicht um die Aufgabe von Werten, sondern um ihre Prüfung und Bewährung.

Aufgrund ihrer ideologischen Grundlagen[248] wäre die Führung der SED auf eine Legitimation von außen nicht angewiesen gewesen. Ihre »uneingeschränkte, unaufhebbare Herrschaft« ergab sich aus dem objektiven Geschichtsprozeß. Die Beibehaltung einer formaldemokratischen Legitimation[249] belegte aber ihr

---

243. SPD/SED-Papier, a.a.O. (Anm. 60).
244. Meyer, Thomas, a.a.O. (Anm. 192), S. 874.
245. Fetscher, Iring, a.a.O. (Anm. 232), S. 84-85.
246. Reinhold, Otto, Antworten auf Fragen zum Streit der Ideologien und zur gemeinsamen Sicherheit. Gespräch mit dem "Neuen Deutschland", in: Neues Deutschland, Berlin(Ost), 11.11.1987.
247. Siehe die Diskussion in der DDR, z.B.: die Beiträge im "Neuen Deutschland" von Kurt Hager (28.10.1987) und Otto Reinhold (11.11.1987).
248. Hier insbesondere der »historische Materialismus«.
249. Siehe die Verfassung der DDR, die Durchführung von Wahlen, den Erhalt der Volkskammer oder das Mehrparteiensystem und ihre öffentliche Darstellung.

starkes Interesse zu zeigen, daß sie "*auch nach den Maßstäben der demokratischen Legitimation und der Menschenrechtsgeltung anerkennungswürdig und auch in dieser Hinsicht den westlichen Systemen überlegen*" war.[250] Es war aber auch der nach außen sichtbar gewordene Beleg eines inneren Druckes innerhalb der SED und ihrer Blockparteien. Die mittlere und untere Funktionärsebene, die ihrerseits unter dem Druck der Basis standen, drängte auch angesichts der Entwicklungen in der anderen Staaten der Warschauer Vertrages, auf Veränderungen.

Das Papier war ein Motor für einen gesellschaftlichen Wandel, der insbesondere das kommunistische System erfassen mußte, wenn der demokratischen Legitimationslinie ein größerer Raum beigemessen würde. Eine Entwicklung zu einem solchen Wandel erhoffte und erwartete die SPD von ihren deutsch-deutschen Aktivitäten; wie sich schließlich gezeigt hatte, zurecht.

Neben der Anerkennung der Reformfähigkeit war die Anerkennung der Friedensfähigkeit der wichtigste Aspekt des Papiers. Wie bei der Reformfähigkeit war es für beide Seiten schwierig gewesen, diesen Schritt zu gehen. In der SPD glaubte man aber, daß dieser Schritt für die SED noch schwerer wäre.[251] Beide Seiten betonten daher auch nachdrücklich die Tatsache, daß in dem gemeinsamen Papier nicht stehe, beide Seiten hielten sich für friedfertig, sondern dort stehe: "*Beide Seiten müssen sich gegenseitig für friedensfähig halten.*"[252]

"*Unsere Erfahrungen sprechen nicht für die prinzipielle Friedlichkeit, sondern für die permanente Konfliktbereitschaft beider Seiten. Dagegen hilft nur eine Friedenspolitik der gemeinsamen Sicherheit. Die aber ist sinnlos und unverantwortlich, wenn dem anderen nicht die Fähigkeit zu einer solchen Politik zugesprochen wird. ... Das gemeinsame Papier sagt eben nicht, daß jede Seite die andere friedensfähig machen müsse. Entweder sie haben die Fähigkeit oder sie haben sie nicht. Aber beide Seiten sollten die Kräfte des Friedens auf der anderen Seite ansprechen und aktivieren.*"[253]

Wer dem anderen eine Friedens- und Reformfähigkeit bescheinigte, übernahm damit eine Mitverantwortung, sobald er nicht alles unternähme, um die Wandlungstendenzen des anderen zu fördern. In dem angestrebten »systemöffnenden Dialog« bedeutete die Unterstützung der Reformfähigkeit des anderen auch die Chance, dem eigenen Wertesystem eine größere Geltung zu verschaf-

---

250. Meyer, Thomas, a.a.O. (Anm. 192), S. 874.
251. Meyer, Thomas, a.a.O. (Anm. 192), S. 875;
siehe auch hierzu die Diskussion in der DDR, a.a.O. (Anm. 246).
252. SPD/SED-Papier, a.a.O. (Anm. 60).
253. Eppler, Erhard, Ärger mit allzu simplen Begriffen. Zum Widerhall auf das gemeinsame Papier von SPD und SED, in: Sozialdemokratischer Pressedienst, Ausgabe 218, Bonn, 13.11.1987.

fen. Aber "*Leuten, die Tag für Tag die Gefahr aus dem Osten predigen, mißfällt, daß der Sowjetunion, den sozialistischen Staaten Friedensfähigkeit bescheinigt wird.*"[254]

Die Reaktionen im Westen,[255] auf die die Zitate[256] von Reinhold zielten, zeigten, daß die Forderung, das kommunistische System für friedens- oder reformfähig zu halten, vielen in der Bundesrepublik, auch dem rechten Flügel der SPD, Schwierigkeiten bereitete.

Mit der gegenseitigen Anerkennung der Friedens- und Reformfähigkeit war der Abbau von Feindbildern eng verbunden. Die Autoren des gemeinsamen Papiers hatten sich darauf geeinigt, diese Feindbilder abzubauen. In den dogmatischen Lagern in Ost und West gab es aber ein politisches Interesse an der Aufrechterhaltung der althergebrachten Feindbilder. Da Feindbilder von einem unveränderbaren »Charakter« des anderen leben, war die Bescheinigung der Reform- und erst recht der Friedensfähigkeit eine Erschütterung dieser Feindbilder. Um die Konfrontationspolitik, und alles was damit in Zusammenhang stand, rechtfertigen zu können, bedurfte es aber eines wirkungsvollen und erschütterungsfreien Feindbildes.[257]

In der Folge bekam der innere Diskussionsprozeß in der DDR eine ungeheuere Dynamik, die auch in der SPD niemand erwartet hatte. Inhaltlich war die Entwicklung zwar intendiert, aber auf einen viel längeren Zeitraum hin konzipiert. War von seiten der SED-Führung das Dialogpapier als ein Ventil geplant gewesen, so erwies es sich als nicht mehr zu kittender Riß, der beständig wuchs. Trat die Führung der DDR am Anfang noch offen und selbstbewußt mit dem Dialogpapier auf, so igelte sie sich in der Folge immer mehr ein. Überall trat man nach der Veröffentlichung des Dialogpapiers auf und forderte die darin von der Führung gemachten Zusagen ein; die eigenen Mitglieder bei der innerparteiliche Diskussion, die Kirche bei ihrem Dialog mit dem Staat, die entstehende DDR-Opposition (zunächst unter dem Dach der evangelischen Kirche) bei ihren Dialogbemühungen mit der Staatsführung und selbstverständlich die SPD bei ihren Gesprächen mit der DDR-Führung und in deren Vorfeld. Die weiteren Entwicklungen in den anderen Staaten der WVO taten ihr übriges.

---

254. Reinhold, Otto, a.a.O. (Anm. 246).
255. So z.B.: "Augsburger Allgemeine" vom 26.08.1987; "Die Welt" vom 27.08.1987; Dr. Wolfgang Bötsch im "Pressedienst der CDU/CSU Fraktion" vom 27.08.1987; "Rheinischer Merkur" vom 28.08.1987; "Münchner Merkur" vom 28.08.1987; "Welt am Sonntag" vom 30.08.1987; "Bayernkurier" vom 05.09.1987.
256. Siehe Anmerkung 239 und 247.
257. Siehe Kapitel: "III 1.4. Widerspruch zwischen Entspannung und atomarer Bedrohung", in diesem Buch.

V. Schlußbetrachtung zur »zweiten Phase der Entspannungspolitik der SPD«

1. Die Dialektik sozialdemokratischer Entspannungspolitik bis zum Ende des Jahres 1988

Die Struktur der »zweite Phase der Entspannungspolitik« der SPD basierte auf einer Analyse der welt- und speziell der europapolitischen Lage. Aus dieser Analyse ergaben sich verschiedene Parameter, die als Grunderkenntnisse Ausgangspunkte einer Weg- und Zielbeschreibung darstellten.

Wie bei der »neuen Ostpolitik« bildeten bei der »zweiten Phase der Entspannungspolitik« die aus der Analyse der Lage resultierenden Grundvoraussetzungen die Fixpunkte eines »status quo«, der als gegeben angenommen wurde. In der ersten Phase der Entspannung ging es darum, diesen »status quo« durch eine entsprechende Politik, eben die »neue Ostpolitik«, zu fixieren und damit seine Entwicklung zu ermöglichen. Das dialektische Verhältnis zwischen »status quo« und Entwicklung löste sich in die durch die Verträge geschaffene neue Ebene der Ost-West-Beziehungen. Oder anders ausgedrückt, die Anerkennung des bestehenden schaffte einen neuen und im Sinne der Zielbeschreibung höheren »status quo«.

Die »zweite Phase der Entspannungspolitik« war die Fortführung und Weiterentwicklung der »neuen Ostpolitik« und hatte damit dieselbe Grundstruktur. Sozialdemokratische Entspannungspolitik wollte nicht den »status quo« an sich verändern, sondern die in ihm enthaltenen Variablen in einer Weise modifizieren, daß sich als Folge eines dialektischen Prozesses ein neuer »status quo« ergäbe.

Im folgenden werden vier für die »zweite Phase der Entspannungspolitik« wesentliche Grunderkenntnisse zu Anfang der 80er Jahre daraufhin beschrieben:

Machtverhältnisse

Analyse: An den Machtverhältnissen in der Welt und erst recht in Europa würde sich auf absehbare Zeit nichts ändern. Die Weltmachtpositionen der USA und der Sowjetunion und ihr Führungsanspruch in den jeweiligen Bündnissen seien in der Substanz nicht gefährdet. Eine Entwicklung ohne die beiden oder gegen ihre Interessen wäre nicht denkbar.

Dialektische These: Unter Beibehaltung der Bindungen und des Abhängigkeitsverhältnisses zur jeweilige Weltmacht, wurde die »Selbstbehauptung Europas« gefordert. Um die »Selbstbehauptung Europas« zu erreichen, wäre es notwendig, die Freiheitsgrade, die die Weltmächte den europäischen Staaten einräumen, in Richtung auf eine Stärkung der staatlichen Souveränität und der europäischen Integration zu nutzen. Auch dieser Widerspruch ist dialektischer Natur und würde sich in der »Europäisierung Europas« lösen, die zu einer Emanzipation der Europäer von ihrer jeweiligen Führungsmacht führen und schließlich in einen Zustand gleichberechtigter Partnerschaft münden sollte.

Stabilität der Systeme

Analyse: Beide Systeme hätten sich militärisch und politisch stabilisiert und zeigten keine Tendenzen, die auf einen Zusammenbruch und eine Auflösung schließen ließen. Sowohl die kommunistischen als auch die kapitalistischen Systeme hatten gezeigt, daß sie in der Lage waren, sich veränderten Rahmenbedingungen anzupassen und in der praktischen Politik problemorientiert pragmatisch zu agieren.

Dialektische These: Unter Beibehaltung der Existenzberechtigung und Stabilität, wurde eine durch Reformfähigkeit bedingte Veränderung und, bei Fortführung des Wettstreits, die Zusammenarbeit der gegensätzlichen Gesellschaftssysteme gefordert. Durch die gegenseitige Anerkennung des systematischen »status quo« sollten die Ängste abgebaut werden, die davor bestanden, daß ein System das andere abschaffe. Gleichzeitig sollten die systemimmanenten Reformvariablen vermehrt und die Freiheitsgrade für Veränderungen erhöht werden. Durch den Abbau der Existenzangst sollte das Selbstbewußtsein der Systeme gestärkt, gleiche und gemeinsame Reformen zur Lösung der zukünftigen Menschheitsprobleme möglich werden. Die Frage der Zusammenarbeit wäre dann im wesentlichen von Sachzwängen bestimmt und der Wettbewerb würde sich auf die Entwicklung von Problemlösungsansätze verlagern. Das hieß, wie bei der Anerkennung des geopolitischen »status quo« zur Zeit der »neuen Ostpolitik« würde die Anerkennung des systematischen »status quo« in der »zweiten Phase der Entspannungspolitik« seine Entwicklung ermöglichen.

Existenz der Bündnisse

Analyse: Die derzeitige Situation bedinge die Existenz der Bündnisse auf beiden Seiten und damit verbunden auch die Mitgliedschaft der beiden deutschen Staaten. Ein Alleingang, der zum Austritt führen sollte oder die einseitige Auflösung eines Bündnisses zum Ziel hätte, wäre unrealistisch. Die mißlungenen Versuche der Westeuropäer sich durch EVG oder WEU militärisch von ihrer Führungsmacht zu lösen belegten dies.

Dialektische These: Unter Beibehaltung der Bündnisse, wurde ein System der Sicherheitspartnerschaft gefordert, das eine blockübergreifende Struktur hatte. Um zu der Sicherheitspartnerschaft zu gelangen, war es nötig die in den Bündnissen vorhandenen Variablen, in diesem Fall Abrüstung, Rüstungsstruktur und -doktrinen, so zu bestimmen, daß die Bündnisse aus sich selbst heraus überflüssig werden würde. Das Konzept der »strukturellen Angriffsunfähigkeit« und die »vertrauensbildenden Maßnahmen« sowie die »Zonenmodelle« waren die sozialdemokratische Ansätze für die Modifikation der Variablen. Bei entsprechender Ausnutzung der Möglichkeiten innerhalb der Bündnisse würde ein Zustand erreicht werden, in dem sich die Bündnisse aus sich selbst heraus überflüssig machen und als Folge der Erfüllung ihrer eignen Aufgabenstellung in die »Europäische Friedensordnung« mündeten, die durch die »Sicherheitspartnerschaft« garantiert würde.

Teilung Deutschlands

Analyse: Zu den Grunderkenntnissen, die schon seit den 60er Jahren existierten und nun auch offen vertreten wurden, gehörte, daß die Teilung Deutschlands auf unabsehbare Zeit erhalten bleibe. Sie bildete einen wesentlichen Bestandteil des »status quo« in Europa. Eine nationalstaatlichen Wiedervereinigung war in politischen Zeiträumen gemessen unmöglich und die Forderung danach eine Gefährdung des Entspannungsprozesses. Die »deutsche Frage« war historisiert und die deutsche Teilung damit politisch mehr eine Konstante denn eine Variable.

Dialektische These: Die Teilung Deutschlands als konstituierender Bestandteil des »status quo« in Europa und die Forderung nach Anerkennung der Souveränität der DDR und Respektierung ihrer Staatsbürgerschaft standen der Feststellung von Fortbestand der deutschen Nation als einer von der Teilung unabhängigen Realität gegenüber. »Vereint gespalten« beschrieb das dialektische Verhältnis in der Deutschlandpolitik. Durch die Beschreibung der Teilung als einen zeitlich unbefristeten Zustand, wurden die Möglichkeiten für deutsch-deutsche Kontakte und Zusammenarbeit vergrößert und die Einheit der Nation wurde unbelastet von einer staatlichen Wiedervereinigung erhalten. Sie sollte über die »Europäisierung Europas« und die »Europäische Friedensordnung« in die »Vereinigten Staaten von Europa« überführt und dort aufgehoben werden.

2. Mutmaßungen über die Schwerpunkte einer sozialdemokratischen Entspannungspolitik am Ende des Jahres 1988

Neben der Feststellung, daß eine Wirkung unendlich viele Ursachen hat, eine Erkenntnis, die sich im politischen Umfeld immer mehr durchzusetzen begann, lassen sich aus der vorliegenden Untersuchung eine Reihe vom Hauptursachen sozialdemokratischer Entspannungspolitik erkennen.

Sozialdemokratische Entspannungspolitik hatte danach einen dialektischen Ansatz, sie wurde durch die Analyse der weltpolitischen Lage, die sozialdemokratischen Historizität und durch einen emotionalen Nationalismus und einen intellektuellen Internationalismus bestimmt, von einer kleinen Elite aus der Spitze der Partei und ihrem intellektuellen Umfeld konzipiert und durch die öffentliche Perzeption abgeschwächt.

Schwerpunkt praktischer sozialdemokratischer Entspannungspolitik würde vor allem anderen die »Sicherheitspolitik« darstellen. In der Zukunft würde es ihr um eine Konkretisierung der »Sicherheitspartnerschaft« und der »strukturellen Nichtangriffsfähigkeit« gegangen sein.[258]

Für ihre Auffassung, daß die Sicherung des Friedens eine primär politische und nicht militärische Aufgabe sei, wollte sich die SPD auf allen politischen Ebenen einsetzen, so z.B. im europäischen Parlament (sicherheitspolitischer Teil des Manifestes der sozialistischen Fraktion zur Europawahl 1989), in dem sie sich als der Mahner für eine gesamteuropäisches Bewußtsein verstand. Viele EG-Initiativen im Ost-West-Bereich gingen auf die SPD zurück. Die weltpolitische Lage, vor allem die Entwicklungen in der Sowjetunion, machten Fortschritte im Bereich der Sicherheitspolitik sehr wahrscheinlich. Für die sozialdemokratische Entspannungspolitik waren die Entwicklungen in der Sowjetunion und in besonderem Maße die Person Gorbatschow zu Hoffnungsträger geworden. [259]

Neben einem Ausbau der Ost-West-Begegnungen auf höchster politischer Ebene, setzte sich die SPD für eine immer stärkere und breit angelegte Regionalisierung der Ost-West-Kontakte ein. Die Vorstellung von der Schaffung einer möglichst großen Zahl gleicher gegenseitiger Abhängigkeiten war inzwischen Bestandteil praktischer Entspannungspolitik der SPD. Friedlicher Wettbewerb zwischen den unterschiedlichen Gesellschaftssystemen war ein Ausdruck der »zweiten Phase der Entspannungspolitik«.

"Warum sollten nicht zentraleuropäische Gesprächskreise zu verschiedenen Sachgebieten - Umwelt, Technologie, Ausbildung, wirtschaftliche Förderung - gebildet werden, die blockübergreifend, nicht blocksprengend wirken? Unter dem Patronat des neutralen Österreich könnten die beiden deutschen Staate, Benelux, Polen, die Tschechoslowakei, Ungarn zu diesen Kreisen gehören, die ihre Expertenarbeit mit

---

258. Bahr, Egon, Zum europäischen Frieden. Eine Antwort auf Gorbatschow. Wandel durch Annäherung, Berlin, 1988, S. 64 - 77.
259. Gaus, Günter, Zwei deutsche Staaten - welcher Zukunft zugewandt?, in: Die Zeit, Hamburg, 20.01.1989.
Bahr, Egon, a.a.O., (Anm. 258), S. 17.

amtlicher Förderung beginnen würden und zu denen auf einer nächsten Stufe Regierungsvertreter hinzukämen. Zentraleuropäische Konföderation auf Sachgebieten als Teil des Folgeprozesses von Helsinki."[260]

Schwerpunkt der konzeptionellen Überlegungen zur Entspannungspolitik sollte die Beantwortung der Frage nach der zukünftigen Gestaltung Europas darstellen.

"*Wir denken über die Entwicklung der Europäischen Gemeinschaft zu einer politischen Union nach und nicht über die deutsche Union.*"[261]

Der Vollzug der Anerkennung der staatlichen Teilung Deutschlands würde sich bei der Entwicklung, die die Entspannungspolitik der SPD nahm, über kurz oder lang nicht mehr vermeiden lassen.[262] Das gesamte Konzept der »zweiten Phase der Entspannungspolitik« wäre sonst gefährdet gewesen.

"*Ohne die weitgehende Gleichgültigkeit mit der die Westdeutschen mehrheitlich der Teilung begegnen, ohne ihren ruhigen Schlaf über Deutschland fiele den Bonner Politikern der segensreiche Pragmatismus im Umgang mit der DDR erheblich schwerer. Sollte die regierende Partei der DDR, die SED, die Machtfrage für sich gestellt sehen, so würde der Pragmatismus gegenüber dem anderen System schnell versiegen. ... Hätte es eine massenhafte, hoch emotionalisierte Bewegung für die Aufhebung der deutschen Teilung in der Bundesrepublik gegeben, so wäre zwar nicht die Wiedervereinigung herbeigeführt worden, wohl aber eine Spannung in Europa, die besonders stark die Deutschen in der DDR getroffen hätte.*"[263]

So wurde die Lage in Deutschland mehrheitlich beurteilt und die Bereitschaft zur Anerkennung wurde in der SPD wird immer größer. Ein öffentliches Nachdenken über zwei Friedensverträge für Deutschland[264] oder die friedenspolitischen Vorstellungen des Frankfurter Kreises waren nur unterschiedliche Ansätze zur Lösung der »deutschen Frage« durch eine Anerkennung der DDR. Zukünftig würde sich die Idee eines gesamteuropäischen Friedensvertrages, in Form einer weiteren KSZE-Akte, als Lösungsvorschlag in der SPD durchsetzen. Sie hätte auch die Grundlage der »europäischen Friedensordnung« andere nannten es »kollektives Sicherheitssystem« dargestellt. Mit dieser »europäischen Friedensordnung« erstrebte die SPD die Auflösung der Militärblöcke, die Überwindung des trennenden Charakter der Systeme und im Verlauf globaler Zusammenarbeit auch die Aufhebung der Nationalstaatlichkeit.

260. Gaus, Günter, a.a.O. (Anm. 259).
261. Bahr, Egon, a.a.O. (Anm. 258), S. 47.
262. Bahr, Egon, a.a.O. (Anm. 258), S. 39 - 40.
263. Gaus, Günter, a.a.O. (Anm. 259).
264. siehe hierzu ausführlich: Bahr, Egon, a.a.O. (Anm. 258).

Die Überlegungen, die sich mit »Mitteleuropa« beschäftigten, sollten auf der intellektuellen Ebene weitergeführt werden und sollten die Diskussion um eine neue Gestaltung Europas bereichern. Direkte Auswirkungen auf die praktische sozialdemokratische Politik wurden in der nächsten Zukunft nicht erwartet. Die Wirkung der Diskussion um »Mitteleuropa« hatte vielmehr einen emotionalen Charakter.

Im konzeptionellen Bereich ließ sich feststellen, daß die SPD zwar in den letzten Jahren in grundsätzlichen Fragen der Entspannungspolitik, vor allem in der Sicherheitspolitik sehr viel geleistet hatte. Sie war aber von den praktischen Ergebnissen in einigen Gebieten von der Entwicklung überholt worden. Dies galt beispielsweise für die Städtepartnerschaften, die zwar von der SPD initiiert worden waren, aber eine konzeptionelle Gesamtplanung vermissen ließen.

Das Gleiche galt für die Arbeitsgruppen. Sie waren jede für sich sehr erfolgreich und paßten sich in die Grundsatzplanung ein, aber es gab keine Gesamtkonzeption für die Arbeitsgruppen mit den kommunistischen Parteien. Jede Arbeitsgruppe handelte nach eigenen Vorstellungen; Absprachen untereinander gab es kaum. Nicht nur die Arbeitsgruppen arbeiteten in dieser Weise, auch zahlreiche Einzelpersonen pflegten ihre Kontakte und planten eigene Projekte. Es fehlte eine zentrale Konzeption und Koordination. Hier sollte in der folgenden Zeit noch einiges geleistet werden.

VI. Die SPD und der Umbruch im Osten

1. Die Entwicklung des Jahres 1989

Die Probleme bei den Parteikontakten nahmen im Laufe des Jahres ständig zu. Immer wieder kam es zu Terminabsagen, Terminverschiebungen und sogar zu Ausladungen.[265] In der Regel wurden sie zwar mit technischen Problemen erklärt, dahinter steckten aber massive inhaltliche Probleme.

Die SPD glaubte in der Führung der DDR innerhalb des Parteiapparates und der gesellschaftlichen Organisationen zwei Gruppen zu erkennen, die sich in einer inneren Auseinandersetzung über die zukünftige Entwicklung in der DDR befanden. Die »Falken« waren jene, die an dem alten System der Vor-Gorbatschow-Zeit festhalten wollten; die Dogmatiker des Kommunismus. Zu ihnen zählte die Mehrheit der Führungsspitze mit ihrem exponiertesten Sprachrohr Kurt Hager. Auf der anderen Seite sah man die »Reformer«, die sich an Gorbatschows Politik orientierten und deren wichtigste Diskussionsplattform das SPD/SED-Papier darstellte. Sie waren nach Auffassung der SPD vor allen Dingen in der mittleren Führungsstruktur (Bezirkssekretäre), unter den Sekretären im Zentralkomitee und bei den gesellschaftlichen Organisationen zu finden. Die SPD stellte also in der nachrückenden Generation, in der zukünftigen Führung der DDR eine steigende Reformbereitschaft fest und sah damit im anstehenden Generationenwechsel die Chance zu einer mit den anderen osteuropäischen Staaten vergleichbaren Entwicklung.

Um die Reformer zu unterstützen, mußte sich die SPD einerseits darum bemühen, das Festhalten am »status quo« glaubhaft zu vermitteln. Man wollte den »Falken« in der DDR keine Argumente liefern für eine Politik des harten Kurses zur Existenzsicherung des Systems. Auf der anderen Seite war das Beharren auf Dialog und Reformen innerhalb der DDR nötig, um den inneren Diskussionsprozeß voranzubringen und zu fördern.[266]

Aus dieser Perzeption der Lage in der DDR ist es verständlich, daß man innerhalb der SPD bemüht war, die zweifellos seit Jahren vorhandenen, wenn auch

---

265. So wurde am 09.02.1989 ein geplantes Treffen der AG-Jugendpolitik von Seiten der DDR kurzfristig abgesagt; am 15.03.1989 wird eine Delegationsreise der AG-innerdeutsch zur Volkskammer durch den Leiter der Ständigen Vertretung der DDR abgesagt.

266. Ehmke, Horst, Der Stand der deutschen Dinge, in: Die SPD im Deutschen Bundestag, Bonn, 14.09.1989;
Weißkirchen, Gert, In der DDR beginnt der Wandel, in: ppp Tagesdienst, Bonn, 10.10.1989;
Lafontaine, Oskar, Interview im WDR Morgenmagazin, in: Presseservice der SPD, Bonn, 21.09.1989.

nur von Einzelnen getragenen Kontakte zur evangelischen Kirche und den Oppositionsgruppen in der DDR möglichst nicht in die Öffentlichkeit gelangen zu lassen, die Protagonisten dieser Beziehungen sogar als Störenfriede in den deutsch-deutschen Beziehungen empfunden wurden. Andererseits wurde aber immer massiver der Dialog auch über für die DDR-Führung kritische Themenbereiche eingefordert und Reformen verlangt. Die Gesprächsabsagen resultierten fast ausschließlich aus der Tatsache, daß die SPD nicht mehr bereit war, sich auf den von der DDR-Führung gewünschten Themenkanon zu beschränken. Das SPD/SED-Papier erwies sich immer mehr als Sprengstoff sowohl für die Beziehungen zwischen SPD und SED als auch innerhalb beider Parteien. So sah sich Erhard Eppler Ende März zu einer ausführlichen und kritischen Analyse des SPD/SED-Papiers gezwungen.[267]

Über das weitere Vorgehen bestand innerhalb der SPD keine Einigkeit. Die Abschottung der SED-Führung wurde allgemein kritisiert und die Mehrheit war sich einig in der Analyse, daß sie sich im "*offenen Dialog mit all jenen in der DDR, die sich auf diese Vereinbarung berufen*"[268] schwer tut, aber zum einen folgerte man daraus, daß es weiterhin "*die Voraussetzungen* [schafft] *auch bei bleibenden tiefgreifenden Unterschieden in Grundüberzeugungen miteinander zu reden.*"[269] Während andere feststellten:

> "*Für die nächste Phase der Deutschlandpolitik gilt aber nicht, »Wandel durch Annäherung sondern Wandel durch Abstand!« Diese Phase wird keine 25 Jahre dauern - vielleicht nur 2 1/2 Jahre.*"[270]

Aber auch Norbert Gansel war wie die Mehrheit der SPD dafür, die Gespräche und Verhandlungen mit der DDR-Führung fortzusetzen. Er setzte sich aber dafür ein, daß die Unterschiede in den Sachfragen deutlicher werden müßten, und man auf Formelkompromisse in Zukunft verzichten sollte.

Die einen setzten mehr auf den Dialogcharakter des Papieres, wollten weiterhin in inhaltlichen Arbeitsgruppen im Interesse des Dialogs auch weitgehende Kompromisse schließen, um den Einfluß der gemeinsamen Gesprächskreise auf die inneren Reformen in der SED zu verstärken. Die anderen setzten mehr auf den Streitcharakter des SPD/SED-Papiers. Sie forderten den dort zugesagten innergesellschaftlichen Dialog und die Reformen ein. Sie waren der Überzeugung, daß es Zeit wäre, auch öffentlich eine Schwerpunktverlagerung zu den

---

267. Eppler, Erhard, Zum Stand des gesellschaftlichen Dialog mit der DDR, in: Service der SPD für die Presse, Funk, TV, Bonn, 29.03.1989.
268. Stobbe, Dietrich, Kein Wandel in der SED-Spitze, in: Die Welt, Weltinterview, 22.07.1989.
269. Stobbe, Dietrich, a.a.O. (Anm. 268).
270. Gansel, Norbert, "Wenn alle gehen, weil die Falschen bleiben ...", in: Frankfurter Rundschau, Frankfurt, 13.09.1989.

Reformern und der Opposition im Lande und von der als abgewirtschaftet empfundenen alten Führung weg in Angriff zu nehmen.

Es stellten sich die folgenden grundsätzlichen Fragen:

- Ist die Entwicklung in der Sowjetunion stabil?
- Wie gefestigt ist die Stellung Gorbatschows?
- Wie sicher ist die Entwicklung in den osteuropäischen Staaten und wohin führt sie?
- Wie stark ist der Reformdruck durch die Entwicklungen in Osteuropa auf die DDR?
- Wie stark ist die innerparteiliche Reformgruppe zu bewerten?
- Welche Auswirkungen hat die ansteigende Ausreisewelle?
- Wie wird die Stellung und die Haltung der evangelischen Kirche in der DDR bewertet und welchen Einfluß hat sie auf die Führung der DDR?
- Wie sind die Oppositionellen in der DDR zu bewerten und welche Auswirkungen haben sie auf die Politik der DDR-Führung?

In der Grundtendenz ging man davon aus, daß der Reformprozeß in der Sowjetunion eine Zukunft hätte und daß Gorbatschow "*fest im Sattel*"[271] säße. Die Reformbewegungen in den anderen osteuropäischen Staaten wurden durchweg positiv bewertet, zum Teil wurden sie als eine Bewegung mit "*sozialdemokratischen Positionen*"[272] bewertet. Insgesamt war man davon überzeugt, daß die Entwicklungen in Osteuropa eine realistische Chance auf Stabilität unter der Voraussetzung hätten, daß es im Westen gelänge, ausreichende Ressourcen in der Finanz- und Wirtschaftspolitik freizusetzen, um den Prozeß wirtschaftlich zu stützen.[273]

Den Einfluß der Entwicklungen in Osteuropa auf die DDR nahm man als gegeben an und war der Überzeugung:

"*Bei der großen Bedeutung der UdSSR für die Legitimation und Machterhaltung der SED kann ich mir allerdings nicht vorstellen, daß das neue Denken auf Dauer ohne Einfluß auf die innere SED-Verfassung bleibt.*"[274]

Während man im Kurt-Schumacher-Kreis die Bedeutung der Reformer innerhalb der SPD für sehr gering erachtete und deshalb auch zum Teil das SPD/SED-Papier abgelehnt hatte, die Forderung erhob, die oppositionellen Kräfte in der DDR zu unterstützen, und sich in einem ersten Schritt für die Wiederbelebung der SPD in Ost-Berlin einsetzte, wollte sich die Mehrheit in der Partei-

---

271. Bahr, Egon, a.a.O. (Anm. 258), S. 17.
272. Müller, Michael, Osteuropa greift verstärkt sozialdemokratische Positionen auf, in: Sozialdemokratischer Pressedienst, Bonn, 15.06.1989..
273. Bahr, Egon, a.a.O. (Anm. 258), S. 78 -79.
274. Stobbe, Dietrich, a.a.O. a.a.O. (Anm. 268)

spitze und der Bundestagsfraktion damit gar nicht erst beschäftigen. Man setzte dort auf den Wandel der SED.

"Für die Wiederbelebung der SPD in Ost-Berlin oder eine Wiedergründung in der DDR sieht er [Walter Momper] *keinen Handlungsbedarf, da die SED »sozialdemokratische Elemente« aufweise und die Aussicht bestehe, daß sich die Einheitspartei der DDR in Richtung auf eine SPD entwickle."*[275]

Die Übersiedler wurden gerade auch durch ihre ansteigende Zahl als Belastung des Entspannungsprozesses und als Schwächung der Reformen in der DDR angesehen.

"Es kann nicht im Interesse der Bundesrepublik liegen, wenn alle, denen es in der DDR nicht gefällt, rüber kommen; es kann nicht im Interesse der DDR liegen; es kann eigentlich gar nicht im deutschen Interesse liegen, wenn Menschen, die Änderungen der Verhältnisse wollen, die unzufrieden sind, die auf Besserung drängen, dafür nicht an Ort und Stelle arbeiten und kämpfen sondern weggehen. Diejenigen die dann weiter auf solche Veränderungen drängen, werden allein gelassen, sie werden schwächer, die resignieren."[276]

Genauso breit wie das Spektrum bei der Bewertung von »Falken« und »Reformern« in der DDR durch die Sozialdemokraten war, so breit war es auch bei der Analyse von Kirche und Opposition in der DDR. In der Gruppe der Sozialdemokraten, die über ausgezeichnete Kontakte zur Kirche und Opposition in der DDR verfügten und die ihre Ziele und ihr Ausmaß kannten, war man mehrheitlich der Meinung, diese Strukturen und die einzelnen Personen durch Öffentlichkeit zu gefährden. Norbert Gansel forderte dagegen, diese Kontakte öffentlich zu machen.[277]

In der politischen Bewertung der »deutschen Einheit« war die Mehrheit der Auffassung, daß eine Forderung nach Wiedervereinigung oder "Neuvereinigung"[278] in der jetzigen Situation den Reformprozeß innerhalb der DDR gefährden würde. Für die einen bedeutete dies eine Gefährdung der »Europäisierung Europas« für die anderen die Gefährdung der Option auf die deutsche Einheit. Eine Option, die sich, vor allem die ältere Generation innerhalb der

---

275. Reuth, Ralf Georg, Soll die SPD in Ost-Berlin wiederbelebt werden? Überlegungen des Kurt-Schumacher-Kreises, in: Frankfurter Allgemeine Zeitung, Frankfurt, 05.08.1989.
276. Schmude, Jürgen, Interview im RIAS zur Problematik der DDR-Flüchtlinge, in: BPA-Nachrichtenabteilung, Ref.II 5, Rundfunk-Ausw. Deutschland, RIAS 1/16.08.89/17.50/Wa - Abendreport -, BPA/Kü I/17.08.89, Schmude-Auszug-(816-2), Bonn, 17.08.1989.
277. Gansel, Norbert, a.a.O. a.a.O. (Anm. 270).
278. Brandt, Willy, Wiedervereinigung? Neuvereinigung! Interview mit Michael Kraupa, in: Frankfurter Allgemeine Zeitung, Frankfurt, 06.05.1989.

Partei unter allen Umständen erhalten wollte.[279] Nachdem Otto Reinhold die These in den Raum gestellt hatte, derzufolge die Identität der DDR nicht als nationaler deutscher Staat, sondern nur als sozialistischer deutscher Staat begründbar sei, stellten die einen erschreckt und die anderen erwartungsvoll fest:

"Wenn sie in Polen das System ändern, bleibt Polen übrig; wenn sie es in Ungarn das System ändern, bleibt Ungarn übrig; wenn sie es in der DDR ändern, bleiben Deutsche übrig und damit ist die Identitätsfrage gestellt."[280]

Im Laufe des Jahres 1989 trafen die unterschiedlichsten Strömungen, Standpunkte und Interessen innerhalb der SPD immer deutlicher aufeinander. Es zeigte sich, daß die Entwicklung im Osten die unterschiedlichsten Sozialdemokraten zusammen und gegeneinander führten, alte Strukturen aufbrachen, gewohnte Muster von rechts und links ihre Gültigkeit verloren. Manch einer mußte sogar feststellen, wie die Widersprüche in der eigenen Person aufbrachen.

Während die einen neue Themen für gemeinsame Arbeitsgruppen erarbeiteten (noch im Mai wurde zwischen Honecker und Vogel die Errichtung einer gemeinsamen Arbeitsgruppe auf der Basis des im März vorgestellten Papiers »die ökologische Sicherheitspartnerschaft, eine deutschlandpolitische Notwendigkeit«[281] vereinbart), forderten die anderen den »Wandel durch Abstand«. Hatte Peter Glotz die SPD und ihr Reagieren auf gesellschaftliche Veränderungen mit einem Tanker verglichen, der zwar nur allmählich aber doch kontinuierlich in der Lage ist, seine Richtung zu verändern, so zeigte sich 1989, daß dies eine makroskopische Betrachtung war. Im Rahmen einer evolutionären Entwicklung war diese Betrachtung äußerst zutreffend. Unter dem Druck der Ereignisse zeigte sich aber der Mikrokosmos, der Tanker entpuppte sich als eine Unzahl miteinander verbundener Einzelwesen, die in ihrer Gesamtheit den Tanker bildeten. In der Vergangenheit führten sowohl äußere als auch innere Verände-

---

279. Schmude, Jürgen, Chancen zur Wahrung des Zusammenhaltes nutzen! Auch die deutsche Teilung besteht 40 Jahre, in: Sozialdemokratischer Pressedienst, Bonn, 13.05.1989.
Die Welt, Widerspruch bei der SPD nach Schröders Landtagsrede, 13.05.1989.
Büchler, Hans, Zum Verhältnis der beiden deutschen Staaten, in: Sozialdemokratischer Pressedienst, Bonn, 14.06.1989.
Schröder, Gerhard, Warnung vor einer Politik der Verdrängung und der Unwahrheit, in: Sozialdemokratischer Pressedienst, Bonn, 26.06.1989.

280. Bahr, Egon, Interview mit Theo Sommer, Die Zeit, 01.09.1989.
siehe dazu auch: Heimann, Gerd, Die Deutschlandpolitik und der Zeitgeist. Anmerkungen zu den Thesen von Ehrhart Körting, in: Sozialdemokratischer Pressedienst, Bonn, 11.09.1989.

281. Hiller, Reinhold, Die ökologische Sicherheitspartnerschaft - eine deutschlandpolitische Notwendigkeit, in: Deutschland Archiv, Heft 7, Köln, 1989;
Vogel, Hans-Jochen, Politischer Bericht vor der Fraktion, in: Die SPD im Deutschen Bundestag, Bonn, 15.06.1989.

rungen zu einem programmatischen Diskussionsprozeß, der schließlich zu den strukturellen Veränderungen führte; dem Tanker eine neue Richtung gab.

Die SPD war Ende 1988 von der evolutionären Entwicklung des Entspannungsprozesses, den sie selbst initiiert hatte und trug, überzeugt. Sie konzentrierte sich im wesentlichen auf die Ausgestaltung des ökologischen Umbaus der Industriegesellschaft, d.h. der Aufarbeitung der Friedens- und Ökologiebewegung der 80er Jahre mit dem Ziel, dem "Tanker" die Konstruktion und das Aussehen einer den Problemen der Zukunft gewappneten modernen Partei zu geben. Die Entspannungspolitik sollte sich daneben allmählich und kontinuierlich weiterentwickeln.

Aber die Entwicklung im Osten eskalierte und überschlug sich. Die Geschwindigkeit und Vielfalt der Ereignisse und ihre Auswirkungen innerhalb der Partei erschütterten die Konstruktion des Tankers und ließen den Mikrokosmos sichtbar werden. Der Partei blieb nicht wie sonst die Zeit, die auseinander driftenden Thesen und Antithesen zu neuen Synthesen und Konstruktionen zusammenzuführen.

Die Auffassung, daß die deutsche Nation fortbestehe, traf nun undifferenziert auf die Forderung nach der Anerkennung der Staatlichkeit und der Respektierung der Staatsangehörigkeit der DDR. Die Erkenntnis, daß eine Destabilisierung der DDR und der SED jeden Reformprozeß in der DDR gefährden würde, kollidierte mit der Auffassung, daß gerade der Reformprozeß in der DDR das Machtgefüge der SED erschüttern sollte, also eine Unterstützung der SED den Reformprozeß gefährdete. Die Partei, die sich bisher am intensivsten um Hilfe zur Ausreise aus der DDR, um die sogenannten humanitären Angelegenheiten gekümmert hatte, kritisiert nun gleichzeitig die Ausreise als eine Gefährdung des Reformprozesses in der DDR. Der Wunsch, durch erfolgreiche Ergebnisse bei den Arbeitsgruppen die Regierungsfähigkeit insbesondere in Konkurrenz zur Bundesregierung darzustellen, führt zu einem intensiven Festhalten an der Dialogbereitschaft, während gleichzeitig die Kritik an diesem Dialog als Anbiederung an die SED immer stärker wuchs. Wurde der Dialog auf der einen Seite als Voraussetzung für Kontakte zur Opposition in der DDR angesehen, so sah sich die SPD auf der anderen Seite wachsender Kritik aus eben dieser Opposition am SPD/SED-Dialog ausgesetzt und mit der Forderung nach öffentlichem Eintreten der SPD für die Opposition konfrontiert. Die Angst vor dem Vorwurf der »vaterlandslosen Gesellen« kollidierte mit der Horrorvision eines Großdeutschlands in den Grenzen von 1937, wie es von Teilen der Union und den Vertriebenenverbänden immer wieder in die politische Diskussion gebracht wurde.

Die Generation derer, für die die Einheit Deutschlands ein Lebensziel darstellte, traf auf die Generation derer, die Deutschland nur geteilt kannten und die gerade wegen der Ostpolitik, wegen der Anerkennung der Staatlichkeit der DDR in die SPD gegangen waren. Die einen hofften auf Einheit, die anderen auf die sozialistische Alternative. Bangten die einen um ihren Lebenstraum von der deutschen Einheit, so sahen die anderen durch die »Deutschtümelei«, durch die Nationaldiskussion ihr programmatisches Lebenswerk des ökologischen Umbaus der Industriegesellschaft gefährdet.

Die Partei geriet in einen Rechtfertigungsdruck nach innen und nach außen, dem sie unter dem gleichzeitigen durch die sich eskalierenden Ereignisse bestimmten Zeitdruck nicht gerecht zu werden vermochte. Ihre Fähigkeit, in einem dialektischen Prozeß immer wieder These und Antithese programmatisch zusammenzubringen, die sie für den Entspannungsprozeß so prädestinierte, geriet ihr im Laufe des Jahres 1989 zum Verhängnis.

Eine erste Konsolidierung erfolgte am 13.09.1989 bei der Diskussion über eine Delegationsreise der SPD-Bundestagsfraktion unter der Leitung von Horst Ehmke nach Ost-Berlin. Dabei ging es um die Frage, ob der Dialog mit der SED weitergeführt werden sollte, während parallel dazu die Kontakte zu den Oppositionellen in der DDR weiter gepflegt werden oder ob sich die SPD aus den Kontakten zur SED und den Akademien zurückziehen und sich ganz auf die Unterstützung der oppositionellen Kräfte beschränken sollte. Die Delegationsreise wurde zwar nicht offiziell abgesagt, aber die inhaltlichen Vorgaben so gesetzt, daß die Absage durch die SED-Führung mit großer Sicherheit zu erwarten war.[282]

Die Haltung zur Gründung einer sozialdemokratischen Partei in der DDR begann sich nur allmählich zu modifizieren. Man wollte zwar eine solche Gründung von Bonn aus noch nicht aktiv unterstützen und verwies darauf, daß viele Sozialdemokraten im Neuen Forum vertreten seien, aber sollten sich aus eigenen Antrieb Sozialdemokraten zusammenfinden, so wollte man sie unterstützen.[283]

Ziel dieser Entscheidungen war es, zum einen dem innenpolitischen Druck den Wind aus den Segeln zu nehmen, gleichzeitig die Opposition in der DDR zu stärken und innerhalb der SED den Druck zum Handeln auf die Reformkräfte zu verstärken.

Hatte man sich bisher weitgehend zurückgehalten, so wurden jetzt die Kontakte zu den Oppositionsgruppen in der DDR sowohl innerhalb der Partei bzw. Fraktion als auch in der Öffentlichkeit in den Vordergrund geschoben. Insbesondere die Kontakte der Abgeordneten Schmude und Weißkirchen aber auch von Büchler, Ehmke, Heimann, Hiller, Voigt, Wieczorek-Zeul und anderen

---

282. Frankfurter Rundschau, Kommentar, Frankfurt, 15.09.1989.

283. Süddeutsche Zeitung, Vogel gegen neue SPD in der DDR, 14.09.1989.

führten, trotz der Erschütterungen durch die Rühe-Rede im Deutschen Bundestag[284], indem sie nun öffentlich bekannt gemacht wurde, zu einer Konsolidierung des Selbstbewußtseins der Partei. Insgesamt glaubte man feststellen zu können, daß sich die Reformer in der SED auf sozialdemokratische Positionen zubewegten, die Mehrheit der Oppositionellen in der DDR sozialdemokratische Vorstellungen einer zukünftigen Gesellschaftsordnung in der DDR vertraten und beide Gruppen sich die Forderungen des SPD/SED-Papiers nach innergesellschaftlichem Dialog und Reformen zu Eigen machten.

Trotz der weiterhin vorhandenen Hoffnung auf die Reformkräfte in der SED wird die neugegründete SDP schnell zum zentralen Partner der SPD und von dieser als Schwesterpartei unterstützt. Bis zum 9. November wandelte sich die Perzeption der Entwicklungen in der DDR hin zu der Annahme, daß "*der demokratische Sozialismus in der DDR eine wirkliche Chance hat verwirklicht zu werden*"[285].

2. Der 9. November 1989

Auf den 9. November reagierten die Sozialdemokraten je nach Alter und politischer Verortnung sehr unterschiedlich. Es lassen sich aber zwei Grundtendenzen unterscheiden.

Insbesondere repräsentiert durch die Architekten der Ostpolitik Willy Brandt und Egon Bahr erlebten die einen die Verwirklichung eines 4Ojährigen Traumes, der im Laufe der Zeit mehr und mehr den Charakter einer Vision angenommen hatte, deren Realisierung man selbst kaum noch zu erleben hoffte. Nach dem Fall der Mauer strahlte ihnen die Einheit Deutschlands am Horizont; sie wurde greifbar nahe. Mit der Einheit Deutschlands, die man seit Ende des Krieges in seinem Innersten, mit seinen Gefühlen immer erhofft hatte, verband sich gleichzeitig die Erwartung einer parlamentarischen Mehrheit in beiden deutschen Staaten.

Ihr Traum war es sicher, daß die Wählerinnen und Wähler in der BRD die Sozialdemokraten wieder mit der Aufgabe der Ostpolitik betrauen und daß diese dann mit den neuen Sozialdemokraten in der DDR zu den Architekten einer

---

284. Rühe, Volker, Rede im Deutschen Bundestag, in: Deutscher Bundestag, Stenographischer Bericht, 156. Sitzung, Bonn, 05.09.1989, S. 11723 - 11733;
insbesondere der Vorwurf der "Anbiederung an die SED" S. 11730 traf die SPD-Bundestagsfraktion und erschütterte sie tief.

285. Weißkirchen, Gert, In der DDR beginnt der Wandel, in: ppp Tagesdienst, Bonn, 10.10.1989.

deutschen Konföderation als Bestandteil einer europäischen Konföderation werden würden. Diese Sozialdemokraten reagierten auf den 9. November mit großer persönlicher Betroffenheit. Sie hatten große Hoffnung auf die Einheit und Angst davor, daß im letzten Moment noch etwas schief gehen könnte.

Auf der anderen Seite standen - repräsentiert etwa durch Oskar Lafontaine und Horst Peter - diejenigen Sozialdemokratinnen und Sozialdemokraten, die den 9. November sicher eher mit geschmischten Gefühlen erlebten. Sie verbanden mit dem Morgenleuchten der Deutschen Einheit eher den Schrecken vor einem Groß-Deutschland.

Der Anblick der sozialdemokratischen Bundestagsabgeordneten, die am 9. November den Unionspolitikern folgend sich erhoben und die bundesdeutsche Nationalhymne sangen, löste in manchem linken Sozialdemokraten sicher die Frage aus, ob dies seine SPD war. Welchen Grund gäbe es, die bundesdeutsche Nationalhymne anzustimmen anläßlich einer friedlichen Revolution in der DDR, wenn nicht das Anspruchsdenken des bundesdeutschen Alleinvertretungsanspruches auf die DDR.

Andererseits verbanden die Sozialdemokraten um Oskar Lafontaine mit dem 9. November auch Hoffnungen mit der Entwicklung in der DDR im Sinne ihrer eigenen politischen Visionen. Auch diese Sozialdemokraten wünschten eine deutsch-deutsche Konföderation als Bestandteil eines vereinten Europas, indem sich das deutsch-deutsche Verhältnis beispielhaft für das europäische entwickeln sollte. Mit den Veränderungen in der DDR hoffte man, daß nun die Wiedervereinigungsdebatte endlich vom Tisch käme, denn die Unterstellung des Zwangs, unter dem die DDR-Bevölkerung lebe, würde entfallen. Die Forderungen nach der Entnationalisierung der politischen Diskussion und einer endgültigen Anerkennung der polnischen Westgrenze wurden zu zentralen Themen in diesem Kreise.

Mit der Entwicklung in der DDR verband man aber auch innenpolitische Hoffnungen und zukunftspolitische Visionen. Man hoffte, daß nun der Sozialismus in der DDR seine eigentliche demokratische Gestalt erhalten würde und damit zu einer echten sozialistischen Alternative zur BRD werden würde. Man hoffte auf die Entwicklung von Dialogstrukturen und Konfliktregelungsmechanismen in der DDR und forderte die Errichtung eines Runden Tisches. Jetzt würde es zu einem echten Wettbewerb der Systeme kommen (wie im SPD/ SED-Papier als Vision vorgezeichnet), von dem sich diese Sozialdemokraten auch Auswirkungen auf die Gesellschaft der BRD erhofften. Die Entwicklung in der DDR sollte so als Transmissionsriemen für die Änderung der Konsumgesellschaft im Westen fungieren. Die Vorstellung, daß nun in der DDR ein neues Gesellschafts- und Wirtschaftssystem als dritter Weg zwischen »realexistierendem Sozialismus« und »Kapitalismus« entstehen würde, wirkte faszinierend.

Ebenso war man fasziniert von den Protagonisten der Demokratiebewegung in der DDR; in der DDR waren plötzlich Dinge möglich, die man sich in der »Vorzeigedemokratie« der BRD nicht trauen würde. Ein gängiger Slogan lautete:

»Man stelle sich vor, jemand würde den Versuch unternehmen, an den Wänden und Türen des Kanzleramtes Protestplakate und beschriebene Tapeten anzubringen...«

Um diese Entwicklung in der DDR zu fördern, stellte man zwei Forderungen: Zum einen die Forderung nach massiver Wirtschaftshilfe für die DDR, denn man hatte Angst, daß es sonst zu einer Massenwanderung nach Westen kommen würde; zum anderen erhob man die Forderung nach Nichteinmischung in den Demokratisierungsprozeß der DDR, denn was man auf keinen Fall wollte, war ein Überstülpen des bundesdeutschen Systems auf die DDR. Man hoffte auf die Entwicklung einer Synthese aus BRD und DDR.

Die Entwicklung der letzten Monate des Jahres 1990 lassen diese Erwartung in einem eher pessimistischen Licht erscheinen. Zu hoffen bleibt, daß die vor uns liegenden Jahre - vor allem 1992 mit der Einführung des Europäischen Binnenmarktes und der damit verbundenen Europäisierung der Nationalstaaten - die politisch für eine tatsächlich demokratische Staatsform wichtigen Elemente **beider** deutschen Staaten zu einer wirklichen Synthese zusammenführen werden.

Meine persönlichen Zielvorstellungen für eine deutsch-deutsche Politik nach dem 9. November 1989, die sich konsequent aus den Untersuchungsergebnissen vor allem der Zweiten Phase sozialdemokratischer Entspannungspolitik ergeben, sind im Anhang A 1 - 20 abgedruckt. Konzipiert als **eine** von vielen möglichen Varianten sozialdemokratischer Alternativen zur regierungsoffiziellen Wiedervereinigungspolitik, scheint sie nun gleichwohl eingeholt von einer völlig überhastet vollzogenen und in ihren Konsequenzen für die Deutschen in Ost und West kaum überlegten staatlichen Einheit.

VIII. Anhang

1. Die zweite Phase der Entspannungspolitik der SPD - deutsch deutsche Politik im Zeichen der Zeit - [286]

Angesichts der Ereignisse um den 9. Nov. 1989 in der DDR, war es äußerst schwierig, emotionslos zu bleiben und weg vom tagespolitischen Aktionismus und der allgemeinen Konzeptlosigkeit hin zu einer ruhigen und nüchternen Analyse und vernünftigen Zukunftskonzeption zu gelangen. Die Entwicklungen der letzten Wochen sind zu begrüßen und man kann damit große Hoffnungen für die zukünftige Entwicklung in der DDR, die deutsch-deutschen Beziehungen und das gemeinsame europäische Haus verbinden. Doch man sollte den allgemeinen plakativen Jubeltexten nicht noch einen weiteren hinzufügen. Es müssen daher heute wichtige Fragen gestellt und beantwortet werden:

1. Wie sieht die reale Situation nach dem 9. Nov. 1989 aus, wenn man einmal die Straßenfeste und Jubelreden beiseite räumt?
2. Welche Folgen kann und soll die jetzige Situation haben?
3. Welche Gefahren beinhaltet die jetzige Situation?
4. Welche Entwicklungen sind möglich und welche davon sind in sozialdemokratischem Interesse?
5. Welche Entscheidungen werden in der DDR und in der BRD für nötig gehalten?
6. Wie könnte ein sozialdemokratisches Konzept für die beiden deutschen Staaten und Europa aus?
7. Wie müßten die nächsten Schritte aussehen, um die sich aufzeigenden Möglichkeiten zum Wohle und im Interesse aller Menschen zu nutzen?

Geschichte und Situationsanalyse

Zunächst einmal gilt es mit **dem Märchen von der überraschenden Entwicklung** in der DDR aufzuräumen!

Daß es just zu diesem Zeitpunkt - Ort und Zeit eines politischen Umbruchs sind eigentlich nie auf die Stunde vorherzusagen - und mit dieser Geschwindigkeit - eine Behauptung, die es noch hinterfragen gilt - geschah, mag erstaunen, aber daß diese Entwicklung bevorstand, war allen - zumindest denen, die es wissen wollten - bekannt.

Dazu waren nicht einmal Insiderwissen, Kontakte mit DDR-Bürgern - Funktionären - nötig. (Wer sie hat oder hatte, war in jedem Fall informiert, wenn er es hören wollte.) Monatelang haben Politiker aller Couleur und sämtliche Medien in der BRD immer wieder verkündet, angesichts der Veränderungen in den anderen Staaten des Warschauer Vertrages, könne sich die DDR auf Dauer dem Reformdruck nicht entziehen.

---

286. der folgende Text entspricht: Klaus Moseleit, Die zweite Phase der Entspannungspolitik der SPD - deutsch-deutsche Politik im Zeichen der Zeit -, hektographiertes Diskussionspapier, Vorgelegt im November 1989 bei der Tagung des "Frankfurter Kreis" in Bonn.

Wandel durch Annäherung?

Wer nun sagt, er sei von den Ereignissen, von der Entwicklung überrascht, wer gar erklärt, die bisherige Politik des "Wandel durch Annäherung" sei gescheitert, habe versagt und sei durch eine "Politik des Abstands" zu ersetzen, verkennt die historischen Tatsachen, hat die Politik Egon Bahrs, Willy Brandts und die Grundidee der Entspannungspolitik der SPD bis heute nicht begriffen oder sie nicht ehrlich gewollt.

Wer also die Politik des "Wandels durch Annäherung", wer Entspannungspolitik ernsthaft und in all ihren Konsequenzen gewollt hat, kann angesichts der Entwicklung in den Staaten des Warschauer Vertrages nicht überrascht sein. Abrüstung, KSZE, der Abbau von Feindbildern, vielfältige Kontakte und eine Politik des Dialogs hatten zum Ziel, Bedingungen für einen Wandel zu schaffen. Ohne Entspannungspolitik kein Gorbatschow, ohne Gorbatschow keine Reformen in der Sowjetunion, ohne diese keine Reformen in den anderen Staaten des Warschauer Vertrages und schon gar nicht in der DDR.

Jahrelang wurden Veränderungen, die Demokratisierung und die individuellen Menschenrechte für die Staaten des Warschauer Vertrages und insbesondere für die DDR gefordert. Immer wieder wurde erklärt, daß in einem gemeinsamen europäischen Haus, in einer europäischen Friedensordnung Grenzen ihren trennenden Charakter überwinden müssen und für die Mauer kein Platz sei. Jetzt stellt sich heraus, daß die meisten in der BRD auf die Frage:

"Was müssen wir tun, wenn die tun, was wir sie aufgefordert haben zu tun, nur mit Nichtstun antworten können und dies kann doch wohl nicht das Gebot der Stunde sein."

Die gesamte Deutschland-, Ost- und Entspannungspolitik der letzten 20 Jahre war auf den "Wandel durch Annäherung" angelegt.

Der KSZE-Prozeß und die Abrüstungspolitik hatten die Veränderung der politischen, militärischen und menschenrechtlichen Situation in Europa zum Ziel.

Die "Zweite Phase der Entspannungspolitik der SPD" war und ist auf die Reformfähig- und -willigkeit beider Seiten gebaut. Sie hatte und hat zum Ziel Ost-West-Politik vom Gegeneinander der "Blöcke" zu einer Politik des gemeinsamen Handelns für alle Menschen zu entwickeln:

"Unsere weltgeschichtlich neue Situation besteht darin, daß die Menschheit nur noch gemeinsam überleben oder gemeinsam untergehen kann. Eine solche Alternative ist historisch ohne Beispiel. Sie verlangt ein politisches Denken, das ebenfalls ohne Beispiel ist, ein neues Herangehen an die internationalen Angelegenheiten, besonders an die Sicherung des Friedens."

Die Ostpolitik bzw. die 1. Phase der Entspannungspolitik ist keineswegs gescheitert.

Im Gegenteil sie war überaus erfolgreich.

Ziel der Entspannungspolitik war es, einen Weg aus der Konfrontation der Blöcke heraus zur Beendigung des Kalten Krieges zu finden. Die Vision von der europäischen Lösung der deutschen Frage beinhaltete in Grundzügen schon damals die Idee der gesamteuropäischen Sicherheitspartnerschaft und des gemeinsamen Hauses Europa.

Sie mußte damals gegen die erbitterten Widerstände von CDU und CSU durchgesetzt werden. Auch der KSZE-Prozeß, auf den sich die jetzige CDU/CSU-Regierung immer wieder beruft, wurde gegen die Stimmen der Union in Gang gesetzt.

Situation in der DDR

Gorbatschow und der Reformprozeß in der Sowjetunion, die Entwicklungen in Polen und Ungarn, die Erfahrungen mit der Wirkung von Bürgerinitiativen in der Bundesrepublik, die Agonie und der

Dogmatismus der SED-Führung und die Fluchtbewegung aus der DDR waren, neben dem seit langem vorherrschenden Unmut über die innere Situation der DDR, der Katalysator für die neue einzigartige Entwicklung.

Trotz Öffnung der Grenzen, der neuen Reisefreiheit und des teilweisen Abrisses der Mauer, muß man feststellen, daß die Lage in der DDR noch immer äußerst labil und keineswegs, wie manche behaupten, unumkehrbar ist. **Viele wesentlich grundlegendere Entscheidungen** für die zukünftige Entwicklung als die der Reisefreiheit stehen noch aus.

Hierzu gehören,

- die Rolle der SED
- die Rolle der Blockpartei
- die Rolle der gesellschaftlichen Massenorganisationen (FDJ, FDGB, DFD usw.)
- die Verfassung der DDR
- die Gesellschaftsordnung (sozialistisch oder kapitalistisch)
- das Wahlrecht (freie, geheime, allgemeine und gleiche Wahlen, Finanzierung, Zulassungsverfahren?)
- die Wirtschaftsordnung (kapitalistische oder soziale Marktwirtschaft oder veränderte Planwirtschaft)
- die Gestaltung des Währungssystems (Konvertierbarkeit, Währungsreform usw.)

Oppositionelle Bürgerinitiativen und Diskussionsforen

Seit Jahren haben sich mehrere oppositionelle Bürgerinitiativen und Diskussionsforen in der DDR gebildet. Angefangen mit kirchlichen und Umweltschutzgruppen (Zionskirche, Umweltbibliothek usw.) ist die Zahl der oppositionellen bzw. unabhängigen Gruppen und Initiativen in der DDR stark angestiegen und ihrer Anhängerschaft hat sich vergrößert.

Zur Bedeutung der Reformgruppen müssen zwei Grundfeststellungen getroffen werden:

1. Ihnen fehlt bis heute die zur gleichberechtigten Betätigung in der DDR nötigen Ressourcen. Dies hat Auswirkungen auf ihre Entfaltungsmöglichkeiten. Sie besitzen keinen Zugang zu den Medien und besitzen keine landesweite Organisationsstruktur sowie eine nur auf Spenden beruhende Finanzgrundlage, die nicht zur Erhaltung eines hauptamtlichen Apparates ausreicht.
2. Der Personenkreis, der an den Massendemonstrationen in der DDR teilnimmt ist nicht gleichzusetzen mit von diesen Gruppen organisierten Mitgliedern; d. h. die Demonstrationen werden von den Reformgruppen weder direkt organisiert noch sind sie von ihnen steuerbar. Sie sind tatsächlich Demonstrationen des Volkes. Diese Bewegung ist sowohl für die Reformgruppen als für die Partei- und Staatsführung ein unkalkulierbares Risiko. Über die tatsächliche Stärke der Oppositionsgruppen und ihrer Anhänger sagen die Demonstrationen relativ wenig aus.

Die politisch ideologische Orientierung der meisten, zumindest der wesentlichen Reformbewegungen in der DDR reicht vom grundsätzlichen Erhalt des Systems und seiner Verbesserung (z.B.: Vereinigte Linke), über basisdemokratische Gedanken (z.B.: kleinere Initiativgruppen) bis zu der am meisten vertretenen Forderung (z.B.: SDP) einer grundsätzlichen Reformierung des Sozialismus zu einem demokratischen Sozialismus als einem dritten Weg zwischen dem bisherigen Sozialismus und der bürgerlichen Demokratie. Ausgesprochen konservative, auf die Übernahme des kapitalistischen Systems für die DDR oder gar eine Wiedervereinigung mit bzw. Angliederung an die Bundesrepublik gerichtete Gruppen oder Strömungen lassen sich nicht erkennen.

Zusammenfassend läßt sich feststellen, daß die sich bisher abzeichnenden Reformströmungen in der DDR auf ihren Erhalt, eine eigenständige Entwicklung, die Errichtung eines demokratischen Sozialismus, die Verwirklichung der in der KSZE-Schlußakte von Helsinki beschriebenen Menschenrechte, die Errichtung einer ökologisch und sozialen Wirtschaft mit marktwirtschaftlichen Mechanismen, strikte Trennung von Exekutive, Legislative und Judikative und die Verhinderung einer Übernahme von kapitalistischen Auswüchsen zielt.

Der Regierenden Bürgermeister von Berlin Walter Momper beschriebt die Ereignisse in der DDR zutreffend:

"In der DDR wird jetzt ein faszinierendes Kapitel deutscher Geschichte geschrieben. Dieses Kapitel wird vom Volk der DDR selbst geschrieben. Wir beglückwünschen die Bürgerinnen und Bürger der DDR zu ihrer friedlichen und demokratischen Revolution.

Vielleicht werden wir von der demokratischen Kultur in der DDR noch einiges lernen können. Unserer Demokratie ist uns von den Befreiern 1945 geschenkt worden. Die DDR-Bürger haben sich die Demokratie selbst erkämpft. Sie wissen was sie an der Demokratie haben.

Wir bewundern den Mut und die Disziplin der demokratischen Bewegung in der DDR. Die demokratische Kultur der Bürger der DDR ist unverbraucht, sie zeugt von sozialer Verantwortung und der Abneigung gegen die Ellenbogengesellschaft. Davon werden wir uns noch manche Scheibe abschneiden können."

Situation in der BRD

Frage der Nation

Das Grundgesetz sollte nur eine Verfassung für eine Übergangszeit sein. In seiner Diktion manifestieren sich die Vorstellungen, Auffassungen und Erwartungen des Jahres 1949. Selbstverständlich war damals der Zusammenhalt der Deutschen mit der Vorstellung von einem einheitlichen deutschen Nationalstaat verbunden. Niemand konnte damals mit der Entwicklung, die Europa in den darauffolgenden 40 Jahren machte, rechnen.

Über 40 Jahre später gibt es Erfahrungen, die die Mütter und Väter des Grundgesetzes damals nicht antizipieren konnten. Es hat sich gezeigt, zu welcher atomaren, biologischen und chemischen Hochrüstungsspirale der Kalte Krieg in der Lage war, zu welchen ökologischen Katastrophen die Industriegesellschaft geführt hat, welche Nachteile nationalstaatliche Abgrenzungen und welche Vorteile ein gemeinsames Europa bringen kann. Die Teilung hat sich nicht nur als die Einheit der Nation nicht beeinträchtigend erwiesen, sondern die Geschichte muß zu der Erkenntnis führen, daß die Forderung nach einem deutschen Nationalstaat, in welchen Grenzen auch immer, obsolet ist.

Das Zeitalter der Nationalstaaten muß ein für allemal überwunden werden. Dies sollte allen nationalstaatlichen Bestrebungen in Europa bewußt sein.

Die Forderung nach der Aufgabe der Idee vom deutschen Nationalstaat bedeutet nicht die Aufgabe der Nation, wenn und solange Nation nur als Kulturnation verstanden wird. Für das gemeinsame Haus Europa ist eine der entscheidendsten Fragen, wie gelingen kann, allen kulturellen und nationalen Elementen die Freiheit der Entfaltungsmöglichkeit zu geben.

Man muß auch keineswegs die These Otto Reinholds teilen, daß die Identität der DDR nicht als nationaler deutscher Staat, sondern nur als sozialistischer deutscher Staat begründbar sei. Denn entweder definiert sich ein Staat grundsätzlich über die Nationalität des Volkes, dann haben beide Staaten dieselbe Identität; oder er definiert sich über die Staatsform, dann sind beide Staaten gleich wenig deutsch. Was unterscheidet dann die BRD von Frankreich? Was ist dann die BRD ohne westlichen Kapitalismus?

Die DDR hat genausoviel oder wenig Substanz zu einer eigenen Identität wie die BRD. Die Identität eines Staates ergibt sich aus seiner Akzeptanz im Volk, aus der Identifizierung des Volkes mit dem Staat.

Es besteht jetzt sogar die Chance, daß die begonnenen Entwicklungen tatsächlich aus der eigenen Kraft der Bevölkerung in Reformen münden, die zu mehr Freiheit, echter Demokratie und spürbaren wirtschaftlichen Verbesserungen führen. Gelingt es die Exzesse des westlichen Kapitalismus zu vermeiden, hätte die DDR ein wesentlich höheres Identitätspotential, um sich als ein eigenständiger deutscher Staat zu verstehen.

Die Bündnisfrage (Heimann)

"Der vermeintliche Rollenwechsel vom Besiegten zum Verbündeten hat sich nicht allmählich vollzogen und ist von den Bürgern in der BRD nicht erkämpft worden, sondern er wurde den Westdeutschen wegen des Ost-West-Konflikts im Interesse der Alliierten verordnet. Aus Besatzungsmächten wurde Schutzmächte und Verbündete, die aufgrund der akuten Bedrohung auch als solche empfunden wurden. Daß sie tatsächlich Besatzungsmächte geblieben sind, zeigt sich nun angesichts des Erfolgs der Entspannungspolitik, der Entschärfung des Ost-West-Konflikts und seiner beginnenden Auflösung. Viele Ereignisse der letzten Jahre haben immer stärker ins Bewußtsein gerückt, wie wenig souverän diese vermeintlich souveräne Bundesrepublik in Wahrheit ist.

Im Rahmen einer gesamteuropäischen Sicherheitspartnerschaft gilt es daher nicht nur, das Verhältnis zwischen Ost und West, sondern auch die Verhältnisse innerhalb der Bündnisse neu zu ordnen."

Innenpolitik

Die Entwicklungen in der DDR sind zwar faszinierend, aber sie dürfen bundesdeutsches Handeln nicht lähmen. Dieses Handeln muß sich zum einen auf die Weiterentwicklung der deutsch-deutschen Beziehungen erstrecken. Es muß aber auch wesentliche Entwicklungen in der BRD in Gang setzen.

In der BRD führen die Entwicklungen in der DDR inzwischen zu merkwürdigen Auswirkungen. Sowohl Medien als auch Politiker und dabei viele Konservative an ihrer Spitze loben Bürgerinitiativen, verschiedene politische Gruppierungen und die Sozialdemokratische Partei der DDR in den höchsten Tönen, sie applaudieren jeder Demonstration und den steigenden Zahlen der Teilnehmer. Dies geschieht sicherlich zu Recht, aber man möge sich doch die gleiche Situation in der Bundesrepublik vorstellen!

Man stelle sich einmal vor: Eine Million Menschen würden in Bonn - Bannmeile hin, Bannmeile her - vor den Bundestag und das Kanzleramt ziehen, dort Plakate ankleben und die Regierung auffordern, sich dem Dialog mit den kritischen Bürgern zu stellen! Die gleichen konservativen Kräfte, die die Entwicklung der Presse in der DDR zu einer größeren Kritikbereitschaft fordern und loben, haben die Presse der BRD vor Jahren aufgefordert, "positiver" zu berichten.

Viele Probleme und notwendige Entwicklungen in der Bundesrepublik werden leider durch die Konzentration auf den Osten verdeckt.

Im Westen wird der vermeintliche Sieg des Kapitalismus verkündet und die Bundesrepublik wieder im Kontrast zu dem grauen zusammenbrechenden DDR-System in den schillernden Farben des Wirtschaftswunders gemalt. **Dabei stehen dem Westen, wenn auch auf anderen Gebieten, ähnlich**

tiefgreifende Entwicklungen notwendigerweise bevor. Angesichts der ökologischen Katastrophen, die die Industriegesellschaft produziert hat und die an ihrem Übergang zur Risikogesellschaft immer deutlicher hervortreten, sind tiefgreifende gesellschaftliche Veränderungen und ein allgemeiner Wertewandel dringend geboten.

"Die unverantwortliche Politik der CDU/CSU/FDP-Koalition hat in der Bundesrepublik zu einer 2/3-Gesellschaft und großer sozialer Ungerechtigkeit und Unruhe geführt. Diese Unruhe wird durch die Zuwanderungen tausender Über- und Aussiedler verschärft. In dieser Situation sind gesellschaftliche Solidarität und praktische Politik gefordert. Wir werden nicht zulassen, daß die Regierungskoalition diese sozialen Probleme mit nationalen Sprüchen zudeckt.

Angesichts der Veränderungen in den osteuropäischen Staaten ist Überheblichkeit nicht angebracht.

Sowohl national als auch international wartet eine Vielzahl von drängenden Problemen auf eine Lösung.

Auch unsere Gesellschaft muß sich weiter verändern.

- Um die fortschreitende Umweltzerstörung zu stoppen und Arbeit für alle zu schaffen.
- Um endlich die Verantwortung für das Elend in vielen Ländern der Erde anzuerkennen und nach gemeinsamen Lösungen zu suchen.
- Um Frauen und Männern gleiche Chancen zu garantieren.
- Um wachsende soziale Ungerechtigkeiten der 2/3-Gesellschaft zu beseitigen.
- Um Mitbestimmung auch in der Arbeitswelt zu ermöglichen und Mitbestimmung auszubauen."

"Die zweite Phase der Entspannungspolitik der SPD"

Frieden in Europa und Zusammenhalt der Deutschen und ihrer Familien in Ost und West - das waren die Beweggründe für die Ost- und Deutschlandpolitik der SPD. Sie hat die Realität zweier deutscher Staaten und die Grenzen im Nachkriegseuropa anerkannt, um den Eisernen Vorhang zwischen den Blöcken durchlässig zu machen; für gemeinsame Sicherheit, für wirtschaftliche Zusammenarbeit, für Menschenrechte und für die Menschen selbst. Diese Politik war so erfolgreich, daß sie jetzt auf Grundlage dieser Erfolge weiterentwickelt werden kann.

Basierte die erste Phase der Entspannungspolitik auf einer rein regierungsamtlichen Vertragspolitik, so wurde unter Beibehaltung und Ausnutzung der Elemente der ersten Phase die zweite Phase der Entspannungspolitik konzipiert.

Ihre Grundparameter lassen sich mit Regionalisierung (Kontakte auf Lands-, Bezirks- und Ortsebene zu Parteien und Organisationen auf der gleichen Ebene; Städtepartnerschaften), **Thematisierung** (gemeinsame Arbeitsgruppen und Treffen von Fachorganisationen) **und Institutionalisierung** (ständige Gesprächsforen und gemeinsame Institute; Städtepartnerschaften) **nicht regierungsamtlicher deutsch-deutscher Kontakte und thematischer Konkretisierung regierungsamtlicher Kontakte** (gemeinsame Kommissionen und ministeriale Fachtreffen) **beschreiben.** Hierbei dürfen nicht nur Regierungen, sondern auch gesellschaftliche Kräfte wie Parteien, Bürgergruppen, Interessenverbände usw. über Reformen in beiden deutschen Staaten reden und insbesondere zur Lösung der gemeinsamen Menschheitsaufgaben, die "im gemeinsamen Interesse aller Menschen gemeinsam angepackt werden müssen" beitragen. Aber die SPD muß sich üben in einem neuen politischen Denken und Handeln in den internationalen Beziehungen.

Diese Konzeption war bei ihrer Entwicklung in den Jahren 83 bis 85 von einem langfristigen Zeitbedarf (bis Ende des Jahrhunderts) zu ihrer Konkretisierung und Umsetzung ausgegangen. Mit der Entwicklung in der Sowjetunion - und der daraus resultierenden in Polen und Ungarn - begangen sich die Zeitparameter zunächst für diese Länder, aber auch absehbar für die DDR, zu verändern. Die Folge ist, was in Form einer langfristigen Planung einmal angelegt war, läßt sich nun in Form von aktueller Politik kurzfristig umsetzen.

Die SPD hat mit ihrer zweiten Phase der Entspannungspolitik bereits die Grundlagen für ein weiteres Handeln gelegt. Dieses Konzept darf nicht im Zuge der allgemeinen Forderung, man brauche nun etwas Neues, verworfen werden. Das Konzept der zweiten Phase der Entspannungspolitik muß in einigen Teilen erweitert und insgesamt konsequent durchgeführt werden.

Nicht das Grundkonzept, sondern die zeitliche Planung muß verändert werden.

Die bereits vorhandenen konzeptionellen Überlegungen zu den unterschiedlichsten Themenbereichen (siehe Anhang) gilt es unter den sich schneller als erwartet aufzeigenden Entwicklungen in der DDR zu konkretisieren.

Es ist davon auszugehen, daß sich innerhalb des nächsten halben Jahres die politischen Kräfte innerhalb der DDR stabilisiert, organisiert und institutionalisiert haben werden. Bis dahin müssen nicht nur die bestehenden Konzepte für die militärische und ökologische Sicherheitspartnerschaft zwischen den beiden deutschen Staaten den veränderten Bedingungen angepaßt werden, sondern auch die erst in Ansätzen vorhandenen Überlegungen, die alle Bereiche von Politik und Gesellschaft umfassen, auf die Möglichkeiten einer deutsch-deutschen Kooperation hin untersucht und vorgedacht werden.

Schließlich müssen die organisatorischen Voraussetzungen für regionale, thematische Kontakte mit den unterschiedlichsten politischen und gesellschaftlichen Kräften in der DDR und die Möglichkeiten einer Institutionalisierung von seiten der Partei und der Fraktionen geprüft werden. Entsprechende Gesprächsangebote müssen jetzt gemacht werden. Hierbei gilt es, wie im gesamten Umgang mit der DDR, auf die Wünsche und Bedürfnisse, die sich in der DDR artikulieren einzugehen.

Grundlage für den zukünftigen Umgang mit der DDR sollte die konsequente Anwendung des Dialogpapiers sein. In seinem Sinne sollte man den Dialog mit allen gesellschaftlichen Gruppen in der DDR suchen und ausbauen. Des weiteren muß der Dialog auf alle beiderseits interessierende Themen ausgedehnt werden.

Günstige Entwicklung in der DDR

Für eine günstige Entwicklung in der DDR wäre es notwendig, die informellen Reformbewegungen z.B.: "Demokratie jetzt", "Demokratischer Aufbruch", "neues Forum" und die neu gegründete SDP offiziell anzuerkennen. Danach sollten sich alle gesellschaftlichen Gruppen der DDR etwa dem polnischen Modell entsprechend, zu einem Gespräch am **"Runden Tisch"** zusammenfinden. Diese Gesprächsgruppe dürfte dann die Autorität und auch die nötige Glaubwürdigkeit in der Bevölkerung haben, um die notwendigen Reformen einleiten zu können. Diese Reformen müssen aktiv von der Bundesrepublik unterstützt werden.

Das bedeutet

- die Aufhebung der Cocomliste
- Installation eines deutsch-deutschen Devisenfonds

- konkrete direkte wirtschaftliche Hilfe und know how zur Lösung akuter Probleme
- Gründung gemeinsamer wissenschaftlicher und politischer Institutionen zur Koordinierung der deutsch-deutschen Zusammenarbeit
- das Zurverfügung stellen von Wissen und Fachkräften vor allem im Bereich der Wirtschaft und des Umweltschutzes
- Eröffnung von Möglichkeiten das ERP-Programm auf die DDR auszudehnen oder etwas ähnliches zu installieren
- Prüfung der Verwendungsmöglichkeiten der Kreditanstalt für Wiederaufbau zur wirtschaftlichen Unterstützung von klein- und mittelständischen Unternehmen in der DDR
- und dies alles natürlich nur auf den ausdrücklichen Wunsch der Reformkräfte in der DDR und entsprechend ihren Vorstellungen und Wünschen. Es darf zu keiner Übertragung des westdeutschen Systems auf die DDR kommen. Die DDR kann und will nicht als Konkursmasse an den "reichen" Westen fallen.

Wenn sich die Bundesrepublik auf Hilfe zur Selbsthilfe beschränkt, hat die DDR die Chance zu einer eigenständigen Entwicklung, zu einer ökologischen sozialen Marktwirtschaft und einem echten demokratischen Sozialismus.

Die größte Gefahr für den Reformprozeß in der DDR droht ihm in der Zukunft weniger durch die inneren Entwicklungen als vielmehr durch einen unkontrollierten Einfall westlichen Kapitals in die DDR und durch einen, von einer maßlosen Überschätzung der Qualität des eigenen Systems bestimmten, Forderungskatalog für westliche Wirtschaftshilfe.

Jedes Gesellschafts- und Zukunftsmodell, das jetzt in der BRD für die DDR entwickelt wird, ist wenn es gut sein will, gut für die BRD und jedes Modell für die BRD muß gut sein für die DDR. Es stellt sich heute für alle Menschen in gleicher Weise die Frage nach dem Gesellschaftsmodell der Zukunft, in dem es eine menschenwürdige Chance gibt, gemeinsam mit der Natur zu überleben.

1.1. Anhang

I. Friedliche Konfliktlösungen und Europäische Friedensordnung

1. Militärische Sicherheitspartnerschaft

Die militärische Sicherheitspartnerschaft baut gedanklich auf der Erkenntnis auf, daß Sicherheit nicht mehr in den Bündnissen und vor dem Gegner, sondern nur in gemeinsamer Verantwortung zwischen den Bündnissen zusammen mit dem Gegner möglich ist. Es gilt daher, eine gemeinsame und gleiche Sicherheit für alle zu organisieren, bei der jeder dem anderen das gleiche Maß an Sicherheit zubilligt, das er für sich in Anspruch nimmt. Die **Verantwortungsgemeinschaft** und das sich daraus ergebende Konzept der militärischen Sicherheitspartnerschaft sind konzeptionelle Konsequenzen aus der Analyse der bisherigen Sicherheits- und Entspannungspolitik.

Da auch unterschiedliche Gesellschaftssysteme ein übergeordnetes Interesse haben, gemeinsam zu überleben, verlangt dieses eine Politik der Partnerschaft zur Sicherheit. Ziel der Sicherheitspartnerschaft ist es, eine **blockübergreifende Sicherheitsstruktur** zu erstellen, die nicht allein auf militärpolitischen Bedingungen basiert, sondern in erster Linie auf dem Vertrauen zwischen den Völkern, der Bereitschaft zur Friedfertigkeit und einer aktiven Erziehung zum Frieden.

Da aber "das Verhältnis der Staaten nicht einfach von dem Verhältnis der Gesellschaftssysteme zueinander getrennt werden kann und die Entspannungspolitik daher notwendigerweise auch die ideologische und innenpolitische Entwicklung beider Seiten beeinflußt, muß ihre innere Dimension so angelegt sein, daß sie die Bedingungen für Reformen positiv beeinflußt."

Das Konzept der **strukturellen Angriffsunfähigkeit** und die **vertrauensbildenden Maßnahmen** sowie die **Zonenmodelle** sind die sozialdemokratischen Ansätze für die Modifikation der Variablen.

In beiden deutschen Staaten lassen sich in der nächsten Zeit bedeutende vertrauensbildende Maßnahmen und entscheidende abrüstungspolitische Schritte verwirklichen, die insgesamt eine belebende Wirkung auf die europäischen Abrüstungsverhandlungen und die gesamte militärpolitische Situation in Europa haben würden.

Hierzu gehören:

- Verwirklichung der atom- und chemiewaffenfreien Zone
- die Installation einer Zone verminderter militärischer Präsenz
- Reduzierung der Sollstärke der Truppen in beiden deutschen Staaten
- Reduzierung der Stationierungstruppen
- Intensivierung der vertrauensbildenden Maßnahmen
- Aufbau einer gemeinsamen Abrüstungsindustrie

Beide deutsche Staaten müssen in ihren Bündnissen forcierend auf die Abrüstungsverhandlungen, auf eine Veränderung der Militärdoktrinen und eine Verringerung der Angriffsfähigkeit ihrer jeweiligen Bündnisse drängen. In allernächster Zeit gilt es angesichts der dramatischen Entwicklungen in Europa Konzepte für einen Weg zu der von allen gewünschten europäischen Friedensordnung unter den veränderten Zeit- und Möglichkeitsbedingungen zu entwickeln. Die Deutschen in beiden Staaten haben aufgrund ihrer geographischen Lage, ihrer gemeinsamen Geschichte und Sprache eine besondere Verantwortung.

2. deutsch-deutsches Institut für Friedensforschung

Um den Anforderungen der nächsten Jahre für die Installation einer europäischen Friedensordnung gerecht zu werden, dürfen die beiden deutschen Staaten nicht untätig abwarten, bis die beiden Bündnisse sich als Ganzes und vielleicht kontrolliert aufeinander zu bewegen. Sie haben die Aufgabe konkrete Konzepte und Vorschläge zu entwickeln wie man in Europa zu einer europäischen Friedensordnung gelangen, sie installieren und erhalten kann.

Um dies mit der nötigen Kompetenz, Objektivität und Wissenschaftlichkeit zu erreichen, würde sich die Gründung eines deutsch-deutschen Instituts für Friedensforschung empfehlen. Dieses Institut müßte von beiden deutschen Staaten mit ausreichenden finanziellen Mitteln ausgestattet werden, die dieses Institut unabhängig und autonom für ihre Forschungsaufgabe verwenden kann. Dieses Institut sollte mit Wissenschaftlern aus den unterschiedlichsten Fachbereichen, Militärexperten und Publizisten aus beiden deutschen Staaten besetzt werden. In einer weiteren Entwicklungsstufe wäre eine Umgestaltung zu einem gesamteuropäischen Institut für Friedensforschung denkbar.

Aufgabe eines solchen Instituts wäre es praktikable Abrüstungskonzepte zu entwickeln, die Bedingungen für eine strukturelle Nichtangriffsfähigkeit zu erarbeiten und Vorschläge zu unterbreiten für eine friedliche Konfliktlösung in Europa.

II. Umweltschutz

1. Ökologische Sicherheitspartnerschaft (Hiller; MdB)

Ein wesentliches Element der zweiten Phase der Entspannungspolitik und speziell der Deutschlandpolitik der SPD ist der Ausbau kooperativer Felder in den Ost-West-Beziehungen.

In dem Dialog-Papier haben SPD und SED nicht nur Aussagen zur militärischen Sicherheitspolitik gemacht. Wir haben dort auch festgehalten, daß ein politisches Denken und Handeln in den internationalen Beziehungen, das der neuartigen Bedrohung der Menschheit angemessen ist, u.a. dadurch gekennzeichnet sein muß, daß es die Erhaltung der Biosphäre und die Überwindung der ökologischen Krise als gemeinsame Menschheitsaufgaben versteht und anerkennt, die im gemeinsamen Interesse aller Menschen gemeinsam angepackt werden müssen.

Wir brauchen eine ökologische Sicherheitspartnerschaft um die grenzüberschreitenden Umweltprobleme lösen zu können. Gerade die beiden deutschen Staaten könnten hier ein überzeugendes Beispiel für einen systemübergreifenden Dialog liefern. Im Rahmen einer ökologischen Sicherheitspartnerschaft eröffnet sich ein heute noch unübersehbar weites Feld für eine Zusammenarbeit zwischen den beiden deutschen Staaten, das unbelastet vom ideologischen Wettbewerb, im Interesse der Bürger in beiden Staaten die Lebens- und Überlebenschancen erhöht. Beispielhaft seien hier genannt:

- wissenschaftlich-technische Zusammenarbeit
- innerdeutscher Handel
- joint venture

Spätestens seit Tschernobyl weiß jeder, daß Umweltverschmutzung an keiner Grenze, erst recht keiner Systemgrenze halt macht. Die Umweltprobleme sind anerkanntermaßen systemübergreifend. Daher müssen auch die Lösungen systemübergreifend, eben im Rahmen einer ökologischen Sicherheitspartnerschaft, gesucht werden.

In der DDR könnte eine deutsch-deutsche Kooperation im Umweltschutz einen enormen Modernisierungseffekt haben und die Umweltsituation in der DDR so verbessern, wie es die DDR auf absehbare Zeit alleine nicht erreichen kann. Im Gegenteil, die derzeitige Wirtschaftssituation in der DDR führt immer mehr in eine umweltpolitische Katastrophe.

Der BRD würde eine Umweltkooperation unmittelbar materiellen Nutzen bringen:

1. Die bundesdeutsche Umweltindustrie würde einen weiteren Innovationsschub bekommen.
2. Sie würde durch den Export von Umwelttechnologie eine starke Belebung erfahren.
3. Die Kosten für die Beseitigung der, durch Umweltverschmutzung in der DDR verursachten, Schäden und Belastungen in der BRD würden gesenkt werden.

Der CDU/CSU/FDP-Regierung aber mangelt es an einem umweltpolitischen Gesamtkonzept. Im Gegensatz zur CDU ist nicht die Wiedervereinigung Deutschlands das vordringlichste Ziel unserer Deutschlandpolitik, sondern vielmehr eine an den Realitäten und den Interessen und Bedürfnissen der Bürger in beiden deutschen Staaten orientierte Politik.

Es ist mit dem Gebot zur Wahrung der nationalen Einheit unvereinbar, das immer stärkere ökologische Gefälle zwischen den beiden deutschen Staaten hinzunehmen. Die in anderen Zusammenhängen immer wieder betonte Einheit der Nation fände in einer Verantwortungsgemeinschaft aller Deutschen für die Wiederherstellung und Erhaltung der natürlichen Umwelt, für eine effektive intrasystemare Umweltschutzpolitik, wie bei der Sicherheitspolitik und in Gegensatz zur Forderung nach staatlichen Wiedervereinigung, eine konstruktive Bedeutung.

Allerdings geht die SPD auch bei der DDR grundsätzlich von dem Verursacherprinzip aus. Die DDR ist zunächst einmal für die Beseitigung und die Verhinderung ihrer Umweltverschmutzung selbst verantwortlich. Sie hat daher auch die wirtschaftlichen und finanziellen Lasten ihrer Umweltschutzmaßnahmen zu verantworten und zu tragen.

Wenn wir Sozialdemokraten der DDR eine wirtschaftliche, technologische und auch finanzielle Unterstützung bei ihren Umweltschutzprojekten anbieten wollen, so geschieht dies

- aus dem eigennützigen Interesse, Umweltschäden durch die DDR und die damit verbundenen immensen Kosten in der BRD zu verhindern
- aus dem Wissen, daß die Wirtschaft der DDR in ihrer jetzigen Situation nicht in der Lage ist, ausschließlich aus eigener Kraft die notwendigen Maßnahmen mit der gebotenen Eile zu ergreifen
- aus der deutsch-deutschen Verantwortungsgemeinschaft für die nachfolgenden Generationen in beiden deutschen Staaten und im »gemeinsamen Haus Europa«
- aus dem Wunsch, im Sinne einer ökologischen Sicherheitspartnerschaft, auch auf dem Umweltschutzbereich eine möglichst große Interdependenz zwischen den beiden deutschen Staaten zu schaffen.

Wer die "besondere Verpflichtung" gegenüber der DDR Ernst nimmt, wer wirklich ein Interesse an Fortbestand der deutschen Nation hat, wird alles daransetzen, die Umwelt und damit die Lebensbedingungen in der DDR im Interesse Bürger in beiden deutschen Staaten zu verbessern. Dabei braucht die "besondere Sorge" um die Bürger in der DDR, nicht so weit zu gehen, daß man eine Politik auf der Basis von Geschenken oder "Notopfern" betreibt.

1.1. Finanzierungsmöglichkeiten

Zu welchen finanziellen deutschlandpolitischen Leistung ohne entsprechenden umweltpolitischen Gegenwert der DDR sogar diese Bundesregierung bereit ist, hat die letztes Jahr geschlossene Vereinbarung über die Transitpauschale deutlich gemacht. Diese Kosten umgerechnet, werden der DDR für die Abwicklung des Transit- und Reiseverkehrs mehr als 100.000 DM pro Stunde bezahlt.

Die SPD ist für die Zahlung der Transitpauschale. Aber bei den jetzt ab 1990 jährlich zu zahlenden 800 Mill. DM für den Transit nach Berlin, zuzüglich der 55 Mill für die Straßenbenutzung und 60 Mill DM für Baumaßnahmen an den Straßen in der DDR, sind die der DDR entstehenden Kosten nicht nur bei weitem gedeckt, es bleibt ein erheblicher Überschuß, der zu gemeinsamen, umweltpolitischen Maßnahmen hätte genutzt werden können. Solche beinhaltet diese Vereinbarung aber leider nicht

Desweiteren könnte die BRD auf die Rückzahlung von Schulden der DDR (z.B.: im Swing) überall dort verzichten, wo die DDR eine angemessene, ökologische Gegenleistung erbringt. So wäre z.B. die Sanierung der Elbe und der Weser von größter ökologischer und ökonomischer Bedeutung für die BRD selbst, und für die anderen Nordseeanrainerstaaten en passant.

Eine dritte Finanzierungsmöglichkeit für deutsch-deutsche Umweltschutzmaßnahmen wäre die Einrichtung eines zinslosen Überziehungskredites zweckgebunden für ökologische deutsch-deutsche Umweltschutzmaßnahmen, ein Umweltschutzswing. Dieser Umweltschutzswing wäre parallel zu dem bisherigen Swing im innerdeutschen Handel einzurichten und würde ausschließlich der Förderung ökologisch gerechter Leistungen in der DDR oder von deutsch-deutscher Bedeutung dienen. Im Gegensatz zu dem bisherigen Swing, der beibehalten werden soll, kann die DDR diese Schulden auch nur durch Umweltschutzleistungen, wie z.B. die Entwicklung von Umwelttechnologien oder den Verkauf von umweltfreundlichen erzeugten Produkten, zinsfrei abbauen. Mit Hilfe des Umweltschutzswing könnte eine ökologische Modernisierung in der DDR ermöglicht werden, da die finanziellen und technologischen Hemmnisse einer ökologischen Erneuerung abgebaut würden.

Die im Haushalt des Bumdesumweltministeriums eingestellten Mittel für Pilotprojekte beim deutsch-deutschen Umweltschutz müssen unbedingt ausgenutzt und in den folgenden Jahren stark heraufgesetzt werden.

Zu diskutieren wäre auch der Vorschlag des Deutschen Instituts für Wirtschaftsforschung in Berlin, gemeinsame Umweltschutzmaßnahmen über die Kreditanstalt für Wiederaufbau zu finanzieren. Man könnte bei dieser Kreditanstalt einen Umweltfond für deutsch-deutsche Umweltschutzmaßmahmen einrichten, über den solche Projekte gefördert werden, die von der DDR-Wirtschaft nicht getragen werden können (auch nicht über Kredite), die aber im gemeinsamen Interesse der beiden deutschen Staaten sind.

Schließlich sollte geprüft werden, inwieweit bundesdeutsche Haushaltsmittel (z.B.: das Uferstreifenprogramm des Landes Schleswig-Holstein) im deutsch-deutschen Grenzbereich grenzüberschreitend verwendet werden können

1.2. Abfallwirtschaft

2.149.878 t bundesdeutscher Abfall, darunter rund 700.000 t Sondermüll, wurden 1988 in die DDR exportiert. Damit trug und trägt die BRD zu einem wesentlichen Teil dazu bei, daß die DDR zur größten Müllkippe Europas wurde und dies auch bleibt.

Diese Deponien haben eine Kapazität von ca. 2,3 Mill. t/a. Die Gesamtkapazität der 26 größeren Sonderabfallverbrennungsanlagen in der Bundesrepublik Deutschland liegt derzeit bei ca. 740 000 t/a. Geht man wie der BMU von 5 Mill. t/a Sondermüll aus und berücksichtigt, daß ein Teil der zur Verbrennung gelangten Menge ebenfalls deponiert werden muß, so wird ein krasses Mißverhältnis zwischen Entstehungsmenge und Entsorgungskapazität deutlich.

In ihrer heutigen Lage ist die BRD im Bereich der Sondermüllentsorgung in eklatanter Weise von dem Abfallexport und damit von der Aufnahmebereitschaft anderer Staaten abhängig. Bisher war dies eine kostengünstige und bequemere »Lösung«. Aber ungeachtet der ethisch, moralischen Verwerflichkeit solchen Vorgehens, stellt sich allein schon aus wirtschaftlichen Aspekten die Frage, wie lange dieses St. Florians Prinzip noch eine »Lösung« sein kann.

Die legale Sondermüllbeseitigung kostet im Westen zwischen 300 und 4.000 DM pro Tonne. In Schönberg werden noch 140 DM pro Tonne bezahlt. Die DDR-Umweltschutzorganisation "Arche" kommentierte dies mit dem Vorwurf an die eigene Regierung: "Alleine die Gier nach Valuta bestimmt das Handeln."

1 Mill. t Müll, Bauschutt und Klärschlamm wird jährlich aus Westberlin auf die Deponien in der DDR transportiert - hinzu kommen 40.000 t Sondermüll - und das für nur 41,72 DM/t. Die Deponien Schöneiche und Deetz besitzen, wie fast alle Deponien der DDR, keine Basisabdichtung gegen das Versickern von Schadstoffen ins Grundwasser. So ließ das hessische Umweltministerium (CDU) keinen Zweifel daran, daß die DDR-Deponien in keiner Weise den ökologischen Anforderungen in der BRD genügen und in der BRD daher nicht genehmigt werden würden. Mit der Verbringung von hochgiftigem Sondermüll (z.B. Klärschlämmen) gefährden bundesdeutsche Stellen also bewußt die Gesundheit und das Leben von DDR-Bürgern und möglicherweise auch Trinkwasser in der BRD..

Eine Verbesserung der Koordination umweltpolitischer Aktivitäten zwischen den Ländern sowie mit dem Bund insbesondere in der Abfallentsorgung ist erforderlich. Zur Koordination umweltpolitischer Aktivitäten auch gegenüber der DDR empfiehlt sich ein ständiger Informationsaustausch in der Umweltministerkonferenz. Hinsichtlich der Abfallverbringung aus der BRD in die DDR sind, neben einer zentralen Datenerfassung und -auswertung beim Bundesminister, Absprachen über Mengen und Art sowie mit der DDR zu vereinbarende Entsorgungsstandards notwendig, um die Umweltgefahren für beide Staaten zu minimieren.

Die grenzüberschreitende Verbringung von Abfällen war eine denkbar ungünstige und nur befristet geplante Lösung. Mittlerweile hat sich diese "Lösung" der BRD-Müllprobleme fast schon etabliert und damit eine vernünftige Müllkonzeption in der BRD verhindert. Die Bundesregierung bleibt aufgefordert, endlich ein ökologisch sinnvolles Gesamtkonzept im Bereich der Abfallwirtschaft zu erarbeiten. Die SPD fordert, daß für Abfall, der exportiert werden soll, mindestens die gleichen Anforderungen an die Aufnahmestelle gestellt werden, wie sie in der BRD gelten. Kann dies von dem Aufnahmeland nicht gewährleistet werden, oder ist eine seriöse Prüfung und Kontrolle nicht möglich, müssen solche Transporte verboten werden.

Unabhängig von den angebotenen Entsorgungsstandards gilt: Schnellstmöglich muß der Müllexport gänzlich eingestellt werden und dem Verursacherprinzip Platz machen. Der Abfall muß dort entsorgt werden, wo er entsteht, wenn er schon nicht ganz vermieden werden kann. Die Müllvermeidung ist das oberste Ziel sozialdemokratischer Abfallpolitik.

1.3. Wasser

Die Oberflächengewässer der DDR kann man fast ausnahmslos als geschädigt betrachten, ein großer Teil ist jetzt schon biologisch tot. Die Wasserwerke sind in weiten Teilen der DDR an den Grenzen ihrer Leistungsfähigkeit angelangt, in vielen besonders belasteten Gebieten ist diese Grenze schon längst überschritten. Die Kläranlagen der DDR haben einen Stand "wie in den Entwicklungsländern".

Aufgrund der starken Belastung ist die Gewinnung von Trinkwasser aus der Elbe nur in begrenztem Umfang und unter sehr hohem Aufwand für die Aufbereitung möglich. Das Rohwasser aus der Elbe ist für die Tränke von Vieh und für Bewässerungszwecke in der Landwirtschaft ungeeignet und das Baden ist aus gesundheitlichen Gründen verboten. Nach einer Studie im Auftrag des Umweltbundesamtes der BRD müßten zur Sanierung der Elbe 180 DDR-Kläranlagen neu gebaut oder vorhandene verbessert werden. Geschätzte Kosten: 20 bis 30 Mill. DM.

Ein Kläranlagenprogramm für den gesamten Elbeverlauf ist dringend geboten, aber ein Sanierungskonzept, das ausschließlich an den Kläranlagen ansetzt, wäre zum einen viel zu kostenintensiv und griffe am falschen Punkt an. Nicht die Verunreinigungen mühsam und mit viel Aufwand aus der Elbe wieder herauszuholen, sondern dafür zu sorgen, das sie erst gar nicht hineinkommen, muß das Ziel eines vernünftigen Sanierungskonzeptes sein.

Auch am Elbeverlauf, wie in der gesamten DDR, würden eine ökologische Modernisierung der Industrie und eine umweltfreundlichere Landwirtschaft die effektivsten Maßnahmen zur Verbesserung der Umwelt darstellen. Dies wäre ein Schritt in eine notwendige Ursachenbekämpfung. Es bedarf auch im Fall der Elbe eines in sich geschlossenen, gemeinsam erarbeiteten Gesamtkonzeptes auf der Basis gesicherter Daten. Hier muß die DDR sich endlich von ihrer bisherigen Geheimniskrämerei verabschieden und sich zu einem offenen Datenaustausch und zu dem Aufbau eines gemeinsamen kompatiblen Meßsystems bereitfinden.

1.4. Energiewirtschaft

Im Bereich der Energiewirtschaft verzichtet die DDR fast völlig auf Energieträger wie Erdgas, Erdöl oder Steinkohle zur Energiegewinnung und setzt stattdessen zu rund 85% (1985) die heimische Braunkohle ein, den einzigen in nennenswerter Menge vorhandenen Bodenschatz der DDR. Dabei wird die Entwicklung umweltschonender Techniken in der Braunkohleverwertung oder gar alternativer, neuer und regenerierbarer Energiegewinnungsmethoden vernachlässigt oder versäumt. Unter den fossilen Brennstoffen ist aber die Braunkohle ökologisch der problematischste. Neben dem inzwischen bekanntesten Problem, der Schwefeldioxidemission, sind hier andere Schadstoffemissionen, Verunreinigungen der Gewässer, Landschafts- und Grundwasserschäden durch den Braunkohleabbau und die Probleme bei der Entsorgung der anfallenden Verbrennungsrückstände zu nennen. Die Braunkohle hat darüberhinaus einen relativ geringen Heizwert

Man hat im Bereich der Energiewirtschaft der DDR allgemein anerkannt folgende Eckwerte:

1. Der bisher größte Energieträger, die Braunkohle, reicht bis maximal 2040.
2. Die Qualität der Braunkohle nimmt in Zukunft immer mehr ab.
3. Die Kosten für die Förderung der Braunkohle werden steigen. (Aufwendige Abbaubedingungen)
4. Die Kosten für die Verwendung der immer minderwertigeren und mit immer höherem Aufwand geförderten Braunkohle werden steigen.
5. Braunkohle ist von der Energieausnutzung zur Stromgewinnung her gesehen mit der ungünstigste Energieträger. (niedrige Energieausbeute)
6. Abgesehen von der mangelhaften Technik in der DDR, sind allgemein die Umweltbelastungen durch die Verwendung von Braunkohle zur Energiegewinnung mit am höchsten von allen Energieträgern.
7. Der Aufwand für die dazu notwendige Umwelttechnik wird immer aufwendiger, technisch schwieriger und teurer.
8. Die DDR ist schon jetzt nicht mehr in der Lage, ein umfassendes Umweltprogramm technisch umzusetzen und vor allem zu finanzieren.

Daraus folgt, daß der Umstieg auf einen anderen Energieträger die sinnvollste Lösung wäre. Der idealste Fall wäre der Einsatz regenerativer Energieträger, aber aufgrund der selbst in den westlichen Industrienationen (leider einschließlich der BRD) noch nicht erreichten industriellen Produktion solcher Techniken und der Kosten, ist diese Lösung kurz und mittelfristig nicht zu realisieren. Langfristig muß dies aber das Ziel in beiden deutschen Staaten sein.

Es bleiben für kurz und mittelfristige Verbesserungen in der DDR drei traditionelle Energieträger; Erdöl, Erdgas und Steinkohle. Trotz der Kosten sollte sich die DDR dazu entschließen ihre Energiegewinnung darauf umzustellen. Abgesehen von dem damit erzielten umweltpolitischen Nutzen, sind die Einsparungen in Bereich der Braunkohle-Energiegewinnungskosten so hoch (mit steigender Tendenz), daß sich die Umstellung amortisiert. Bei den Umstellungskosten könnte die BRD über den Umweltswing eine Vorfinanzierung übernehmen.

Bei der Steinkohle, wäre die BRD nicht nur in der Lage, die Umstellung zu unterstützen, sondern sie könnte den Energieträger selbst liefern. Diese Lieferung würde den angeschlagenen, bundesdeutschen Steinkohlebergbau fördern und den betroffenen Regionen in der BRD eine spürbare Entlastung für die notwendige Umstrukturierung bringen.

Die Steinkohle wäre aufgrund der Produktionsersparnisse weitestgehend von der DDR selbst zu finanzieren.

Einsparung ergeben sich:

- Bei den Abbaukosten der Braunkohle
- Bei den Rekultivierungsmaßmahmen des Tagebaus
- Bei den Personalkosten für den Abbau und bei der Energiegewinnung

- Durch den Verzicht auf die kostspielige Verfeuerung der Salzkohle
- Bei der Beseitigung der größeren Menge an Verbrennungsrückständen
- Durch den weitgehenden Verzicht auf die stark umweltverschmutzenden Braukohleveredelungsanlagen
- Durch geringere Kosten bei der Reduzierung der Umweltbelastungen (u.a. Vereinbarung die SO2-Belastung um 30%)
- Durch die Reduzierung der Verschleißerscheinungen an den Kraftwerken, die durch die Verwendung minderwertiger Kohle entstehen
- Durch die wirtschaftlich bedeutende Entlastung des Transportwesens (vor allem der Bahn) in der DDR
- Durch den 3,7 mal höheren Heizwert als bei der Braunkohle.

Durch die Verwendung anderer Energieträger könnte sich die DDR ihre Braunkohlevorräte noch wesentlich länger als volkswirtschaftliche Reserve erhalten. Das Festhalten an dem Risikoenergieträger Kernenergie als Energiequelle der Zukunft wäre nicht mehr nötig.

1.5. Zusammenfassung:

Wie bei den osteuropäischen Staaten sind Reformen auch in der DDR langfristig nur denkbar und stabilisierbar, wenn es zu einschneidenden Veränderungen in der Wirtschaft kommt. Um die nötige Effektivierung und Modernisierung zu ermöglichen, bedarf es der Unterstützung des Westens. Der Umweltschutz eignet sich hierzu in vielfältiger Weise.

Förderung des Umweltschutzes in der DDR durch die BRD

- ist zunächsteinmal frei vom Systemgegensatz und damit intrasystemar gesehen ideologiefrei, denn der Umweltschutz ist anerkanntermaßen im Interesse aller Menschen und nur gemeinsam zu bewerkstelligen;
- verbessert die Umweltsituation in der DDR und der BRD;
- führt notwendigerweise zu einer Modernisierung der Unternehmen in der DDR;
- zu einer Steigerung der Investitionen in den unterschiedlichsten Wirtschaftsbereichen, sowohl in der DDR als auch in der BRD;
- zu einem Inovationsschub in der DDR und der BRD
- zu einer Senkung der Kosten für die Beseitigung von Umweltschäden in der BRD
- zu einer Stabilisierung des Reformprozesses in der DDR durch die Verbesserung der Lebensqualität und eine Steigerung der Versorgung der Bevölkerung durch die Belebung der Wirtschaft
- zu der Schaffung einer größeren Interdependenz zwischen den beiden deutschen Staaten, um die Entwicklung zu einem gemeinsamen »Europäischen Haus« unumkehrbar zu machen;
- ist ein Beitrag zur Verantwortungsgemeinschaft der beiden deutschen Staaten
- ist wirkliches Handeln im Interesse aller Deutschen und damit eine vernünftige Wahrnehmung des Verfassungsauftrages

In diesem Zusammenhang sollte man aber nicht immer wieder den historischen Begriff des Marshallplanes in die Diskussion werfen. Erstens ist er politisch behaftet und zweitens geht es den betroffenen Staaten um eine echte Zusammenarbeit und Partnerschaft und nicht um Almosen.

Man sollte auch keineswegs den Eindruck vermitteln, der Westen würde Wirtschaftshilfe uneigennützig und aus rein humanitären Gründen geben. Hinter Wirtschaftshilfen stehen harte wirtschaftliche Interessen; so die Schaffung von Absatzmärkten und Kaufkraft, die Förderung der heimischen Exportindustrie und Stärkung der eigenen Wirtschaftsmacht.

2. deutsch-deutsches Ökoinstitut

Mit der Entwicklung konkreter Pläne für die Umsetzung dieses Konzeptes einer ökologischen Sicherheitspartnerschaft könnte ein deutsch-deutsches Ökoinstitut beauftragt werden. Ein solches Ökoinstitut würde von beiden deutschen Staaten finanziert, unabhängig und autonom in allen Bereichen des deutsch-deutschen Umweltschutzes forschen. Es wäre mit Wissenschaftlern der unterschiedlichsten Fachrichtungen und Publizisten aus beiden deutschen Staaten zu besetzen und könnte in einer Erweiterung zu einem gesamteuropäischen Ökoinstitut weiterentwickelt werden.

Aufgabe dieses Ökoinstituts wäre es, zunächst einmal alle Umweltschäden zu ermitteln und zu erfassen, Lösungs- und Finanzierungsmöglichkeiten zu erarbeiten und Vorschläge für gesetzliche und staatliche Maßnahmen zum Schutz der Umwelt zu machen. In beiden deutschen Staaten wären alle Institutionen, Behörden und Unternehmen diesem Institut auskunftspflichtig.

III. Wirtschaft

1. deutsch-deutsches Investitionsschutzabkommen

Grundlage für jede effektive Wirtschaftshilfe ist das Zustandekommen eines deutsch-deutschen Investitionsschutzabkommen. Damit wäre die Bereitschaft der DDR verbunden ausländische Investitionen in ihrem Land zuzulassen, wobei über die Frage, ob dies nur in Form von Joint Venture oder in Form eigenständiger Firmengründungen möglich wäre noch geklärt werden müßte. Die bisherige Steuergesetzgebung der DDR müßte dieser neuen Situation angepaßt werden und die Gründung von klein- und mittelständischen Betrieben durch entsprechende steuerliche Anreize erleichtern. Denkbar wäre eine Begrenzung der Größe eigenständiger Betriebe in der DDR wie in Ungarn auf maximal 500 Angestellte.

2. ERP und Kreditanstalt für Wiederaufbau

Im Rahmen einer direkten Wirtschaftshilfe für die DDR erscheint die Förderung vor allem der kleinen und mittelständischen Unternehmen in effektivste Hilfe zu sein. Eine Belebung der DDR-Wirtschaft könnte hierdurch am schnellsten erreicht werden und dabei ließe sich ein Ausverkauf der DDR durch internationale Konzerne und das Großkapital verhindern lassen. Eine Beschränkung für selbständige, private Unternehmen auf eine Betriebsgröße von maximal 500 Angestellte und ein Zuschnitt des Steuer- und Förderungssystems darauf könnte die größten Gefahren, die der DDR durch das westliche Kapital drohen minimieren.

Für die Unternehmen in der DDR ist neben gesetzgeberischen Maßnahmen insbesondere die Verfügbarkeit von günstigen Krediten notwendig. Diese Kredite dürfen nicht zu einer Überschuldung der Unternehmen führen, sollten daher nur zu einer möglichst niedrigen Zinslast führen. Um einerseits die Unternehmen nicht nur den realen Kosten eines freien Kreditmarktes auszusetzen und andererseits die Unternehmen nicht zu Lasten einer ohnehin schon notwendigen Staatsverschuldung zu entlasten, sollte die Möglichkeit einer direkten Wirtschaftshilfe aus der BRD für kleine und mittelständige Unternehmen und Unternehmensgründungen in der DDR erwogen werden.

Unter der Voraussetzung, daß die Verantwortlichen in der DDR damit einverstanden sind, sollte die Bundesregierung das ERP-Wirtschaftsplangesetz auf die Förderung von Unternehmen und Unternehmensgründungen in der DDR ausdehnen. Das gleiche gilt für die Mittel aus der Kreditanstalt für Wiederaufbau.

3. Joint venture, Kompensationsgeschäfte und Handelszonen

In einer ersten Phase, solange in der DDR noch keine eigenständigen ausländischen Investitionen und Unternehmensgründungen möglich sind, könnten sich kleine und mittlere Unternehmen, sowie dauerhaft Großunternehmen des Westens auf joint venture mit staatlichen und privaten Unternehmen in der DDR beschränken. Hier kann man in der BRD auf die Erfahrungen in anderen Staaten des RGW zurückgreifen.

Außerdem kann in einer kurz und mittelfristigen Planung der Anteil an Kompensationsgeschäften mit Unternehmen in der DDR ausgebaut werden. Gerade im Bereich des Umweltschutzes eröffnet sich hier noch ein weites Feld.

Um die Möglichkeiten einer wirtschaftlichen Kooperation und neue Wege der Zusammenarbeit zu erproben, ohne sie sofort auf den gesamten Markt auszudehnen, bietet sich die Gründung von Handelszonen für gemeinsame Wirtschafts- und Forschungsprojekte an.

4. deutsch-deutsche Investitions- bzw. Ausgleichsbank

Um nicht auf Dauer die Kreditanstalt für Wiederaufbau mit zusätzlichen Aufgaben in der DDR zu betrauen oder um Bedenken der DDR gegen die Ausdehnung bundesdeutscher Förderungseinrichtungen auf die DDR abzubauen, sollte die Gründung einer eigenen deutsch-deutschen Investitionsbank vereinbart werden. Diese öffentliche Einrichtung hätte für den deutsch-deutschen Handel, für deutsch-deutsche Unternehmen und Unternehmensgründungen in der DDR ähnliche Aufgaben zu erfüllen wie die KfW in der BRD.

Für den Bereich der Beziehungen, in dem die BRD über die finanziellen Fähigkeiten der DDR hinaus, die Notwendigkeit sieht, deutsch-deutsche Kooperation zu fördern, sollte von Seiten der BRD eine Ausgleichsbank gegründet werden. Sie hätte als öffentliche Einrichtung die Aufgabe, beim Reise- und Zahlungsverkehr, dem grenzüberschreitenden Umweltschutz, bei Verkehr und Kommunikation tätig zu sein. Diese Form der Hilfe sollte sich aber auf Projekte beschränken, die in akutem beiderseitigen Interesse liegen und von der DDR in der gebotenen Zeit und/oder Größenordnung nicht geleistet werden können.

5. Institut für deutsch-deutsche Wirtschaftsfragen

Zur Ausgestaltung dieser und weiterer politischer Überlegungen für eine enge deutsch-deutsche Wirtschaftskooperation, zur Zuordnung konkreter Projekte zu den optimalen Lösungen, zur Beschreibung der Notwendigkeiten und Möglichkeiten und zur Gegenüberstellung von Wünschen aus der DDR und der BRD mit tatsächlich vorhandenen Ressourcen sollte ein Institut für deutsch-deutsche Wirtschaftsfragen gegründet werden. Dieses Institut müßte von beiden deutschen Staaten mit ausreichenden finanziellen Mitteln ausgestattet werden, die es ihrem Aufgabenkatalog gemäß unabhängig verwenden kann. Das Institut sollte mit Wissenschaftlern aus den unterschiedlichsten Fachbereichen und Publizisten aus beiden deutschen Staaten besetzt werden und Vorschläge für eine ökologische und soziale Wirtschaft in beiden deutschen Staaten und ihre Zusammenarbeit entwickeln.

IV. Gesellschafts- und Kulturpolitik

1. deutsch-deutsches Gesprächsforum (Büchler, MdB)

Für die Sicherung des Friedens in Europa tragen die beiden deutschen Staaten gemeinsam Verantwortung. Dies ist in Artikel 5 des Grundlagenvertrages sehr deutlich formuliert. Um diesem Auftrag gerecht zu werden, ist es notwendig, einen Stillstand in der Deutschlandpolitik zu vermeiden. Der innerdeutsche Dialog muß fortgesetzt werden, wenn es uns gelingen soll, neben der Friedenssicherung auch mehr Begegnungen zwischen den Menschen der beiden deutschen Staaten zu ermöglichen. Es darf nicht ausreichen, zu versuchen, sich solche Fortschritte allein über die Vergabe von Krediten zu erkämpfen, sondern es muß auch nach Wegen in der Deutschlandpolitik gesucht werden.

Ein solcher neuer Weg wäre die Schaffung eines Gesprächsforums, in dem sich Wissenschaftler, Journalisten, Publizisten, Sachverständige und Politiker aus der Bundesrepublik Deutschland und der DDR regelmäßig treffen, um der Deutschlandpolitik neue Impulse zu geben.

Ein solches Gesprächsforum sollte durch ein Kuratorium mit zwei Vorsitzenden an der Spitze geleitet werden. Bei beiden sollte es sich um erfahrene und geachtete Deutschlandpolitiker handeln. Dies wäre eine glaubwürdige Fortsetzung sozialliberaler Deutschlandpolitik.

Wie ein solches Gesprächsforum aussehen könnte, wird nachstehend beschrieben. Dieser Vorschlag wird der SPD-Bundestagsfraktion unterbreitet mit dem Ziel, einen entsprechenden Antrag im Deutschen Bundestag einzubringen und die Bundesregierung aufzufordern, konkrete Schritte in dieser Richtung zu unternehmen.

Konzeptentwurf für ein Gesprächsforum zur Deutschlandpolitik

Zielsetzung: Für die Sicherung des Friedens in Europa ist das Verhältnis der beiden deutschen Staaten an der Nahtstelle zwischen Ost und West von entscheidender Bedeutung. Stillstand in der Deutschlandpolitik kann somit auch weniger Sicherheit in Europa bedeuten.

Deshalb muß es für eine auf Friedenssicherung ausgerichtete Politik zu den Prioritäten gehören, die Deutschlandpolitik weiterzuentwickeln, um diese Aufgabe auf einer möglichst breiten Basis anzugehen und zu lösen, sollte ein Gesprächsforum gegründet werden, in dem sich Wissenschaftler, Journalisten, Künstler, Publizisten, Sachverständige und Politiker aus der Bundesrepublik Deutschland und der Deutschen Demokratischen Republik zu deutschlandpolitischen Diskussionen zusammenfinden. Dieses Gesprächsforum hätte die Aufgabe, Vorschläge zur Intensivierung des innerdeutschen Dialogs zu erarbeiten und Langzeitperspektiven in der Deutschlandpolitik aufzuzeigen. Weiterhin sollen Modelle für neue Formen der Zusammenarbeit entwickelt werden; ohne Behinderung durch Grenzen und die unterschiedlichen gesellschaftlichen Systeme. Es sollte Anregungen für Regierung, Parteien und gesellschaftliche Gruppen zur Fortentwicklung des innerdeutschen Dialogs geben. Themenbegrenzungen soll es nicht geben. Die Außenwirkung sollte mit der Durchführung von Diskussionsforen, Seminaren und anderen öffentlichen Veranstaltungen erreicht werden.

Zusammensetzung: Keine parteipolitische Einbindung, der Zugang zu den Gesprächsforen steht dem oben beschriebenen Personenkreis offen. Das einzubringende Sachwissen

	und Interesse und Engagement der Teilnehmer sind dabei entscheidende Kriterien. Dies gilt auch für die Teilnehmer aus der DDR. Die Regierungen der Bundesrepublik Deutschland und der DDR sollten ein Vorschlagsrecht für den zu benennenden Personenkreis erhalten. Es soll Wert gelegt werden auf die unterschiedliche parteipolitische Zugehörigkeit und die Teilnahme von Vertretern der DDR.
Organisation:	Träger dieses Gesprächsforums sollte die Bundesrepublik Deutschland und die DDR sein. Der Gesprächskreis sollte durch ein Kuratorium mit zwei Vorsitzenden an der Spitze geleitet werden. Bei beiden sollte es sich um erfahrene Deutschlandpolitiker handeln, die nach Möglichkeit weder in der Bundesrepublik noch in der DDR mit einem Regierungsamt betraut sind.
Finanzierung:	Zuschüsse des Bundes und der DDR. Das Forum hat keinen festen Sitz, sondern bedient sich für seine Veranstaltungen der politischen Stiftungen und Akademien in der Bundesrepublik und ähnlichen Einrichtungen der DDR.
Publikationen:	Ergebnisse des Forums und Referate sollten in angemessener Form veröffentlicht werden.
Tagungszeiträume:	Keine festen Termine, in lockerer Folge und bei Bedarf Seminare und öffentliche Veranstaltungen.

2. Gemeinsame kulturpolitische Institutionen (Duve)

Jetzt ist die Zeit gekommen für gemeinsame kulturpolitische Institutionen der DDR und der Bundesrepublik.

Die Opposition in der DDR strebt eine neue, auf Freiheit gegründete, von Zensur und Gängelung befreite Entfaltung von Kunst und Kultur an.

Auch die DDR-Regierung hat einen Wandel in der Kulturpolitik angekündigt.

Auf kulturellem Gebiet ist das gemeinsame Gewebe der Deutschen in den vergangenen 40 Jahren nie ganz zerrissen: Es gibt eine Literatur der Deutschen, ihr Vaterland ist die Muttersprache; Musik, Malerei, Theater und Film sind während der 40 Jahre nur vielfältige, oft schmerzliche Weise miteinander verbunden geblieben.

Diese Gemeinsamkeit kann nun, da die Zensur fallen wird, auch durch eine Institution dokumentiert werden:

Ich schlage eine **STÄNDIGE GEMEINSAME KULTURKONFERENZ** zwischen der DDR und der Bundesrepublik Deutschland vor, in der sich die Dachverbände des Kulturlebens, die Akademien der Künste, der Deutsche Kulturrat, die Schriftsteller-, Verleger- sowie andere große Verbände aus beiden Staaten versammeln können.

Wichtiges Merkmal dieser Ständigen Kulturkonferenz sollte ihre Staatsferne sein.

Für die Hilfe bei dringenden Aufgaben, die die Umgestaltung auf dem kulturellen Feld voranbringen sollen, wird ein von der Ständigen Kulturkonferenz verwalteter Kulturfonds gebildet. Die Aufgaben des Kulturfonds sollen aus einem Stiftungskapital bestritten werden, um auch künftig den überstaatlichen Charakter zu gewährleisten.

Das Stiftungskapital wird eingebracht durch einmalige Zuwendungen des Bundes- und der Länderhaushalte sowie des Staatshaushaltes der DDR. Das Ständige Sekretariat sollte paritätisch von den Verbänden und den öffentlichen Haushalten beider Staaten getragen werden.

Als besonders vordringliche Aufgaben des Fonds sehe ich:

- Förderung von Stipendien von DDR-Künstlern im westlichen Ausland.
- Starthilfen für neue kulturelle Institutionen, kleine Verlage, freie soziokulturelle Zentren, autonome Theatergruppen und vieles mehr, aber auch Übersetzungs- und Veröffentlichungshilfen für neue Verlage, die bisher nicht über eigene Deviseneinnahmen verfügen. Das gilt auch für neue unabhängige Kultur- und Literaturzeitschriften.
- Vordringlich wird finanzielle Hilfe zur Erhaltung schützenswerter Baudenkmäler in der DDR sein.
- Den notwendigen Modernisierungsmaßnahmen in der Industrie dürfen wichtige Zeugnisse der Industriekultur nicht zum Opfer fallen. Ich denke an die Hilfe bei der Einrichtung von Museen der Arbeit.
- Der Fonds der Ständigen Kulturkonferenz sollte rasch in der Lage sein, dem drohenden Massenausverkauf von Kulturgut der DDR entgegenzuwirken.

Über die Aufgabe dieses konkreten Kulturfonds hinaus muß die "**Ständige Gemeinsame Kulturkonferenz**" gerade in dieser gesamteuropäischen Aufbruchsituation übernationale, europäische Verantwortung übernehmen. Von Krockow hat einmal von dem "Patriotismus der Deutschen in weltbürgerlicher Absicht" gesprochen.

In diesem Geiste muß deutlich gemacht werden, daß die Bildung neuer gemeinsamer Einrichtungen nicht die Verabschiedung vom großen Ziel aufklärerischer Politik der Nachkriegszeit bedeutet: "Die Überwindung des egozentrischen Nationalstaates.

Im Gegenteil, in der gemeinsamen Kulturkonferenz, die im Bewußtsein geschichtlicher Zusammengehörigkeit arbeitet, kann der Patriotismus in weltbürgerlicher Absicht weit fundierter entfaltet werden und für die europäische und globale Verantwortung der Deutschen auch maßgeblicher nach innen werben, als es die rückwärtsgewandte Gegnerschaft der beiden Staaten bisher vermocht hatte.

Nicht Schlachten von gestern oder Träume von vorgestern sind die Aufgaben der gemeinsamen Kulturpolitik, sondern der Frieden in ganz Europa, der sich zum ersten Mal in der Geschichte des Kontinents auf Freiheit gründen kann."

V. Medien

DDR-Fernsehen in der BRD; Gemeinschafts- und Auftragsproduktionen (Hiller, MdB)

Die Entwicklungen in der DDR sind zur Zeit das beherrschende Thema in den Medien, nicht nur in der Bundesrepublik. Massendemonstrationen von 500.000 Menschen in Ostberlin und das Fernsehen der DDR überträgt live! In der Bundesrepublik hat aber nur ein kleiner Teil der Bevölkerung die Möglichkeit dies mitzuerleben. Die anderen sind auf Informationen aus zweiter Hand angewiesen.

Rein technisch wäre es kein Problem das DDR-Fernsehen in das Kabelnetz der Bundesrepublik einzuspeisen. Damit hätten auch Bundesbürgern, die nicht an der Grenze zur DDR wohnen, die Chance, die Aktuelle Kamera oder die neuerdings übertragenen Diskussionen über die Probleme und die zukünftige Entwicklung der DDR direkt zu sehen. Auch die Möglichkeit das DDR-Fernsehen über Satellit auszustrahlen sollte geprüft werden. Am idealsten wäre es, wenn das DDR-Fernsehprogramm mit den bundesdeutschen Programmen zusammen über die Sendeeinrichtungen der Bundespost in der gesamten in der gesamten BRD ausgestrahlt werden würden.

Es sollten nicht nur die Veränderungen in den Medien der DDR und insbesondere im Fernsehen zu mehr Wahrheit und Meinungspluralismus gelobt werden. Man könnte hier in der Bundesrepublik die Meinungs- und Informationsvielfalt entscheidend bereichern. Fernsehprogramme wie 3 SAT sind zwar schon dazu übergegangen die Aktuelle Kamera zeitversetzt zusenden, aber ein Ersatz für einen eigenen Kanal kann dies nicht sein.

Leider sind alle Bemühungen bisher an der Bundesregierung gescheitert. Angesichts der aktuellen Entwicklung in der DDR ist die Forderung das DDR-Fernsehen bundesweit auszustrahlen überfällig.

Die Gemeinschaftsproduktionen von bundesdeutschen öffentlichrechtlichen Fernsehanstalten und dem DDR-Fernsehen sind begrüßenswert aber noch zu selten. Insbesondere auf den Feldern Politik und Kultur sollte die Kooperation ausgebaut werden.

Entsprechendes gilt für den Rundfunk und die Printmedien.

VI. Umbenennung und Umgestaltung des BMB in Ministerium für Fragen der deutsch-deutschen Zusammenarbeit (Hiller, MdB)

Das bisherige Bundesministerium für innerdeutsche Beziehungen könnte nach einer drastischen Umgestaltung (Beendigung der Vertriebenenförderung durch dieses Ministerium; Aufgabe des Zuständigkeitsanspruches auf mehr als das Gebiet der BRD; Aufgabe der einseitigen Förderung vorwiegend revisionistischer Projekte; usw.) und Umbenennung in Ministerium für Fragen der deutschdeutschen Zusammenarbeit könnte die Aufgabe einer bundesdeutschen Koordinierungsstelle für alle vorgeschlagenen Konzepte haben und die Verbindungsstelle zu Bundestag, Bundesrat, Bundesregierung sein.

2. Chronik 1963 - 1990

Kontakte unter SPD-Beteiligung *kursiv* und weitere wichtige Daten GESPERRT.

1963

07.03.	Austausch von Handelsvertretungen zwischen der Bundesrepublik und Polen vereinbart
19.06.	SU und USA stellen die gegenseitige Störung von Rundfunksendungen ein
20.06.	Abkommen zwischen der SU und der USA über Errichtung einer direkten Nachrichtenverbindung "heißer Draht"
23.-26.06.	US-Präsident Kennedy zu Besuch in der Bundesrepublik und Berlin
15.07.	EGON BAHR LEGT IN DER EVANGELISCHEN AKADEMIE TUTZINGEN EIN NEUES KONZEPT DER DEUTSCHLAND-POLITIK VOR
05.08.	Abkommen über das Verbot von überirdischen Atomwaffenversuchen unterzeichnet begrenzter Atomteststopvertrag
11.10.	Adenauer erklärt seinen Rücktritt
16.10.	Erhard wird Bundeskanzler
17.10.	Austausch von Handelsvertretungen zwischen der Bundesrepublik und Rumänien vereinbart
09.11.	Austausch von Handelsvertretungen zwischen der Bundesrepublik und Ungarn vereinbart
22.11.	Ermordung Kennedys Johnson wird neuer Präsident
17.12.	*Protokoll zur Ausgabe von Passierscheinen für Westberliner zu Verwandtenbesuchen in Ost-Berlin unterzeichnet*

1964

02.01.	Ausgabe von neuen Personalausweisen in der DDR mit dem Vermerk "Bürger der Deutsche Demokratische Republik"
06.03.	Austausch von Handelsvertretungen zwischen der Bundesrepublik und Bulgarien vereinbart
25.04.	Ulbricht schlägt begrenzten Zeitungsaustausch mit der Bundesrepublik vor
11.06.	DAS "NEUE DEUTSCHLAND" DRUCKT BEITRÄGE AUS "DIE ZEIT" UND "SÜDDEUTSCHE ZEITUNG" AB
02.08.	BEGINN DES VIETNAMKRIEGES
14.08.	Vereinbarung über Wiederaufbau der Saale-Autobahnbrücke zwischen der DDR und der Bundesrepublik unterzeichnet
09.09.	Der Ministerrat der DDR gestattet Besuchsreisen von Rentnern in die Bundesrepublik
24.09.	*2. Passierscheinabkommen für Westberliner unterzeichnet*

14.10.	Chruschtschow wird von allen Funktionen entbunden Breschnew wird 1.Sekretär des ZK Kossygin Vorsitzender des Ministerrates
16.10.	Zündung der ersten chinesischen Atombombe
06.11.	Breschnew erklärt zum Jahrestag der Oktoberrevolution, daß die Existenz zweier deutscher Staaten die Grundlage für einen europäischen Frieden sei
25.11.	Die DDR-Regierung setzt mit Wirkung vom 01.12. den Mindestumtausch von DM-Beträgen in Ostmark für Reisende aus Westdeutschland und Westberlin fest

1965

04.02.	De Gaulle erklärt, das Deutschlandproblem müsse als historisch gewachsenes europäisches Problem europäisiert werden
24.02.-02.03.	ULBRICHT IN ÄGYPTEN
20.03.	Außenminister Gromyko erklärt in London, daß die Sowjetregierung eine Wiedervereinigung Deutschlands nicht mehr für möglich halte
01.-10.04.	Wegen einer von den Westalliierten genehmigten Bundestagssitzung am 07.04. in Berlin kommt es zur Sperrung der Zugangswege
08.04.	Staatsrat der DDR erklärt Berlin zur Hauptstadt der DDR
21.05.	Bundesaußenminister Schröder ist für die Aufnahme diplomatischer Beziehungen mit den Ostblockstaaten
19.09.	Wahlen zum 5. Deutschen Bundestag
08.10.	Das IOC beschließt zwei getrennte deutsche Mannschaften, aber mit gemeinsamer Fahne, Hymne und Emblem, bei den Olympischen Spielen 1968 zuzulassen
20.10.	Wiederwahl Erhards zum Bundeskanzler
23.10.	EKD-DENKSCHRIFT ZU DEN DEUTSCHEN OSTGEBIETEN UND DER VERSÖHNUNG MIT POLEN
25.11.	*3. Passierscheinabkommen für Westberliner*

1966

08.-22.01.	Außerordentlicher Landesparteitag der SPD-Schleswig-Holstein in Eutin - VERABSCHIEDUNG DER ENTSCHLIEßUNG NR.1
11.02.	*Offener Brief des ZK der SED an die SPD*
07.03.	*4. Passierscheinabkommen für Westberliner*
18.03.	*SPD-Antwort an das ZK der SED wird am 26.03. in der DDR veröffentlicht*
25.03.	Friedensnote der Bundesregierung an alle Regierungen der Welt
26.03.	*2. Offener Brief der SED an die SPD - ein Redneraustausch in Karl-Marx-Stadt und Essen wird vorgeschlagen*
14.04.	*2. SPD-Antwortbrief - Redneraustausch wird für Mai in Karl-Marx-Stadt und Hannover akzeptiert; in der DDR wird der Brief in Auszügen veröffentlicht*

27.-28.04.	12. ZK-Tagung der SED - Ulbricht fordert Verschiebung des Redneraustausches auf Juli
29.-30.04.	*Beginn technischer Vorbereitungen für einen Redneraustausch in Berlin*
09.05.	Bundestagsparteien und Regierung sind für den Redneraustausch zwischen SPD und SED - Sie einigen sich auf einen gemeinsamen Gesetzentwurf über die Sicherheit von SED-Rednern in der BRD vor Strafverfolgung
29.03.	*Offener Brief der SED an die SPD - fordert eine besondere Beratung über Abrüstung - die 2. Antwort der SPD wird vollständig veröffentlicht*
22.06.	*Brief Ulbrichts an Brandt - schlägt persönliche Aussprache der Parteiführungen vor*
23.06.	BUNDESTAG VERABSCHIEDET DAS GESETZ ÜBER FREIES GELEIT, DAS SED-FÜHRERN DAS ÖFFENTLICHE AUFTRETEN IN DER BRD ERMÖGLICHEN SOLL
16.07.	Indien erkennt die Existenz zweier deutscher Staaten an
22.11.	DDR kündigt die Mitarbeit in der alliierten Postabrechnungsstelle
30.11.	Bundeskanzler Erhard tritt zurück
01.12.	Große Koalition
13.12.	Regierungserklärung von Bundeskanzler Kiesinger
13.12.	Scheitern der Verhandlungen über ein 5. Passierscheinabkommen für Westberliner
31.12.	Ulbricht legt 10-Punkte-Programm für eine Konföderation vor

1967

31.01.	*Diplomatische Beziehungen zwischen der Bundesrepublik und Rumänien aufgenommen*
07.02.	Bundesregierung übermittelt der SU Entwurf einer Gewaltverzichtserklärung
23.03.	Erstes Gespräch zwischen USA und SU über Beschränkung der Raketenrüstung in Moskau
19.04.	Tod Adenauers
10.05.	*Brief Stophs an Kiesinger*
05.06.	Beginn des Sechstagekrieges
13.06.	*Kiesinger beantwortet Brief von Stoph*
03.08.	*Abkommen der Bundesregierung mit der CSSR über den Austausch von Handelsvertretungen mit beschränkten konsularischen Rechten*
06.-12.09.	De Gaulle betont in Polen die Zugehörigkeit Schlesiens und Danzigs zu Polen
18.09.	*Antwort Stophs auf Kiesinger-Brief*
21.11.	SU überreicht der Bundesregierung einen Entwurf für eine Gewaltverzichtserklärung und beharrt auf der Fortgeltung des Interventionsrechts gegen die Bundesrepublik aus der UN-Feindstaatenklausel

1968

05.01.	Dubcek wird Parteichef der KP der CSSR "PRAGER FRÜHLING"

31.01. Jugoslawien und Bundesrepublik nehmen die 1957 abgebrochenen Beziehungen wieder auf

14.03. Erster Bericht zur Lage der Nation im Bundestag

09.04. Neue Verfassung in der DDR tritt in Kraft

11.04. Beginn der Studentenunruhen in mehreren Großstädten in der Bundesrepublik April Behinderungen des Transitverkehrs durch die DDR

30.05. Bundestag beschließt die "Notstandsgesetze"

08.06. Ulbricht lehnt den von ihm selbst 1966 vorgeschlagenen Zeitungsaustausch ab 11.06. Einführung des Paß- und Visumzwangs und Erhöhung des Mindestumtausches

24.-25.06. Nato-Ratstagung schlägt den Warschauer Vertragsstaaten Verhandlungen über beiderseitige ausgewogene Truppenreduzierung vor

01.08. Mit Inkrafttreten des 8. Strafrechtsänderungsgesetzes ist die freie Einfuhr von Zeitungen aus der DDR ins Bundesgebiet befristet bis zum 31.03.1969 genehmigt

09.08. Ulbricht macht Bonn Vorschläge zur "friedlichen Koexistenz"

20.-21.08. EINMARSCH DER TRUPPEN DES WARSCHAUER VERTRAGS IN DIE CSSR

13.10. IOC beschließt künftige Olympiateilnahme der DDR mit eigener Flagge und Hymne

05.11. Nixon neuer amerikanischer Präsident

06.12. *Vereinbarung über die Swing-Regelung*

1969

06.02.-05.03. Behinderungen im Berlinverkehr wegen der Tagung der Bundesversammlung in Berlin

02.-15.03. Bewaffnete Grenzstreitigkeiten zwischen China und SU am Ussuri

02.03. WAHL VON HEINEMANN ZUM BUNDESPRÄSIDENTEN

30.05. Bundesregierung beschließt flexible Handhabung der Hallstein-Doktrin

10.06. Die evangelischen Landeskirchen in der DDR treten aus der EKD aus und gründen den Bund der evangelischen Kirchen in der DDR

12.09. SU schlägt Bonn die Aufnahme von Gewaltverzichtsgesprächen vor

16.09. *Verkehrsverhandlungen zwischen Beauftragten beider deutscher Regierungen*

28.09. Wahlen zum 6. Deutschen Bundestag

29.09. Die DDR ratifiziert den Atomwaffensperrvertrag

07.10. Breshnew erklärt in Ost-Berlin, daß Moskau auf eine Wende zum Realismus" in Bonn "entsprechend reagieren" würde

21.10. BILDUNG DER SOZIAL-LIBERALEN KOALITION
Umbenennung des Ministeriums für Gesamtdeutsche Fragen in Ministerium für innerdeutsche Beziehungen

28.10. REGIERUNGSERKLÄRUNG VON BUNDESKANZLER BRANDT

17.11. Beginn der SALT-Gespräche in Helsinki

25.11. Bundesregierung bietet Polen Verhandlungen ohne Vorbedingungen an

28.11. Bundesregierung unterzeichnet Atomwaffensperrvertrag

17.12.	*Der Vorsitzende des Staatsrates der DDR, Ulbricht übermittelt Bundespräsident Heinemann den Entwurf eines Vertrages über die Aufnahme gleichberechtigter Beziehungen zwischen beiden deutschen Staaten*
20.12.	*Bundespräsident Heinemann antwortet Ulbricht und begrüßt den Verhandlungswillen*

1970

14.01.	Bericht zur Lage der Nation
22.01.-18.02.	*Briefwechsel zwischen Brandt und Stoph zur Vorbereitung einer ersten Begegnung*
19.03.	*Stoph und Brandt treffen sich in Erfurt*
26.03.	Beginn der Viermächte-Verhandlungen über Berlin
29.04.	Einigung über Kostenausgleich und über die Schaltung zusätzlicher Fernsprech- und Fernschreibverbindungen zwischen der Bundesrepublik und der DDR
21.05.	*Zweites Treffen zwischen Stoph und Brandt (20 Punkte-Grundsätze)*
22.05.	*Staatssekretär Bahr und Außenminister Gromyko schließen in Moskau einen vorbereiteten Meinungsaustausch über Fragen eines deutsch-sowjetischen Gewaltverzichts ab*
22.-26.06.	*Rumäniens Ministerpräsident Maurer zu Besuch in der Bundesrepublik*
12.08.	BRANDT/SCHEEL UND KOSSYGIN/GROMYKO UNTERZEICHNEN DEN MOSKAUER VERTRAG ZWISCHEN DER BUNDESREPUBLIK DEUTSCHLAND UND DER SOWJETUNION
27.11.	*Beginn des Dialogs zwischen den Staatssekretären Bahr und Kohl*
07.12.	BRANDT/SCHEEL UND CYRANKLEWICZ/JEDRYCHOWSKI UNTERZEICHNEN DEN WARSCHAUER VERTRAG ZWISCHEN DER BUNDESREPUBLIK DEUTSCHLAND UND DER VOLKSREPUBLIK POLEN

1971

28.01.	Bericht zur Lage der Nation
10.03.	Der Bundestag hebt die Beschränkung für den Bezug von DDR-Publikationen unbefristet auf
03.09.	UNTERZEICHNUNG DES VIERMÄCHTE-ABKOMMENS ÜBER BERLIN
16.09.	*Brandt bei Breschnew auf der Krim*
20.09.	*Vereinbarungen des Senats von Berlin und der Regierung der DDR über Reise- und Besucherverkehr sowie über Gebietsaustausch. Danach konnten erstmals Bewohner von Berlin (West) generell wieder den Ostteil der Stadt und die DDR besuchen*
30.09.	*Unterzeichnung eines Protokolls über Verhandlungen zwischen den Delegationen der Postministerien der beiden deutschen Staaten, in dem auch Regelungen, die Berlin (West) betreffen, enthalten sind*
20.10.	Brandt erhält den Friedensnobelpreis
03.12.	DAS VIER-MÄCHTE-ABKOMMEN ÜBER BERLIN WIRD UNTERZEICHNET
17.12.	*Bahr und Kohl unterzeichnen das Transitabkommen*

1972

20.01.	*Bahr und Kohl beginnen Verhandlungen über einen Verkehrsvertrag*
23.02.	Bericht zur Lage der Nation
27.04.	KONSTRUKTIVES MIßTRAUENSVOTUM MIT BARZEL ALS KANZLER-KANDIDATEN WIRD ABGELEHNT
09.05.	Die Bundestagsparteien einigen sich auf eine gemeinsame Entschließung zu den Ostverträgen, die die Ratifizierung ermöglicht
17.05.	BUNDESTAG VERABSCHIEDET DIE VERTRÄGE VON MOSKAU UND WARSCHAU
22.-30.05.	UNTERZEICHNUNG VON SALT I IN MOSKAU
26.05.	*Bahr und Kohl unterzeichnen den Verkehrsvertrag*
03.06.	VIERMÄCHTESCHLUßPROTOKOLL. DAMIT TRETEN DAS VIER-MÄCHTE-ABKOMMEN, DAS TRANSITABKOMMEN UND DIE VEREINBARUNGEN ZWISCHEN DEM SENAT VON BERLIN UND DER REGIERUNG DER DDR IN KRAFT. DIE VERTRÄGE VON MOSKAU UND WARSCHAU TRETEN IN KRAFT
21.07.	*Vereinbarung zwischen Senat von Berlin und Regierung der DDR über Gebietsübertragung*
24.07.	Eröffnung des Selbstwählfernsprechdienstes von Berlin (West) aus mit 32 Ortsnetzen im Bereich der DDR
16.08.	*Beginn der Verhandlungen zum Grundlagenvertrag*
22.09.	Vertrauensfrage Brandts führt zur Auflösung des Bundestages
25.09.	Eisenbahngrenzübereinkommen
03.10.	SALT I TRITT IN KRAFT
16.10.	Verkündigung des Gesetzes zur Regelung von Fragen der Staatsbürgerschaft der DDR
17.10.	Der Verkehrsvertrag tritt in Kraft
09.11.	Die Viermächte bestätigen, daß ihre Recht in Deutschland fortbestehen und daß sie die Anträge der beiden deutschen Staaten auf Mitgliedschaft in der UNO unterstützen werden
19.11.	Wahlen zum 7. Deutschen Bundestag
21.11.	SALT II beginnt in Genf
21.12.	**BAHR UND KOHL UNTERZEICHNEN DEN GRUNDLAGENVERTRAG**

1973

18.01.	Bericht zur Lage der Nation
31.01.	*Die im Grundlagenvertrag vorgesehene Grenzkommission konstituiert sich.*
08.02.	*Expertengespräche - bis zum 15.10. - über die Schaffung von Arbeitsmöglichkeiten für Journalisten in Ausführung des entsprechenden Briefwechsels zum Grundlagenvertrag*

10.05.	Unterzeichnung einer Vereinbarung über den Ausgleich von Schäden aus Kfz-Unfällen
11.05.	DER BUNDESTAG STIMMT DEM GRUNDLAGENVERTRAG ZU UND BESCHLIEßT DAS GESETZ ÜBER DEN BEITRITT DER BUNDESREPUBLIK DEUTSCHLAND ZUR CHARTA DER VEREINTEN NATIONEN
18.-22.05.	Breschnew in Bonn
21.06.	Der Grundlagenvertrag tritt in Kraft
03.-07.07.	KSZE-Außenministerkonferenz in Helsinki
05.07.	Aufnahme des grenznahen Verkehrs in die DDR
31.07.	DAS BUNDESVERFASSUNGSGERICHT BESTÄTIGT DIE VERFASSUNGSMÄßIGKEIT DES GRUNDLAGENVERTRAGES
18.09.	BUNDESREPUBLIK DEUTSCHLAND UND DDR WERDEN IN DIE UNO AUFGENOMMEN
20.09.	Zwei Vereinbarungen aufgrund von Vorschlägen der Grenzkommission
30.10.	Beginn der MBFR-Verhandlungen in Wien
05.11.	Die DDR ordnet die Verdoppelung der Mindestumtauschsätze an
23.11.	*Beginn der Verhandlungen über den Abschluß eines Abkommens über den Umweltschutz*
27.11.	*Beginn der Verhandlungen über ein Abkommen auf dem Gebiet der Kultur*
30.11.	*Beginn der Verhandlungen über ein Abkommen über die Zusammenarbeit auf den Gebieten von Wissenschaft und Technik*
11.12.	UNTERZEICHNUNG DES PRAGER VERTRAGES UND AUFNAHME DIPLOMATISCHER BEZIEHUNGEN ZWISCHEN DER BUNDESREPUBLIK DEUTSCHLAND UND DER CSSR

1974

24.01.	Bericht zur Lage der Nation
14.03.	*Protokoll über die Errichtung der Ständigen Vertretungen*
24.04.	SPIONAGE-AFFÄRE GUILLAUME IN BONN
25.04.	Unterzeichnung des Gesundheitsabkommens Unterzeichnung einer Vereinbarung über den Transfer von Unterhaltszahlungen Unterzeichnung einer Vereinbarung über den Transfer aus Guthaben in bestimmten Fällen
02.05.	*Die Ständigen Vertretungen in Bonn und Berlin (Ost) nehmen ihre Arbeit offiziell auf*
06.05.	BRANDT TRITT WEGEN DER GUILLAUME-AFFÄRE ZURÜCK
08.05.	Unterzeichnung eines Protokolls zwischen DSB und DTSB
17.05.	Regierungserklärung des neuen Bundeskanzlers Schmidt
25.07.	Errichtung des Umweltbundesamtes in Berlin (West)
30.07.	DDR-Grenzorgane verweigern einem leitenden Beamten des Umweltbundesamtes die Durchreise nach Berlin (West)
08.08.	Nixon tritt wegen der Watergate-Affäre zurück
09.08.	Ford wird neuer US-Präsident

07.10.	Gesetz zur Änderung der Verfassung der DDR
28.-31.10.	*Schmidt und Genscher in Moskau*
05.11.	DDR-Anordnung über die Herabsetzung der Mindestumtauschsätze mit Wirkung vom 15.11.
09.12.	Vorschläge der DDR-Regierung zur Verbesserung des Berlin-Verkehrs
11.-12.12.	Unterzeichnung eines 20-Jahre-Abkommens durch den Senat von Berlin und die Regierung der DDR über die Verbringung von Abfallstoffen
12.12.	Vereinbarung über Fortführung der Swing-Regelung
20.12.	Verbesserung des Reiseverkehrs in der DDR

1975

23.01.	Beginn der Verhandlungen über die Ausbeutung des Erdgasvorkommens Wustrow/Salzwedel
30.01.	Bericht zur Lage der Nation
30.07.-01.08.	KSZE IN HELSINKI *Treffen Schmidt - Honecker am Rande der Konferenz*
01.08.	UNTERZEICHNUNG DER SCHLUßAKTE DER KONVERENZ ÜBER SICHERHEIT UND ZUSAMMENARBEIT IN EUROPA (KSZE) IN HELSINKI
07.10.	Vertrag über Freundschaft, Zusammenarbeit und gegenseitige Hilfe zwischen der DDR und der UdSSR
29.10.	Übereinkommen über Rettungsmaßnahmen an der Berliner Sektorengrenze
16.09.	Spiegel-Korrespondent Mettke wird aus der DDR ausgewiesen
19.12.	Vereinbarung über den Berlin-Verkehr Protokoll über die Neufestsetzung der Transitpauschale

1976

01.01.	Das Gesundheitsabkommen tritt in Kraft
29.01.	Bericht zur Lage der Nation
30.03.	Unterzeichnung des Postabkommens
09.04.	USA und SU vereinbaren Abkommen über unterirdische Atomversuche für friedliche Zwecke
19.05.	Unterzeichnung einer Vereinbarung über den Abbau des grenzüberschreitenden Braukohlevorkommens im Raum Helmstadt/Harbke
08.12.06.	*Polnischer Parteichef Gierek in der Bundesrepublik*
01.07.	Das Postabkommen tritt in Kraft
03.10.	Wahlen zum 8. Deutschen Bundestag
16.11.	Der Liedermacher Biermann wird ausgebürgert
16.12.	Bericht zur Lage der Nation
22.12.	ARD-Fernsehkorrespondent Loewe wird aus der DDR ausgewiesen

1977

11.01.	Kontrollmaßnahmen gegen Besucher der Ständigen Vertretung der Bundesrepublik Deutschland in Berlin (Ost) führen zu einem Protest der Bundesregierung
27.09.	Besuch einer Delegation des FDGB beim DGB
16.06.	Breschnew wird Staatsoberhaupt
04.10.	Beginn des KSZE-Folgetreffens in Belgrad
19.10.	Unterzeichnung eines Briefwechsels über die Postpauschale 1977-1982
31.10.	*Beginn der Verhandlungen über ein Abkommen auf dem Gebiet der Veterinärmedizien*
21.-25.11.	*Bundeskanzler Schmidt in Polen*
22.12.	Unterzeichnung eines Briefwechsels über den Ausbau des Autobahngrenzübergangs Helmstedt/Marienborn

1978

06.-07.01.	*Schmidt als erster Bundeskanzler in Rumänien*
10.01.	Die DDR schließt das Büro des "Spiegel" in Berlin (Ost)
28.01.	*Staatsminister Wischnewski konferiert mit SED-Politbüromitglied Axen*
09.03.	Bericht zur Lage der Nation
10.-13.04.	*Staatsbesuch des CSSR-Präsidenten Husák in Bonn*; Kulturabkommen abgeschlossen
03.05.	Unterzeichnung einer Vereinbarung über die Regelung von Fragen betreffend die Eckertalsperre und die Eckerfernwasserleitung
04.-07.05.	*Breschnew in Bonn*; langfristiges Abkommen über wirtschaftliche Zusammenarbeit
21.05.	Teilnahme einer Delegation des FDGB am 11. ordentlichen Kongreß des DGB
30.-31.05.	Nato-Gipfelkonferenz in Washington verabschiedet langfristiges Verteidigungsprogramm gegen die sowjetische Aufrüstung
21.06.	*Beginn der Verhandlungen über Verbesserungen in Zahlungsverkehr*
06.07.	Ewald Moldt wird Nachfolger von Dr. Michael Kohl als Leiter der Ständigen Vertretung der DDR in Bonn
13.-16.07.	US-Präsident Carter zu Besuch in der Bundesrepublik und in Berlin
11.09.	*Als erster Fachminister besucht der Bundesminister für Raumordnung, Bauwesen und Städtebau, Dr. D. Haack, die DDR*
17.09.	Unterzeichnung der Friedensregelung von Camp David
16.11.	Unterzeichnung der Vereinbarung über den Bau einer Nordautobahn, über die Reparatur der Transitwasserstraßen nach Berlin (West), die Wiedereröffnung des Teltow-Kanals, die Festlegung der Transitpauschale von 1980 bis 1989 und den Zahlungsverkehr
29.11.	Unterzeichnung des Protokolls über die Überprüfung, Erneuerung und Ergänzung der Markierung der zwischen der Deutsche Demokratische Republik und der Bundesrepublik Deutschland bestehenden Grenze, die Grenzdokumentation und die Regelung sonstiger mit dem Grenzverlauf im Zusammenhang stehender Probleme

10.12. Anti-Schah-Demonstrationen in Theheran
" " " in Hamburg, Frankfurt und Berlin

14.12. Knappe Mehrheit im Bundestag für den Weiterbau des Schnellen Brüters in Kalkar

14.12. Zustimmung des Bundestages zur zweiten Fortschreibung des Energieprogramms der Bundesregierung

23.12. SALT II Gespräche beendet

1979

01.01. USA nehmen Diplomatische Beziehungen mit Volksrepublik China auf, die Beziehungen zu Taiwan werden abgebrochen.

02.01. Im Grenzkrieg zwischen Vietnam und Kambodscha Großoffensive der Vietnamesen

04.-06.01. GIPFELTREFFEN DER REGIERUNGSCHEFS DER USA, GROßBRITANNIENS, FRANKREICHS UND DER BUNDESREPUBLIK DEUTSCHLAND AUF GUADELOUPE

07.01. Eroberung der kambodschanischen Hauptstadt Phnom Penh durch die provietnamesische Befreiungsfront Kambodschas

08.01. Bildung des Revolutionsrates für Kambodscha, Pol Pot gestürzt

15.01. Besuch des sowjetischen Justizministers Terebilow in der Bundesrepublik Deutschland

16.01. Der Schah verläßt den Iran

22.01. Enttarnung von fünf DDR-Spionen

23.01.-16.02. Erste Verhandlungen zwischen der Sowjetunion und den USA in Bern über das Verbot der "Killer-Satelliten"

01.02. Rückkehr des Schiitenführers Khomeini nach Iran

04.02. Auseinandersetzung zwischen Regierung und Opposition nach einer Äußerung des SPD-Fraktionsvorsitzenden Herbert Wehner, die sowjetische Rüstungspolitik sei defensiv

09.02. Änderung der deutschen Mannschaftsbezeichnung durch das NOK, sie soll in Zukunft nicht mehr unter der Bezeichnung "Deutschland" sondern unter "Bundesrepublik Deutschland" starten

17.02. Einheiten der chinesische Armee dringen in das Nachbarland Vietnam ein

27.02.-02.03. Besuch des SPD-Fraktionsvorsitzenden Herbert Wehner in Ungarn

05.03. Beginn des Rückzugs chinesischer Truppen aus Vietnam

08.03. Sicherheitsdebatte im Deutschen Bundestag

13.03. Anläßlich der Leipziger Messe konferiert der Bundeswirtschaftsminister Graf Lambsdorff mit SED-Politbüromitglied Mittag

14.-15.03. Nahostmission des amerikanischen Präsidenten Jimmy Carter

16.03. Bemühungen Albaniens um Normalisierung der Beziehungen zur Bundesrepublik Deutschland

18.03. Landtagswahlen in Rheinland-Pfalz
Wahlen zum Berliner Abgeordnetenhaus

23.03.	Beginn der Verhandlung über gegenseitige Kfz Steuerbefreiung
26.03.	Unterzeichnung des Friedensvertrages zwischen Israel und Ägypten in Washington
28.03.-03.04.	Schwerer Defekt im Kernkraftwerk bei Harrisburgh
10.04.	Untersuchung der Überwachungspraktiken des Bundesnachrichtendienstes durch den Bundesinnenminister
11.04	Erlaß einer Verordnung über die Tätigkeit ausländischer Korrespondenten in der DDR, Die Bundesregierung protestiert am 17.04. gegen diese Maßnahmen, "die die journalistische Freiheit faktisch unterbinden, indem sie etwa Interviews und Reisen von vorherigen Genehmigungen abhängig machen". Die DDR weist den Protest als Einmischung in die inneren Angelegenheiten der DDR zurück
25.04.	Kontroverse zwischen Innenminister und dem Leiter des Bundeskriminalamtes über Dateien und Karteien des BKA
29.04.	Landtagswahlen in Schleswig-Holstein
02.-04.05.	Besuch von Bundeskanzler Helmut Schmidt in Bulgarien
09.05.	ABSCHLUß DER VERHANDLUNGEN ÜBER SALT II
14.05.	ZDF-Korrespondent Peter van Loyen wird aus der DDR ausgewiesen
17.05.	Im Bundestag Bericht zur Lage der Nation
07.-10.06.	Erste Direktwahlen zum Europäischen Parlament
18.06.	UNTERZEICHNUNG VON SALT II DURCH CHARTER UND BRESCHNEW IN WIEN
28.06.	Beschluß der DDR-Volkskammer die Berliner Abgeordneten nicht mehr zu ernennen sondern direkt wählen zu lassen, Antwort der DDR auf die Entsendung Westberliner Abgeordneten in das Europäische Parlament. Protest der Bundesregierung und der Opposition gegen die einseitige Veränderung des Status von Berlin und Verletzung des Viermächteabkommens
02.07.	Franz Josef Strauß zum Kanzlerkandidaten der Union gewählt
17.07.	Ende der 42 jährigen diktatorischen Herrschaft der Familie Somoza in Nicaragua
04.-06.09.	Besuch des Bundeskanzlers Helmut Schmidt in Ungarn
04.09.	"VERTEIDIGUNGSWEIßBUCH 1979 ZUR SICHERHEIT DER BUNDESREPUBLIK DEUTSCHLAND UND DER ENTWICKLUNG DER BUNDESWEHR" VORGELEGT
04.-06.10.	Einseitige Truppen- und Rüstungsreduzierungen um 20 000 Soldaten und 1 000 Panzer durch den sowjetischen Parteichef Breschnew angekündigt; Forderung an den Westen keine neuen Raketensysteme zu stationieren
07.10.	Wahlen zur bremischen Bürgerschaft
11.-12.10.	Außenminister Genscher besucht Rumänien
21.-28.10.	Besuch des chinesischen Partei- und Regierungschefs Hua Guofeng in der Bundesrepublik Deutschland
29.10.	Giscard d' Estaing in Berlin
31.10.	Unterzeichnung des Rahmenabkommens über die Befreiung von Straßenfahrzeugen von Steuern und Gebühren
04.11.	Besetzung der amerikanischen Botschaft in Teheran
12.-14.11.	USA stoppen Öleinfuhr aus dem Iran

13.11.	Vorschlag von Bundeskanzler Helmut Schmidt, 1000 Nuklearsprengköpfe aus Europa abzuziehen
21.11.	Der amerikanische Präsident Jimmy Carter droht dem Iran mit militärischen Maßnahmen
22.-24.11.	Besuch des sowjetischen Außenministers Gromyko in der Bundesrepublik Deutschland
23.11.	JOCHEN STEFFEN, EHEMALIGER LANDESVORSITZENDER DER SPD IN SCHLESWIG-HOLSTEIN, ERKLÄRT SEINEN AUSTRITT AUS DER SPD
03.-07.12.	BUNDESPARTEITAG DER SPD IN BERLIN, Wiederwahl Willy Brandts zum Vorsitzenden und Helmut Schmidts zum Stellvertreter sowie die Wahl von Hans-Jürgen Wischnewski als Nachfolger des nicht mehr kandidierenden Hans Koschnick zum zweiten Stellvertreter
05.12.	Erneute Warnung des sowjetischen Außenministers Gromyko vor der Stationierung neuer nuklearer Mittelstreckenraketen in Westeuropa durch die Nato; Nach Ankündigung durch Parteichef Breschnew, 20 000 Soldaten und 1 000 Panzer aus der DDR abzuziehen, verlassen die ersten Einheiten die DDR, Abschluß der Rückverlegung Sep. 1980
06.12.	Das niederländische Parlament entscheidet sich mit 76 zu 69 Stimmen gegen die Stationierung der Mittelstreckenraketen
12.-14.12.	Nato-Ministerratstagung in Brüssel; Beschluß, in der Bundesrepublik Deutschland, Großbritannien und Italien nukleare Mittelstreckenraketen zu stationieren; Angebot an die Warschauer Vertragsstaaten, Rüstungskontrollverhandlungen zu führen
15.12.	Erweiterung des grenznahen Verkehrs durch die DDR
21.12.	Unterzeichnung des Veterinärabkommens mit der DDR
28.12.	Erklärung der Sowjetunion, Intervention sei auf der Basis des Freundschaftsvertrags mit Afghanistan von 1978 erfolgt
30.12.	*Verschiebung des Treffens zwischen dem Bundeskanzler Helmut Schmidt und dem Staatsratsvorsitzenden Erich Honecker wegen der Nachwirkung des sowjetischen Einmarsches in Afghanistan "auf einen für beide Seiten geeigneten Zeitpunkt"*

1980

03.01.	Weltweiter Protest gegen den sowjetischen Einmarsch in Afghanistan
12.-13.01.	Gründungskongreß der "Grünen" in Karlsruhe
14.01.	Votum der UN-Vollversammlung gegen Moskau für den sofortigen Abzug aller Truppen aus Afghanistan
30.01.	*Der ursprünglich für Feb. oder März vorgesehene Arbeitsbesuch von Bundeskanzler Schmidt in der DDR wird auf Wunsch der DDR verschoben*
11.02.	Bundeskanzler Helmut Schmidt erläutert der Sowjetunion in einem Brief die Haltung der Bundesregierung zur internationalen Lage
15.02.	Rücktritt des polnischen Ministerpräsidenten Jaroszewicz nach heftiger Kritik an seiner Wirtschaftspolitik. Nachfolger Edward Babiuch

11.03.	*Gespräch zwischen Bundesminister Ertel und DDR-Außenhandelsminister Sölle in Leipzig*
16.03.	Landtagswahlen in Baden-Württemberg
17.03.	DER SPD-BUNDESVORSTAND BESCHLIEßT BUNDESTAGSWAHLPROGRAMM
20.03.	Im Bundestag Bericht zur Lage der Nation
04.04.	Ankündigung eines drastischen Sparprogramms zur Sanierung der polnischen Wirtschaft
16.-18.04.	*Besuch von Günter Mittag, Mitglied des ZK der SED, in der Bundesrepublik Deutschland*
20.04.	SPD-SICHERHEITSKONGREß IN KÖLN
22.04.	EG beschließt Waffenembargo gegen den Iran
23.04.	Empfehlung des Deutschen Bundestages an das NOK, die Olympischen Spiele in Moskau zu boykottieren
25.04.	Amerikanische Militäraktion zur Befreiung der Geiseln
27.04.	Landtagswahlen im Saarland
06.05.	Schwere Krawalle bei der öffentlichen Vereidigung von Bundeswehrsoldaten in Bremen
08.05.	*Auch das zweite Treffen Schmidt/Honecker findet in internationalen Rahmen, anläßlich der Trauerfeierlichkeiten für den verstorbenen jugoslawischen Staatspräsidenten Tito, statt*
11.05.	Landtagswahlen in Nordrhein-Westfalen
27.05.	*Bundesforschungsminister Hauff zu Besuch in Ost-Berlin*
09.-10.06.	BUNDESPARTEITAG DER SPD IN ESSEN
21.06.	Beschluß der "Grünen" sich an der Bundestagswahl zu beteiligen
30.06.-01.07.	Besuch von Bundeskanzler Helmut Schmidt und Außenminister Genscher in der Sowjetunion
18.07.	Arbeitsniederlegungen wegen Versorgungsmängel und Preiserhöhungen in mehreren polnischen Städten
13.08.	*Bundeskanzler Helmut Schmidt nimmt Einladung des Staatsratsvorsitzenden Erich Honecker zu einem Treffen am Werbellinsee für den 28.-29.08. an*
13.-14.08.	Offizielles Eingeständnis einer Welle des Protestes von parteiamtlicher polnischer Seite. Schwerpunkt der Streiks in den Ostseehäfen
16.08.	Sitz des überbetrieblichen Streikkomitees: die Lenin-Werft in Danzig, Sprecher des Komitees und Vorsitzender der lokalen Streikleitung: Lech Walesa
18.08.	Der polnische Parteichef sagt sein Treffen mit Bundeskanzler Helmut Schmidt wegen der angespannten Lage in Polen ab
21.08.	Verhandlungen der polnischen Regierung mit dem Danziger Streikkomitee. Dessen wichtigsten Forderungen: Meinungsfreiheit, Abschaffung von Privilegien der Funktionäre, Freilassung politischer Häftlinge, Streikrecht und vor allem die Bildung unabhängiger freier Gewerkschaften
22.08.	*Bundeskanzler Helmut Schmidt sagt den vorgesehenen Besuch in der DDR wegen der Ereignisse in Polen ab*
24.08.	Personelle Umbesetzung der polnischen Regierung und der Parteispitze

25.08. Ost-Berlin veröffentlicht ein am 04.07. gegebenes Interview Honeckers in dem er die von Bonn im Zusammenhang mit der DDR-Reise des Bundeskanzlers genährte Hoffnung nach Senkung der Altersgrenze für Besuche von DDR-Bürgern in die Bundesrepublik Deutschland ausschloß

01.09. Wiederaufnahme der Arbeit in den Ostseehäfen nach umfangreichen Zusagen der polnischen Regierung

06.09. Ablösung des polnischen Parteichefs Edward Gierek durch Stanislaw Kania

16.09. In Danzig Einigung der Gründungskomitees der neuen freien Gewerkschaften auf ein gemeinsames Statut

23.09. Ausbruch des offenen Krieges zwischen dem Irak und dem Iran

05.10. Wahlen zum 9. Deutschen Bundestag

09.10. Mindestumtausch für Besucher aus nicht-sozialistischen Ländern in der DDR von DM 13,- auf DM 25,- pro Tag erhöht

13.10. IN EINER REDE DES STAATS- UND PARTEICHEFS ERICH HONECKERS IN GERA ZUR ERÖFFNUNG DES SED-PARTEILEHRJAHRES 1980/81 FORDERTE ER A.U.: DIE ANERKENNUNG DER STAATSBÜRGERSCHAFT DER DDR, DIE UMWANDLUNG DER STÄNDIGEN VERTRETUNGEN IN BOTSCHAFTEN, DIE GRENZFESTLEGUNG AN DER ELBE IN STROMMITTE UND DIE AUFLÖSUNG DER ERFASSUNGSSTELLE SALZGITTER (GERAER FORDERUNGEN)

Bonn reagiert mit der Ankündigung einer Pause in den Verhandlungen über eine Verlängerung des Überziehungskredites (Swing) sowie über zwei von der DDR vorgeschlagene Großprojekte

24.10. Anerkennung des Gewerkschaftsbundes "Solidarität" durch das Warschauer Bezirksgericht

31.10. Herbert Wehner als Vorsitzender der SPD-Bundestagsfraktion wiedergewählt

04.11. Präsidentschaftswahlen in den USA; Ronald Reagan neuer Präsident

10.11. Aufhebung der einseitigen Änderung der Satzung der "Solidarität" des Bezirksgerichtes durch den Obersten Gerichtshof Polens. Registrierung der Statuten ohne die vom Gewerkschaftsbund beanstandete Klausel über die führende Rolle der Partei

12.11. ERÖFFNUNG DER ZWEITEN KSZE-FOLGEKONFERENZ IN MADRID

10.12. Peter Glotz Bundesgeschäftsführer der SPD

19.12. Der sowjetische Ministerpräsident Alexej Kossygin verstorben

1981

20.01. Ronald Reagan 40. Präsident der USA

28.01. DIE SPD-BUNDESTAGSFRAKTION MIßBILLIGT ANGRIFFE DES SPD-ABGEORDNETEN KARL-HEINZ HANSEN AUF DEN BUNDESKANZLER UND DESSEN AUßEN- UND SICHERHEITSPOLITIK

11.02. Der SPD-Bundesvorstand beschließt ein 5-Punkte Programm zur Lage der Partei

24.02. Vorschlag des sowjetischen Staats- und Parteichefs Breschnew, ein Gipfeltreffen mit dem neuen amerika-nischen Präsidenten zu vereinbaren

09.04. Im Bundestag Bericht zur Lage der Nation

04.-05.05. Nato-Ministertagung in Rom; Bekräftigung des Nato Doppelbeschlusses von 1979

10.05. Wahlen zum Berliner Abgeordnetenhaus

15.05. DER VORSTAND DES SPD-BEZIRKS NIEDERRHEIN BESCHLIEßT DIE EINLEITUNG EINES PARTEIAUSSCHLUßVERFAHRENS GEGEN KARL-HEINZ HANSEN (MDB) WEGEN SEINER KRITIK AN DEM NACHRÜSTUNGSBESCHLUß DER BUNDESREGIERUNG

26.05. Nach einer Debatte über die Außen- und Sicherheitspolitik der Bundesregierung billigt der Bundestag in einer Entschließung gegen die Stimmen der CDU/CSU-Opposition und einiger SPD-Abgeordneter die Nato-Politik der Bundesregierung

23.06. Die SPD-Bundestagsfraktion beschließt Verhaltensregeln, wonach abweichendes Stimmverhalten im Parlament nur in Gewissensfragen zulässig ist

27.06. DER BUNDESKONGREß DER JUSOS SPRICHT SICH GEGEN DEN NATO-DOPPELBESCHLUß UND GEGEN DIE KERNENERGIE AUS

29.06. Der SPD-Vorsitzende Willy Brandt zu Besuch in Moskau; Staats- und Parteichef Breschnew präzisiert dabei seinen Moratoriumsvorschlag; die Sowjetunion wäre bereit, mit dem Tag des Verhandlungsbeginns die Stationierung von Raketen einzustellen; das gleich müsse auch für die USA gelten; Brandt spricht sich für die sogenannte "Null-Lösung" aus; sowohl die USA als auch die Bundesrepublik Deutschland lehnen den sowjetischen Vorschlag als "ungleichgewichtig" ab (03.07.)

03.07. *Innerdeutsche Gespräche über Abrüstung und Rüstungskontrolle in Ost-Berlin; dabei werden die unterschiedlichen Standpunkte in bezug auf die Mittelstreckenraketen und den Nato-Doppelbeschluß erneut deutlich; ein weiteres Thema ist der Stand der Madrider KSZE-Folgekonferenz*

15.08. Bekanntgabe, daß der Bundeskanzler Helmut Schmidt Ende Juli dem DDR-Staatsratsvorsitzenden Erich Honecker ein Schreiben übermittelt hat; dabei handele es sich "um ein Schreiben im Rahmen des Meinungsaustausches zwischen den beiden deutschen Staaten

08.10. Deutschlandpolitische Debatte in Deutschen Bundestag

09.10. Bundestagsdebatte über die am 10.10. in Bonn stattfindende Friedensdemonstration

10.10. Gewaltlose Friedensdemonstration in Bonn mit über 250 000 Teilnehmern, veranstaltet von der "Aktion Sühnezeichen" und der "Aktionsgemeinschaft Dienst für den Frieden". Auf der Kundgebung sprachen u.a. das SPD-Präsidiumsmitglied Erhard Eppler und das FDP-Vorstandsmitglied William Borm. Sie war der Höhepunkt der Friedensbewegung 1881 mit ihren zahlreichen Aktionen, Appellen (Dattelner, Heidelberger, DGB, Starnberger Appell), Demonstrationen - auch auf dem Hamburger Evangelischen Kirchentag und Unterschriftensammlungen gegen den Nato-Doppelbeschluß bzw. für den "Krefelder Appell"

22.-24.11. Besuch des sowjetischen Staats- und Parteichefs in der Bundesrepublik Deutschland

30.11. Beginn der amerikanisch-sowjetischen Abrüstungsverhandlungen

07.12. Der Bundesvorstand der SPD befaßt sich mit den Thesen des Politologen Richard Löwenthal zur Frage der Identität und Zukunft der SPD

11.-13.12. *Bundeskanzler Helmut Schmidt besucht die DDR*

13.12. Verhängung des Kriegsrechts in Polen

1982

04.01.	Die Außenminister der EG-Staaten schließen sich den wirtschaftlichen Sanktionen der USA gegen Polen nicht an
14.01.	Bundestagsdebatte zur Lage in Polen
05.02.	Vertrauensvotum für Bundeskanzler Helmut Schmidt im Deutschen Bundestag
19.02.	Die KSZE-Folgekonferenz tritt in Madrid zu ihrer 100. Plenarsitzung zusammen
20.03.	Beschluß des "Forums Demokratischer Sozialisten" die neue Partei "Demokratische Sozialisten/DS" zu gründen
21.03.	Landtagswahlen in Niedersachsen
02.04.	Besetzung der Falkland-Inseln durch argentinische Truppen
19.-23-04.	BUNDESPARTEITAG DER SPD IN MÜNCHEN. IN DER SICHERHEITS- UND KERNENERGIEPOLITIK WIRD DER KURS DES BUNDESVORSTANDES UND DES BUNDESKANZLERS BESTÄTIGT. Bei den Vorstandswahlen werden Willy Brandt als Parteivorsitzender und Helmut Schmidt als Stellvertretender Vorsitzender bestätigt. Für den ausgeschiedenen Jürgen Wischnewski wird Johannes Rau als zweiter Stellvertreter gewählt. Bei der Wahl des Parteipräsidiums am 24.05. tritt Egon Bahr an die Stelle von Erhard Eppler
12.05.	Debatte der Deutschen Bundestages über die Deutschlandpolitik
06.06.	Bürgerschaftswahlen in Hamburg
10.06.	Massendemonstration in Bonn unter dem Motto "Aufstehen für den Frieden"
14.06.	Kapitulation der argentinischen Truppen auf den Falkland-Inseln
24.06.	Abgabe einer Regierungserklärung vor dem Deutschen Bundestag zur Außen- und Sicherheitspolitik
08.09.	Im Bundestag Bericht zur Lage der Nation
17.09.	Bundeskanzler Schmidt kündigt das Regierungsbündnis mit der FDP auf
20.09.	Vereinbarung zwischen dem Deutschen Bundesjugendring (DBJR) und der Freien Deutschen Jugend (FDJ) über einen gegenseitigen Jugendaustausch
26.09.	Landtagswahlen in Hessen
01.10.	Helmut Kohl zum neuen Bundeskanzler gewählt
10.10.	Landtagswahlen in Bayern
04.11.	*Wolfgang Roth, stellvertretender Vorsitzender der SPD-Bundestagsfraktion, beendet einen Besuch in Ost-Berlin*
10.11.	Sowjetischer Staats- und Parteichef Breschnew verstorben;
12.11.	Neuer Generalsekretär der KPdSU wir Jurij Andropow
15.11.	Bundespräsident Carstens und Außenminister Genscher nehmen an den Beisetzungsfeierlichkeiten für Leonid Breschnew teil
18.-20.11.	SPD-Bundeskonferenz in Kiel nominiert Hans-Jochen Vogel als Kanzlerkandidaten und verabschiedet die "KIELER ERKLÄRUNG" MIT DEN GRUNDPOSITIONEN ÜBER DIE KÜNFTIGE POLITIK DER SPD
09.-10.12.	Herbsttagung der Nato-Außenminister bekräftigt den Nachrüstungsbeschluß
17.12.	Abstimmung über die Vertrauensfrage nach Art. 68 GG im Bundestag; der Bundeskanzler beantragt beim Bundespräsidenten die Auflösung des Bundestages

19.12.	Bürgerschaftswahlen in Hamburg
21.12.	Abrüstungsvorschläge des sowjetischen Parteichefs Andropow
31.12.	Suspendierung des Kriegsrechts in Polen

1983

07.01.	Auflösung des Deutschen Bundestages nach Art. 68 GG durch den Bundespräsidenten
11.01.	Herbert Wehner verzichtet auf einen Sitz im 10. Deutschen Bundestag
16.-19.01.	Besuch des sowjetischen Außenministers Gromyko in der Bundesrepublik Deutschland
21.01.	WAHLPARTEITAG DER SPD IN DORTMUND
24.01.	Kanzlerkandidat Hans-Jochen Vogel stellt seine Regierungsmannschaft vor
07.02.	Brief des DDR-Staatsratsvorsitzenden Erich Honecker an Bundeskanzler Helmut Kohl, in dem er die schwedische Initiative zur Schaffung einer atomwaffenfreien Zone in Mitteleuropa unterstützt; Kohl lehnt diesen Vorschlag in seinem Brief vom 16.02. ab.
08.02.	Wiederaufnahme der KSZE-Folgekonferenz in Madrid
10.02.	Der SPD-Vorsitzende Willy Brandt erklärt in München, er habe einen Brief von SED-Generalsekretär Erich Honecker bekommen. Die Vorschläge der DDR zur Schaffung einer von nuklearen Gefechtsfeldwaffen freien Zone in Europa müßten sehr genau geprüft werden.
06.03.	Wahl zum 10. Deutschen Bundestag Landtagswahlen in Rheinland-Pfalz
08.03.	Hans-Jochen Vogel neuer Fraktionsvorsitzender der SPD
13.03.	Landtagswahlen in Schleswig-Holstein
10.04.	Tod des Transitreisenden Burkert
29.04.	Der Staatsratsvorsitzende Erich Honecker sagt seinen Besuch in der Bundesrepublik Deutschland ab; vorausgegangen vor der Tod des am Grenzübergang festgenommenen Rudolf Burkert am 10.04.
18.05.	*Die Mitglieder des Bildungspolitischen Arbeitskreises der SPD-Fraktion im Berliner Abgeordnetenhaus in Ost-Berlin*
28.05.	*Der Vorsitzende der SPD-Bundestagsfraktion Hans-Jochen Vogel trifft während eines privaten Besuchs in der DDR mit SED-Generalsekretär Erich Honecker zusammen*
01.06.	KLAUSURTAGUNG DER SPD-BUNDESTAGSFRAKTION ÜBER DIE SICHERHEITSPOLITIK
15.06.	Sicherheitspolitische Debatte im Deutschen Bundestag
23.06.	Im Bundestag Bericht zur Lage der Nation
18.07.	*Delegation des Juso-Landesverbandes Saarland trifft in Ost-Berlin mit dem Sekretär des FDJ-Zentralrates Rattner zu einem Gespräch zusammen*
22.07.	Aufhebung des bereits suspendierten Kriegsrechts in Polen
23.-24.08.	*Egon Bahr zu Gesprächen in Ost-Berlin, u.a. mit SED-Generalsekretär Erich Honecker*

.08.	Die innerdeutsche Arbeitsgruppe zu Besuch in Ost-Berlin
03.-05.09.	*Altbundeskanzler und stellvertretender SPD-Fraktionsvorsitzender Helmut Schmidt zu Besuch in Ost-Berlin, u.a. Treffen mit SED-Generalsekretär Erich Honecker*
06.09.	Zustimmung aller Teilnehmer zum Schlußdokument der KSZE in Madrid
13.-14.09.	*Auf Einladung des Chefredakteurs der SED-Zeitschrift "Einheit", Manfred Banaschak, hält sich Peter Glotz, SPD-Bundesgeschäftsführer und Chefredakteur der Zeitschrift "Die Neue Gesellschaft"in Ost-Berlin auf*
15.09.	Treffen zwischen dem Regierenden Bürgermeister von Berlin, Richard von Weizsäcker mit dem DDR-Staats und Parteichef Erich Honecker; erste Treffen dieser Art in der Geschichte der Stadt
25.09.	Bürgerschaftswahlen in Bremen Landtagswahlen in Hessen
19.10.	*Eine Delegation des Volksausschusses der DDR-Volkskammer hält sich auf Einladung des Bildungspolitisches Arbeitskreises im Berliner Abgeordnetenhaus zu einem Informationsbesuch in West-Berlin auf*
25.10.	Militärische Intervention der Vereinigten Staaten in Grenada
11.11.	*Johannes Rau, Ministerpräsident von NRW und stellvertretender Vorsitzender der SPD, trifft in Ost-Berlin mit SED-Politbüromitglied Joachim Herrmann zu einem Gespräch zusammen*
16.11.	SPD-BUNDESPARTEIVORSTAND BESCHLIEßT MIT 27 GEGEN 5 STIMMEN IN EINEM LEITANTRAG FÜR DEN BUNDESPARTEITAG DIE STATIONIERUNG AMERIKANISCHER MITTELSTRECKENRAKETEN ABZULEHNEN. DIE NACHRÜSTUNG WAR ZUVOR AUCH IN DEN SPD-LANDESVERBÄNDEN ABGELEHNT WORDEN.
18.-19.11.	BUNDESPARTEITAG DER SPD IN KÖLN LEHNT DIE NACHRÜSTUNG MIT 583 GEGEN 14 STIMMEN UND 3 ENTHALTUNGEN AB
21.-22.11.	DER DEUTSCHE BUNDESTAG BESCHLIEßT GEGEN DIE STIMMEN VON SPD UND GRÜNEN AM NATO-DOPPELBESCHLUß FESTZUHALTEN
28.11.	Richard von Weizsäcker kandidiert für das Amt des Bundespräsidenten
08.-09.12.	Ministertagung des Nordatlantikrates in Brüssel. Verabschiedung der "Brüsseler Erklärung"

1984

04.01.	*Egon Krenz, Mitglied des Politbüros und Sekretär des ZK der SED, empfängt eine Delegation der Jusos unter der Leitung von Rudolf Hartung*
24.01.	12 DDR-Bürger flüchten in die Ständige Vertretung der Bundesrepublik Deutschland in Ost-Berlin
06.02.	*Inge Lange, Kandidatin des Politbüros und Sekretärin des ZK der SED, empfängt in Ost-Berlin die Vorsitzende der AsF, Inge Wettig-Danielmeier*
09.02.	Tod des sowjetischen Staats- und Parteichefs Jurij Andropow **GEMEINSAME ERKLÄRUNG VON CDU/CSU, FDP UND SPD ZUM BERICHT ZUR LAGE DER NATION UND ZUR DEUTSCHLANDPOLITIK**

13.02 Konstantin Tschernenko neuer Generalsekretär der KPdSU (ab 11.04. auch Staatsoberhaupt) Teilnahme von Bundeskanzler Helmut Kohl an den Trauerfeierlichkeiten für den verstorbenen sowjetischen Staats- und Parteichef Andropow. Gespräche mit dem neuen Parteichef Tschernenko und dem DDR-Staatsratsvorsitzenden Erich Honecker

23.-25.02. *Delegation der Grundwertekommission der SPD, unter der Leitung von Erhard Eppler, zu einem 1. Meinungsaustausch mit DDR-Gesellschaftswissenschaftlern in Ost-Berlin*

08.-09.03. **Der Präsident der DDR-Volkskammer, Horst Sindermann empfängt eine Delegation der SPD-Bundestagsfraktion unter der Leitung des stellvertretenden Fraktionsvorsitzenden Horst Ehmke.**

14.03. Treffen zwischen SPD-Fraktionsvorsitzenden Hans-Jochen Vogel und SED-Generalsekretär Erich Honecker in Ost-Berlin. *An dem Gespräch nehmen u.a. Axen, Krenz, Mittag und Bahr, Wischnewski, Voigt teil*

15.03. Im Bundestag Bericht zur Lage der Nation

17.03. Oskar Lafontaine wieder Saarländischer SPD-Landesvorsitzender

25.03. Landtagswahlen in Baden-Württemberg

26.-18.04. *In der Gustav-Heinemann-Bildungsstätte in Malente findet ein Meinungsaustausch über Fragen der Friedenssicherung statt, an dem auf Einladung des Landesvorstandes der SPD Vertreter der SED aus mehreren Bezirken teilnehmen*

17.-21.05. BUNDESPARTEITAG DER SPD IN ESSEN. Wiederwahl von Willy Brandt zum Vorsitzenden der SPD und Wahl von Hans-Jochen Vogel als Nachfolger von Helmut Schmidt und Wiederwahl von Johannes Rau zu stellvertretenden Vorsitzenden der SPD

23.05. Wahl von Richard von Weizsäcker zum neuen Bundespräsidenten

04.06. *Hans Reichelt, DDR-Minister für Umweltschutz und Wasserwirtschaft, führt in Ost-Berlin mit Volker Hauff, stellvertretender Vorsitzender der SPD-Bundestagsfraktion, ein Informationsgespräch*

17.06. Wahlen zum Europäischen Parlament

23.06. SPD-Vorstand wählt das Präsidium. Neue Mitglieder sind: Erhard Eppler, Herta Däubler-Gmelin und Hans Apel

02.-03.07. *1. Treffen der SPD/SED-Arbeitsgruppe zur Schaffung einer von chemiewaffenfreien Zone in Europa in Ost-Berlin*

17.08. *SED-Politbüromitglied Herbert Häber empfängt den Parlamentarischen Geschäftsführer der SPD-Bundestagsfraktion Helmut Becker zu einem Gespräch. Becker hält sich auf Einladung des IPW in Ost-Berlin auf*

02.09. *SED-Politbüromitglied Egon Krenz trifft in Ost-Berlin mit den SPD-Bundestagsabgeordneten Wolfgang Roth und Gerhard Schröder zu einem Meinungsaustausch zusammen*

04.09. Absage des Besuches von SED-Generalsekretär Erich Honecker in der Bundesrepublik Deutschland. Moldt verwies darauf, daß Stil und öffentliche Auseinandersetzung in der Bundesrepublik Deutschland im Zusammenhang mit dem Besuch "äußerst unwürdig und abträglich" sowie für den Umgang zwischen souveränen Staaten "absolut unüblich" seien

19.-20.09. *2. Treffen der SPD/SED-Arbeitsgruppe zur Schaffung einer von chemiewaffenfreien Zone in Europa in Bonn*

23.09. *Der SPD-Fraktionsvorsitzende Hans-Jochen Vogel trifft in Ost-Berlin mit dem für deutschlandpolitische Fragen zuständigen Politbüromitglied Häber zusammen*

06.11. Präsidentenwahl in den USA

07.11. **DIE SPD-BUNDESTAGSFRAKTION VERABSCHIEDET EIN DEUTSCHLAND-POLITISCHES POSITIONSPAPIER.**

12.11. *Auf Einladung der AsF trifft eine Delegation des Demokratischen Frauenbundes der DDR unter der Leitung der Vorsitzenden Ilse Thiele zu einem mehrtägigen Informationsbesuch in der Bundesrepublik ein*

20.11. *Hans Reichelt, DDR-Minister für Umweltschutz und Wasserwirtschaft, empfängt den nordrhein-westfälischen Minister für Arbeit, Gesundheit und Soziales Friedhelm Farthmann zu einem Gespräch in Ost-Berlin*

.11. *Delegation der SPD-Grundwertekommission zu einem 2. Meinungsaustausch mit DDR-Gesellschaftswissenschaftlern in Freudenstadt*

05.-06.12. *3. Treffen der SPD/SED-Arbeitsgruppe zur Schaffung einer von chemiewafenfreien Zone in Europa in Ost-Berlin*

.12. *Das Forschungsinstitut der FES, das IPW und die Akademie für Gesellschaftswissenschaften führen ein Seminar über "Friedliche Koexistenz und Sicherheitspartnerschaft" durch*

1985

07.01. *SED-Politbüromitglied Egon Krenz empfängt Karsten D. Voigt(MdB) zu einem Meinungsaustausch über Friedenssicherung*

09.-12.01. *Besuch von Ministerpräsidenten Johannes Rau in Ost-Berlin*

12.01. *Treffen mit Generalsekretär Erich Honecker*

14.02. *Altbundeskanzler Helmut Schmidt und Generalsekretär Erich Honecker treffen in Ost-Berlin zu Gesprächen zusammen*

27.02. Im Bundestag Bericht zur Lage der Nation
ENTSCHLIEßUNGSANTRAG DER BUNDESTAGSFRAKTION DER SPD ZUM BERICHT ZUR LAGE DER NATION

28.02. *Gespräch zwischen SPD-Fraktionsvorsitzenden Vogel und SED-Politbüromitglied Axen in Bonn*

28.-01.03. *4. Treffen der SPD/SED-Arbeitsgruppe zur Schaffung einer von chemiewaffenfreien Zone in Europa in Bonn*

10.03. Tod des sowjetischen Staats- und Parteichef Konstantin Tschernenko. Nachfolger als ZK-Sekretär Michail Gorbatschow
Landtagswahlen im Saarland
Wahl des Abgeordnetenhauses in Berlin

12.03. Bundeskanzler Helmut Kohl und Generalsekretär Erich Honecker kommen am Rande der Trauerfeierlichkeiten für den verstorbenen Generalsekretär der KPdSU Konstantin Tschernenko zu einem Gespräch zusammen

19.03. Gemeinsames "Wort zum Frieden" der Evangelischen Kirchen in der Bundesrepublik Deutschland und der DDR

09.04. Oskar Lafontaine neuer Ministerpräsident des Saarlandes

11.04. *5. Treffen der SPD/SED-Arbeitsgruppe zur Schaffung einer von chemiewaffenfreien Zone in Europa in Ost-Berlin*

12.04. *Der Ministerpräsident des Saarlandes Oskar Lafontaine empfängt den Leiter der Ständigen Vertretung der DDR, Ewaldt Moldt, zu einem Gespräch*

11.05. Besuch einer Gruppe von 400 SPD-Mitgliedern unter Leitung des SPD-Fraktionsvorsitzenden Hans-Jochen Vogel in der CSSR

12.05. Landtagswahlen in Nordrhein-Westfalen

16.05. *Besuch des SPD-Fraktionsvorsitzenden Hans-Jochen Vogel bei SED-Generalsekretär Erich Honecker. Themen sind die Verstärkung der wirtschaftlichen Zusammenarbeit auf dem Gebiet des Umweltschutzes sowie humanitäre Fragen*

19.05. Der für Mitte Juni geplante Besuch von Volkskammerpräsident Sindermann in Bonn wird von Seiten der DDR abgesagt

23.05. Aktuelle Stunde zur Deutschlandpolitik

26.-28-05. Besuch des SPD-Vorsitzenden Willy Brandt in der Sowjetunion

30.05. *Gespräche von Hamburgs Bürgermeister Klaus von Dohnaniy in Ost-Berlin, u.a. mit Politbüromitglied Herbert Häber*

06.06. *Herbert Wehner zu Gesprächen bei SED-Generalsekretär Erich Honecker*

09.-10.06. 6. Treffen der SPD/SED-Arbeitsgruppe zur Schaffung einer von chemiewaffenfreien Zone in Europa in Ost-Berlin

10.-14.06. *Die Bundesvorsitzende der AsF Inge Wettig-Danielmeier besucht auf Einladung der DDR-Frauenorganisation mit einer fünfköpfigen Delegation die DDR*

13.-14.06. *Delegation der SPD-Grundwertekommission zu einem 3. Meinungsaustausch mit DDR-Gesellschaftswissenschaftlern in Ost-Berlin*

14.-16.06. Schlesiertreffen in Hannover mit dem geplanten Motto "Schlesien bleibt unser"

19.06. **Vorlage eines "Rahmens für ein Abkommen zur Bildung einer von chemischen Waffen freien Zone in Europa" durch SPD und SED**
SED-Politbüromitglied Hermann Axen trifft in Bonn mit dem SPD-Fraktionsvorsitzenden Hans-Jochen Vogel zu einem Meinungsaustausch zusammen

25.06. Aufhebung des Extremistenbeschlusses durch das Saarland

02.07. Neuer Staatspräsident der Sowjetunion: der bisherige Außenminister Andrej Gromyko. Neuer Außenminister: der bisherige Parteichef von Georgien, Eduard Schewardnadse

05.07. Erhöhung des Swing

07.09. STRATEGIEPAPIER DES SPD-WEHREXPERTEN ANDREAS VON BÜLOW VERÖFFENTLICHT

08.09. Besuch des nordrhein-westfälischen Ministerpräsidenten Johannes Rau in der Sowjetunion wo er mit Parteichef Michail Gorbatschow zusammentrifft

13.09. DDR-Außenminister Oskar Fischer übergibt dem Leiter der Ständigen Vertretung der Bundesrepublik Deutschland in der DDR, Hans Otto Bräutigam, ein Schreiben von SED-Generalsekretär Erich Honecker an Bundeskanzler Helmut Kohl. Darin wird der Bundesrepublik Deutschland vorgeschlagen, mit der DDR und der CSSR

Verhandlungen über die Bildung einer chemiewaffenfreien Zone in Mitteleuropa aufzunehmen

16.09. Johannes Rau zu einer Kanzlerkandidatur bereit

18.09. **SPD-Vorsitzender Willy Brandt, Abrüstungsexperte Egon Bahr und der langjährige Ständige Vertreter der Bundesrepublik Deutschland in der DDR Günter Gaus zu Gesprächen bei SED-Generalsekretär Erich Honecker**

19.-20.09. **KONFERENZ DER VORSITZENDEN DER SPD-FRAKTIONEN DES BUNDES, DER LANDTAGE UND BÜRGERSCHAFTEN IN LÜBECK - ENTSCHLIEßUNG**

20.-24.09. Synode des Bundes der Kirchen in der DDR
Dresdner Erklärung

04.10. *Die Mitglieder einer SED-Delegation, die an einem von der SPD veranstalteten Seminar teilnehmen, werden vom SPD-Vorsitzenden Willy Brandt zu einem Gespräch empfangen.*

12.10. Verzicht der Koalitionsparteien CDU/CSU und FDP auf eine von den Experten der CDU/CSU, FDP und SPD vorbereitete Bundestagsresolution zur Deutschlandpolitik

13.-15.11. *Saarländischer Ministerpräsident Oskar Lafontaine zu Gesprächen bei SED-Generalsekretär Erich Honecker in Ost-Berlin*

17.-19.11. *Unter der Leitung von Hans Büchler hielten sich die SPD-Bundestagsabgeordneten Prof. Gerhard Heimann, Reinhold Hiller, Lothar Löffler, Horst Sielaff und Margitta Terborg in der DDR zu einem Informationsbesuch auf.*

18.11. Amerikansch-sowjetisches Gipfeltreffen in Genf. Die erste persönliche Begegnung zwischen Ronald Reagan und Michail Gorbatschow

22.11. **ERKLÄRUNG DER SPD-FRAKTIONSVORSITZENDEN AUS BUND UND LÄNDERN ZUR DEUTSCHLANDPOLITIK**

26.11. ANTRAG DER SPD-LANDTAGSFRAKTION "BEZIEHUNGEN DES SAARLANDES MIT DER DDR"

29.11. **ANTRAG DER FRAKTION DER SPD IM ABGEORDNETENHAUS VON BERLIN "ANNAHME EINER ENTSCHLIEßUNG ÜBER PERSPEKTIVEN IN DER DEUTSCHLAND- UND BERLINPOLITIK"**

06.12. *1. Treffen der SPD/SED-Arbeitsgruppe zur Bildung eines von atomwaffenfreien Korridors in Europa in Ost-Berlin*

12.12. *Meinungsaustausch zwischen vertreten des SPD-Landesverbandes Berlin und des ZK der SED in Ost-Berlin*

15.12. SPD-Bundesvorstand nominiert Johannes Rau zum Kanzlerkandidaten

17.-18.12. *Niedersächsische SPD-Spitzenkandidat Gerhard Schröder, der SPD-Fraktionsvorsitzende Karl Ravens und Peter Struck (MdB) besuchen die DDR und treffen dabei mit SED-Generalsekretär Erich Honecker zusammen.*

1986

08.-10.01. *Besuch der Arbeitsgruppe Jugendpolitik der SPD-Bundestagsfraktion bei der Volkskammer der DDR*

18.01. SPD-SCHLESWIG-HOLSTEIN VERABSCHIEDET EINE STANDORTBESTIMMUNG ZUR DEUTSCHLANDPOLITIK

29.-31.01. *2. wissenschaftliches Kolloquium zwischen der FES und der Akademie für Gesellschaftswissenschaften beim ZK der SED sowie dem Institut für Internationale Politik und Wirtschaft in Ost-Berlin*

14.-15.02. *2. Treffen der SPD/SED-Arbeitsgruppe zur Schaffung einer atomwaffenfreien Zone in Europa in Bonn*

19.-22.02. *Der Volkskammerpräsident Horst Sindermann trifft auf Einladung der SPD-Bundestagsfraktion zu einem viertägigen Besuch in Bonn ein.* Sindermann wird von Bundespräsident Philipp Jenninger und von Bundeskanzler Kohl sowie weiteren führenden Politikern empfangen

27.02.-01.03. *4. Treffen der Grundwertekommission der SPD mit Vertretern der Akademie für Gesellschaftswissenschaft beim ZK der SED in Freudenstadt*

10.03. *Bjorn Engholm, SPD-Fraktionsvorsitzender in Schleswig-Holstein und Mitglied des SPD-Parteivorstandes, traf in Ost-Berlin mit SED-Politbüromitglied Hermann Axen zusammen.*

14.03. Abgabe des Berichts zur Lage der Nation

17.03. *Der Hamburger Bürgermeister Klaus von Dohnanyi trifft in Ostberlin mit dem Politbüromitglied Günter Mittag zusammen*

23.03. Wiederwahl von Oskar Lafontaine zum SPD-Landesvorsitzenden des Saarlandes
LAFONTAINE FORDERT, DAß DIE BUNDESREPUBLIK DEUTSCHLAND DIE MILITÄRISCHE INTEGRATION DER NATO VERLASSEN SOLL

24.03. Vor der libyschen Küste Kampfhandlungen zwischen libyschen und amerikanischen Truppen

03.04. *Egon Bahr trifft in Ost-Berlin mit dem Direktor des IPW Max Schmidt zu Gesprächen über gemeinsame Sicherheit im Nuklearzeitalter zusammen*

09.-10.04. *Verschiedene Treffen (u.a. Rau) in der Bundesrepublik Deutschland mit SED-Politbüromitglied Günter Mittag*

11.04. *Besuch des SPD-Fraktionsvorsitzenden Hans-Jochen Vogel in Ost-Berlin*

15.04. Luftangriff gegen libysche Städte durch US-Bomber

21.-25.04. **Verhandlungen offizieller Delegationen aus Eisenhüttenstadt und Saarlouis in Eisenhüttenstadt -Unterzeichnung einer Vereinbarung**

26.04. Reaktorunfall von Tschernobyl

29.04. *3. Treffen der SPD/SED-Arbeitsgruppe zur Schaffung eines atomwaffenfreien Korridors in Europa in Ost-Berlin*

06.05. Kulturabkommen zwischen der Bundesrepublik Deutschland und der DDR in Ost-Berlin unterzeichnet

07.05. *Besuch von Johannes Rau und Oskar Lafontaine bei SED-Generalsekretär Erich Honecker*

13.05. *Auf Einladung der KP der CSSR fand in Prag ein Treffen mit der Arbeitsgruppe Chemische Abrüstung der SPD-Bundestagsfraktion und der SED statt - Erklärung zur Bildung einer C-waffenfreien Zone in Mitteleuropa*

21.05. *Stellvertretender SPD-Fraktionsvorsitzender im bayerischen Landtag, Karl-Heinz Hiersemann, zum Empfang bei Honecker*

27.05. In Bern Abschluß der KSZE-Konferenz über menschliche Kontakte

28.05.	*Treffen zwischen dem SPD-Fraktionsvorsitzenden Hans-Jochen Vogel und SED-Generalsekretär Erich Honecker am Werbellinsee zu einem Meinungsaustausch*
29.-30.05.	*4. Treffen der Arbeitsgruppe von SPD und SED zur Schaffung eines atomwaffenfreien Korridors in Europa*
09.-10.06.	*Peter Glotz, Bundesgeschäftsführer der SPD und Chefredakteur der Zeitschrift Die Neue Gesellschaft führt in Ost-Berlin Gespräche mit Vertretern der SED-Monatszeitschrift Einheit. Außerdem trifft er mit den Politbüromitgliedern Egon Krenz und Kurt Hager zusammen*
11.06.	*Delegation der SPD Schleswig-Holstein unter der Leitung des Landesvorsitzenden Günther Jansen in der DDR*
15.06.	Landtagswahlen in Niedersachsen
20.-23.06.	Kongreß der Sozialistischen Internationale in Lima, Willy Brandt wird als Vorsitzender bestätigt
21.-22.06.	LANDESPARTEITAG DER SPD-BERLIN - BESCHLUß ZUR DEUTSCHLAND- UND SICHERHEITSPOLITIK
23.-27.06.	*Besuch einer Delegation der FDJ-Volkskammerfraktion auf Einladung der SPD-Bundestagsfraktion in Bonn*
25.06.	Treffen zwischen dem nordrhein-westfälischen Ministerpräsidenten Johannes Rau und dem sowjetischen Parteichef Michail Gorbatschow
26.06.	Aktuelle Stunde im Bundestag zu den Beschlüssen der Berliner SPD zur Sicherheits- und Bündnispolitik
30.06.	*5. Treffen der Arbeitsgruppe von SPD und SED zur Schaffung eines atomwaffenfreien Korridors in Europa*
.08.	*Die Jusos im SPD-Bezirk Hannover haben mit der FDJ im Bezirk Potsdam einen regelmäßigen Jugendaustausch vereinbart*
25.-29.08.	DER BUNDESPARTEITAG DER SPD IN NÜRNBERG bestätigt erneut Willy Brandt als Parteivorsitzenden und Johannes Rau als Kanzlerkandidaten für die Bundestagswahl 1987
05.09.	*6. Treffen der SPD/SED-Arbeitsgruppe zur Schaffung eines atomwaffenfreien Korridors in Europa in Ostberlin*
12.09.	*Vertreter des ZK der SED treffen in West-Berlin mit führenden Funktionären des SPD-Landesverbandes zu einem Meinungsaustausch zusammen*
19.09.	**Erste Städtepartnerschaft zwischen Saarlouis und Eisenhüttenstadt unterzeichnet**
21.-22.09.	STOCKHOLMER KONFERENZ ÜBER VERTRAUENSBILDENDE MAßNAHMEN UND ABRÜSTUNG IN EUROPA EINIGT SICH AUF RÜSTUNGSKONTROLLABKOMMEN ZWISCHEN OST UND WEST
22.09.	Der SPD-Parteivorstand wählt Anke Fuchs, Heidemarie Wieczorek-Zeul und Herta Däubler-Gmelin zu neuen Mitgliedern des SPD-Präsidiums
08.10.	*Eine Delegation des DFB-Bundesvorstandes hält sich auf Einladung der AsF zu einem Arbeitsbesuch in der Bundesrepublik auf*
11.-12.10.	Treffen des amerikanischen Präsidenten Reagan und des sowjetischen Parteichefs Gorbatschow in Reykjavik Landtagswahlen in Bayern

15.-17.10.	*Eine Delegation der Jusos unter der Leitung ihres Bundesvorsitzenden Michael Guggemos zu Gesprächen in Ost-Berlin, u.a. mit Egon Krenz*
21.10.	**7. Treffen der SPD/SED-Arbeitsgruppe zur Schaffung eines atomwaffenfreien Korridors in Mitteleuropa - Gemeinsames Kommuniqué - Gemeinsame Grundsätze**
25.10.	WAHLPARTEITAG DER SPD IN OFFENBURG VERABSCHIEDET REGIERUNGSPROGRAMM
26.10.	*Vortrag von Helmut Schmidt über Friedenssicherung in Europa in der Potsdamer Nikolaikirche*
04.11.	Eröffnung des dritten KSZE-Folgetreffens in Wien
09.11.	Bürgerschaftswahl in Hamburg
Mitte Nov.	Bekannt werden der "Iran-Contra-Affäre"
07.12.	Städtepartnerschaft zwischen Weimar und Trier
19.12.	Aufhebung der Verbannung von Andrej Sacharow

1987

01.01.	Auftakt der 750-Jahr-Feier in Ost-Berlin
04.01.	Äußerungen von Bundeskanzler Helmut Kohl über "Konzentrationslager" in der DDR
06.01.	Gegenerklärung des Außenministeriums zur Äußerung des Bundeskanzlers
14.01.	Städtepartnerschaft zwischen Cottbus und Saarbrücken
25.01.	Wahl zum 11. Deutschen Bundestag
27.01.	Hans-Jochen Vogel erneut Vorsitzender der SPD-Bundestagsfraktion
09.02.	Städtepartnerschaft zwischen Wuppertal und Schwerin vereinbart
10.02.	*Eine Gemeinsame Arbeitsgruppe der FDJ und der Jusos legt auf einer Pressekonferenz in Bonn Vorschläge für Friedensinitiativen vor*
11.02.	*Die Bundestagsabgeordnete Margitta Terborg, Mitglied des Vorstands der SPD-Bundestagsfraktion, empfängt den FDJ-Fraktionsvorsitzenden in der DDR-Volkskammer, Jochen Willerding, zu einem Gespräch*
13.02.	*Der erste Bürgermeister der Freien Hansestadt Hamburg, Klaus von Dohnanyi führt in Ost-Berlin mit dem SED-Politbüromitglied Günter Mittag, Gespräche über Wirtschaftsfragen und Umweltschutz*
18.02.	Konstituierende Sitzung des 11. Deutschen Bundestages
23.02.	*SPD-Fraktionsvorsitzende Hans-Jochen Vogel empfängt den FDJ-Vorsitzenden Eberhard Aurich in Bonn* Hans-Ulrich Klose neuer Schatzmeister der SPD
24.02.	*Die Delegation des Zentralrates der FDJ trifft in Bonn mit dem Bundesvorstand der Jusos zusammen*
25.02.	*Delegation des Zentralrates der FDJ unter Leitung des Ersten Sekretärs, Eberhard Aurich, wird in Bonn vom Saarländischen Ministerpräsidenten Oskar Lafontaine und von dem Bundestagsabgeordneten H.-U. Klose empfangen*

27.02.	*Vertreter des ZK der SED und des SPD-Landesverbandes treffen zu einem Meinungsaustausch in Ost-Berlin zusammen*
28.02.	Städtepartnerschaft zwischen Jena und Erlangen vereinbart Parteichef Gorbatschow schlägt USA Abkommen über die Beseitigung aller Mittelstreckenwaffen in Europa vor
06.03.	*Der SPD-Fraktionsvorsitzende im niedersächsischen Landtag, Gerhard Schröder, trifft in Ost-Berlin mit den SED-Politbüromitgliedern Hermann Axen und Egon Krenz zu Gesprächen zusammen*
09.03.	*Delegation der Jusos von West-Berlin bei dem FDJ-Vorsitzenden Eberhard Aurich* *Eine Delegation der West-Berliner Jusos unter der Leitung ihres Vorsitzenden Burkhard Exner zu Gesprächen mit Eberhard Aurich in Ost-Berlin*
10.03.	Einladung an Erich Honecker zu 750-Jahr-Feier am 30. April in West-Berlin
11.03.	Wiederwahl von Helmut Kohl zum Bundeskanzler
11.03.-12.03.	*Der saarländische Ministerpräsident Oskar Lafontaine hält sich auf Einladung von SED-Generalsekretär Erich Honecker zu einem zweitägigem Besuch in Ost-Berlin auf*
12.-13.03.	*Historikertreffen in Bonn. Auf Einladung der Historischen Kommission der SPD diskutierten Historiker aus der DDR und der BRD zum Thema "Erben deutscher Geschichte Bundesrepublik und DDR"*
17.03.	SPD-Parteipräsidium stimmt der parteilosen Griechin Margarita Mathiopoulos zur Sprecherin des SPD-Vorstandes zu
23.03.	Rücktritt von Willy Brandt als SPD-Parteivorsitzender
25.03.	Willy Brandt tritt als Konsequenz aus den innerparteilichen Auseinandersetzungen um die Wahl von H.-U. Klose zum Schatzmeister und die Ernennung von Margarita Mathiopoulos zur Vorstandssprecherin der SPD als Parteivorsitzender zurück
25.-27.03.	*In Bonn findet ein Kolloquium mit Mitarbeitern der FES und der Akademie der Gesellschaftswissenschaften der DDR statt*
02.04.	*SED-Politbüromitglied Günter Mittag kommt in Bonn zu einem Gespräch mit Bundeswirtschaftsminister Martin Bangemann und dem Vorsitzenden der SPD-Bundestagsfraktion Hans-Jochen Vogel zusammen*
03.04.	Verhandlungsvorschlag von SED-Generalsekretär Erich Honecker an Bundeskanzler Helmut Kohl über atomwaffenfreien Korridor in Mitteleuropa
05.04.	Landtagswahlen in Hessen
06.04.	*Der Vorsitzende der SPD-Fraktion im schleswig-holsteinischen Landtag, Björn Engholm, wird in Ost-Berlin vom Mitglied des Politbüros der SED, Hermann Axen, empfangen*
09.04.	*Auf Einladung des DFD hält sich eine Delegation der AsF aus Haltern zu einem mehrtägigen Besuch im Bezirk Erfurt auf*
13.04.	Absage von SED-Generalsekretär Erich Honecker, in West-Berlin an der Eröffnungsfeier zum 750jährigen Stadtjubiläum teilzunehmen
10.05.	*Eröffnung der, der DDR-Kunst gewidmeten, Duisburger Akzente mit Reden von Ministerpräsident Johannes Rau und DDR-Kulturminister Hans-Joachim Hoffmann*
11.-14.05.	*Besuch der Arbeitsgruppe Jugendpolitik der SPD-Bundestagsfraktion bei der Volkskammer der DDR*
15.04.	Vorschläge der Bundesregierung für kulturelles Austausch-Programm mit der DDR überreicht

	USA und Sowjetunion unterzeichnen neuen Fünf-Jahres-Vertrag Zusammenarbeit bei der friedlichen Erforschung des Weltraums
28.04.	Verzicht von Willy Brandt auf Vorsitz in SPD-Programmkommission
06.05.	DDR-Außenministerium erklärt Teilnahme von Eberhard Diepgen an Veranstaltung zur 750-Jahr-Feier in Ost-Berlin für "zur Zeit nicht vorstellbar"
12.05.	*Delegation der SPD-Bundestagsfraktion auf Einladung der FDJ zu Besuch in der Volkskammer der DDR und wird dort von dem SED-Politbüromitglied Egon Krenz empfangen* Städtepartnerschaft zwischen Cottbus und Saarbrücken vereinbart
15.05.	*Hans-Jochen Vogel zu einem Meinungsaustausch mit SED-Generalsekretär Erich Honecker am Werbellinsee*
17.05.	Landtagswahl in Rheinland-Pfalz Bürgerschaftswahl in Hamburg
28.05.	Städtepartnerschaften zwischen Meißen und Fellbach unterzeichnet
29.05.	Städtepartnerschaften zwischen Halle und Karlsruhe paraphiert
31.05.-03.06.	*Eine Delegation des SPD-Kreisverbandes Rhein/Hunsrück hält sich auf Einladung der SED-Kreisleitung in Luckenwalde auf*
01.-03.06.	*Besuch von Politbüromitglied Joachim Hermann im Saarland*
08.06.	An der Mauer in Ost-Berlin Zusammenstöße zwischen Sicherheitskräften und Jugendlichen während eines Rockkonzerts vor dem Reichstag; massive Behinderung westlicher Journalisten
10.06.	Paraphierung des Umweltabkommens
14.06.	SONDERPARTEITAG DER SPD IN BONN wählt Hans-Jochen Vogel zum SPD-Parteivorsitzenden und Oskar Lafontaine zum neuen stellvertretenden Parteivorsitzenden. Als Schatzmeister der SPD wird H.-U. Klose bestätigt. Anke Fuchs nimmt als Nachfolgerin von Peter Glotz ihre Tätigkeit als Bundesgeschäftsführerin auf.
16.06.	*Juso-Vorsitzender Michael Guggemos zu Besuch beim FDJ-Vorsitzenden Eberhard Aurich*
22.06.	Delegation der Sozialistischen Fraktion des Europäischen Parlaments zu Besuch in der Volkskammer *Bremer Innensenator Volker Kröning hält einen Vortrag vor dem IPW in Ost-Berlin zum Thema sicherheitspolitische Probleme beider deutscher Staaten*
29.06.	Rainer Burcharts neuer SPD-Parteisprecher
30.06.	Wahl von Hans-Jochen Vogel zum Vorsitzenden und Oskar Lafontaine zum geschäftsführenden Vorsitzenden der SPD-Programmkommission *Der Bremer Bürgermeister Klaus Wedemeier trifft zu einem mehrtägigen Besuch in Ost-Berlin ein*
01.07.	*Bremens Bürgermeister Klaus Wedemeier bei SED-Generalsekretär Erich Honecker*
04.07.	Zwischen der Universität des Saarlandes und der Karl-Marxs-Universität Leipzig wird eine Vereinbarung über Zusammenarbeit unterzeichnet, die sich vor allem auf wichtige Fachgebiete der theoretischen und klinischen Medizin konzentrieren soll
03.07.	*Gerhard Schröder empfängt in Hannover das SED-Politbüromitglied Werner Eberlein*
04.07.	Herabsetzung der Umtauschquote von DDR-Bewohnern bei Reisen in die Bundesrepublik Deutschland auf 15 DM Zusammenarbeit der Universitäten Saarbrücken und Leipzig vereinbart

07.07. *Andreas von Blüow besuchte auf Einladung des ZK der SED die DDR und sprach unter anderem mit Hermann Axen*

15.07. Bekanntgabe des Besuchs von SED-Generalsekretär Erich Honecker in der Bundesrepublik Deutschland im September 1987

20.07. *Karsten D.Voigt zu einem mehrtägigen Besuch in Ost-Berlin, Gespräche u.a. mit Hermann Axen*

18.08. STÄDTEPARTNERSCHAFT ZWISCHEN BREMEN UND ROSTOCK UNTERZEICHNET

27.08. **Veröffentlichung des gemeinsam von SPD und SED erarbeiteten Dokuments zum Thema "Streit der Ideologien und die gemeinsame Sicherheit**

01.09. *In einer Live-Sendung des DDR-Fernsehens diskutieren die Professoren Otto Reihold und Rolf Reißig von der Akademie der Wissenschaften beim ZK der SED sowie die Mitglieder der SPD-Grundwertekommission Erhard Eppler und Thomas Meyer über das gemeinsame Papier Streit der Ideologien*

02.09. In Hamburg nach Koalitionsverhandlungen von SPD und FDP Wahl eines neuen Senats mit Klaus von Dohnanyi als Präsident

07.-11.09. *Offizieller Besuch von SED-Generalsekretär Erich Honecker in der Bundesrepublik Deutschland*

13.09. Landtagswahl in Schleswig-Holstein
Bürgerschaftswahl in Bremen

14.09. *Dieter Haack (MdB) zu einem Informationsbesuch in der DDR*

18.09. Einigung zwischen USA und Sowjetunion über Vertrag zum Abbau der Raketen mittlerer und kürzerer Reichweite
Städtepartnerschaft zwischen Weimar und Trier unterzeichnet

25.11. Der Staatssicherheitsdienst und die Staatsanwaltschaft durchsuchen ab ein Uhr morgens Räume der evangelischen Zionskirche im Ostberliner Bezirk Prenzlauerberg. In den folgenden Tagen werden auch in anderen Städten,
u.a. in Dresden, Weimar, Halle und Wismar, Mitglieder unabhängiger Friedens-, Umwelt- und Menschenrechtsgruppen vorgeladen oder vorübergehend festgenommen sowie weiter Materialien beschlagnahmt.

27.-30.09. *Arbeitsgruppe Deutschlandpolitik der SPD-Bundestagsfraktion zu Informationsbesuch in der DDR*

04.10. *Auf Einladung des ZK der SED trifft Karl-Heinz Hiersemann, Mitglied des SPD-Parteivorstandes und Vorsitzender der bayerischen Landtagsfraktion zu einem mehrtägigen Besuch in der DDR ein*

09.10. *Kurt Hager empfängt den Bremer Senator für Bildung, Wissenschaft und Kunst Horst-Werner Franke zu einem Meinungsaustausch*
Städtepartnerschaft zwischen Plauen und Hof und zwischen Meißen und Fellbach unterzeichnet

15.10. Im Bundestag Abgabe des Berichts zur Lage der Nation

25.10. Städtepartnerschaft zwischen Neubrandenburg und Flensburg unterzeichnet

27.-29.10. *Treffen von Vertretern der Akademie für Gesellschaftswissenschaften beim ZK der SED und der SPD-Grundwertekommission. Thema des Treffens: Entwicklungsprobleme der Länder Asiens, Afrikas und Lateinamerikas*

28.10.	Errichtung eines Deutschen Historischen Museums in Berlin zwischen der Bundesrepublik Deutschland und Land Berlin vereinbart STÄDTEPARTNERSCHAFT ZWISCHEN LÜBECK UND WISMAR UNTERZEICHNET
30.10.	HAMBURG UND DRESDEN PARAPHIEREN EIN STÄDTEPARTNERSCHAFTSABKOMMEN
05.11.	Entschließungsantrag der SPD-Bundestagsfraktion "Die Zukunft Berlins zwischen Ost und West"
11.-12.11.	*DDR-Außenhandelsminister Gerhard Beil und Erich Honecker führen in Ost Berlin Gespräche mit Dieter Spöri (MdB), Mitglied des Vorstandes des SPD*
17.11.	*Delegation der SPD-Bundestagsfraktion unter der Leitung von Volker Hauff trifft zu einem Informationsbesuch in der DDR ein*
22.11.	Städtepartnerschaft zwischen Erfurt und Mainz paraphiert
23.11.	Städtepartnerschaft zwischen Leipzig und Hannover und zwischen Neubrandenburg und Flensburg unterzeichnet
25.11.	DER STAATSSICHERHEITSDIENST DER DDR UND DIE STAATSANWALTSCHAFT DURCHSUCHEN AB EIN UHR MORGENS RÄUME DER EVANGELISCHEN ZIONGEMEINDE IN OST-BERLIN BEZIRK PRENZLAUER BERG, NEHMEN MEHRERE MITGLIEDER EINES KIRCHLICHEN FRIEDENS- UND UMWELTKREISES FEST UND BESCHLAGNAHMEN MATERIAL UND VERVIELFÄLTIGUNGSGERÄTE. In den folgenden Tagen werden auch in anderen Städten, u.a. in Dresden, Weimar, Halle und Wismar, Mitglieder unabhängiger Friedens-, Umwelt- und Menschenrechtsgruppen vorgeladen oder vorübergehend festgenommen sowie weitere Materialien beschlagnahmt
27.11.	*1. Treffen der SPD/SED-Arbeitsgruppe zu sicherheitspolitischen Fragen in Ost-Berlin*
02.12.	An einem Forum über AIDS in Homburg, Saarland nimmt eine Expertendelegation aus der DDR teil
03.12.	Vereinbarung über eine Städtepartnerschaft zwischen Greifswald und Osnabrück
04.12.	*Zu einem Gespräch mit Vertretern der evangelischen Kirche fahren die SPD-Bundestagsabgeordneten Jürgen Schmude und Horst Sielaff nach Ost-Berlin. Ihrem Kollegen Gert Weisskirchen wird die Einreise mit der Begründung verweigert, er sei "gegenwärtig unerwünscht"*
08.12.	Städtepartnerschaft zwischen Magdeburg und Braunschweig wird paraphiert *Wegen angeblicher Terminschwierigkeiten sagt die FDJ ein für den 9. und 10. Dezember geplantes Treffen mit einer Delegation der Jungsozialisten ab.*
09.12.	Der Bundestag beschäftigt sich in einer Aktuellen Stunde mit den Vorgängen um die Zionskirche.
12.12.	Städtepartnerschaft zwischen Altenburg und Offenburg unterzeichnet Allgemeine Amnestie aus Anlaß des 38. Jahrestages der DDR-Gründung *Eine Delegation von Arbeitern und Gewerkschaftern aus Niedersachsen, die sich zu einem Besuch in Magdeburg aufhält, wird von Werner Eberlein, Mitglied des Politbüros und 1. Sekretär der Bezirksleitung Magdeburg, zu einem Gespräch empfangen.*
14.12.	Städtepartnerschaft zwischen Dresden und Hamburg wird unterzeichnet

1988

04.01. In Bonn wird bestätigt, daß SED-Sekretär Erich Honecker in einem Brief an den Bundeskanzler Helmut Kohl, der am 16.12.1987 im Bundeskanzleramt übergeben worden war, die Vorstellungen der DDR zur Weiterführung der Abrüstung dargelegt hat.

06.01. *Der 1. Sekretär des FDJ-Zentralrates Eberhard Aurich erörtert in Ost-Berlin mit dem Bundesvorsitzenden der Jungsozialisten Michael Guggemos Fragen der Abrüstung sowie Möglichkeiten der Zusammenarbeit zwischen FDJ und Jungsozialisten*

13.01. In der Ost-Berliner Humboldt-Universität findet eine Podiumsdiskussion mit Vertreterinnen der Jungsozialisten anläßlich der Fotoausstellung "Frauenbilder" statt

14.01. *Der nordrhein-westfälische Ministerpräsident Johannes Rau, der sich anläßlich der Eröffnung der Joseph-Beuys-Ausstellung in der Galerie im Marstall in Ost-Berlin aufhält, wird von Erich Honecker zu einem Gespräch empfangen. Bei einem Arbeitsessen, das auf Einladung von Otto Bräutigam, Leiter der Ständigen Vertretung der Bundesrepublik Deutschland in der DDR, stattfindet, trifft Johannes Rau mit Günter Mittag, Mitglied des Politbüros und Sekretär*
des ZK der SED, und DDR-Außenhandelsminister Gerhard Beil zusammen.

15.01. *DDR-Kulturminister Hans-Joachim Hoffmann empfängt den nordrhein-westfälischen Kulturminister Hans Schwier zu einem Gedankenaustausch über die Entwicklung der kulturellen Beziehungen.*

17.01. Anläßlich des 69. Jahrestages der Ermordung von Rosa Luxemburg und Karl Liebknecht findet in Ostberlin eine »Kampfdemonstration« unter Führung von Erich Honecker statt, an der sich nach ND über 200.000 beteiligten. Über 100 Angehörige unabhängiger Friedens- und Menschenrechtsgruppen, die mit eigenen Transparenten an dem Marsch teilnehmen wollten, wurden festgenommen.

21.01. Der Bischof der Evangelischen Kirche in Berlin-Brandenburg Gottfried Forck erklärt in Ost-Berlin, die evangelische Kirche trete für die Freilassung aller Inhaftierten ein. die im Zusammenhang mit der Demonstration am 17.01. festgenommen worden seien.

24.01. *Eine Delegation der FDJ-Fraktion in der Volkskammer der DDR sagt ein geplantes Treffen mit der AG-Jugendpolitik der SPD-Bundestagsfraktion unter Hinweis auf die derzeitige politische Lage ab.*

25.01. Vereinbarung über eine Städtepartnerschaft zwischen Potsdam und Bonn unterzeichnet.

26.02. Anläßlich seines 70. Geburtstages wird der rumänische Partei und Staatschef Nicolae Ceausescu von der DDR mit dem Karl-Marx-Orden ausgezeichnet.
Im Schloßtheater der Neuen Palais von Sanssouci unterzeichnen die Oberbürgermeister von Potsdam und Bonn eine Vereinbarung über Städtepartnerschaft.

27.01. *2. Treffen der SPD/SED-Arbeitsgruppe zu sicherheitspolitischen Fragen in Bonn.*

04.02. SED-Generalsekretär Erich Honecker empfängt Otto Graf Lambsdorff zu einem Meinungsaustausch.

09.02. Erstmalig ist in einer SED-Zeitung von DDR-Bürgern die Rede, die einen Antrag auf Übersiedelung in die BRD gestellt haben.

11.02. Städtepartnerschaft zwischen Eisenach und Marburg wird paraphiert

12.02.	Städtepartnerschaft zwischen Dessau und Ludwigshafen wird paraphiert In Dresden beginnt eine viertägige »Ökumenische Versammlung der Christen und Kirchen in der DDR für Gerechtigkeit, Frieden und Bewahrung der Schöpfung«.
17.02.	ND behauptet in einem Beitrag mit dem Titel »Wer steuert die sogenannte DDR-Opposition?«, die »Aufdeckung und Untersuchung gegen die DDR gerichteter staatsfeindlicher Handlungen« hätte »überzeugende Beweise« dafür erbracht, daß »imperialistische Geheimdienste und andere mit ihnen im Bundes stehende antisozialistische Zentren und Kräfte in der BRD und Westberlin intensiv darum bemüht sind, im Innern der DDR gegen deren gesellschaftliche Ordnung gerichtete Kräfte zu formieren, eine sogenannte innere Opposition zu organisieren.
18.02.	Städtepartnerschaft zwischen Greifswald und Osnabrück unterzeichnet
22.02.	*Im american institute for contemporary gernan studies der John-Hopkins-Universität in Washington stellen Otto Reinhold und Erhard Eppler das SPD/SED-Dokument »Streit der Ideologien und die gemeinsame Sicherheit« vor.*
01.03.	Der Ältestenrat des Deutschen Bundestages beauftragt den Bundestagspräsidenten Philipp Jenninger, Möglichkeiten zur Aufnahme offizieller Kontakte mit der Volkskammer der DDR zu sondieren. Drei Mitarbeiter der Umweltbibliothek der Ostberliner Zionsgemeinde, die am 17.01.1988 im Zusammenhang mit der Liebknecht/Luxemburg-Demonstration verhaftet worden waren, werden wegen »versuchter Zusammenrottung zur Störung der öffentlichen Ordnung« zu jeweils sechs Monaten Freiheitsentzug ohne Bewährung verurteilt.
16.03.	Städtepartnerschaft zwischen Wittenberg und Göttingen paraphiert
25.03.	Städtepartnerschaft zwischen Neu-Ulm und Meiningen wird paraphiert Städtepartnerschaft zwischen Altenburg und Offenburg unterzeichnet Die Technische Universität Dresden und die Rheinisch-Westfälische Technische Hochschule Aachen unterzeichnen eine Vereinbarung über Zusammenarbeit in Forschung und Lehre sowie bei der Aus- und Weiterbildung von Nachwuchskräften.
27.03.	Städtepartnerschaft zwischen Sömmerda und Böblingen wird paraphiert
30.03.	*3. Treffen der SPD/SED-Arbeitsgruppe zu sicherheitspolitischen Fragen in Ost-Berlin*
05.04.	IN BONN, OST-BERLIN UND PRAG WIRD EINE GEMEINSAME ERKLÄRUNG VON SPD, SED, UND KPTSCH VERÖFFENTLICHT, IN DER DIE DREI PARTEIEN EINE CHEMIEWAFFENFREIE ZONE IN DER BUNDESREPUBLIK DEUTSCHLAND, DER DDR UND DER CSSR VORSCHLAGEN.
06.04.	Eberhard Aurich 1. Sekretär der FDJ und die beiden Vorsitzenden des Bundes der Landjugend Ursula Brauneweil und Rudolf Meyer unterzeichnen in Ost-Berlin ein gemeinsames Kommuniqué zur Aufnahme offizieller Beziehungen zwischen den beiden Organisationen.
08.04.	*In Ost-Berlin wird ein zweitägiger Meinungsaustausch über »Fragen der gemeinsamen Sicherheit« zwischen Gesellschaftswissenschaftlern des IPW und der Akademie der Wissenschaften beim ZK der SED unter der Leitung von IPW-Direktor Max Schmidt und Wissenschaftlern des Forschungsinstituts der Friedrich-Ebert-Stiftung der SPD unter der Leitung von Wilhelm Bruns beendet.*
09.04.	Städtepartnerschaft zwischen Naumburg und Aachen wird paraphiert

13.04. Städtepartnerschaft zwischen Karl-Marx-Stadt und Düsseldorf wird paraphiert

19.04. Städtepartnerschaft zwischen Hoyerswerda und Dillingen und zwischen Neu-Strelitz und Schwäbisch Hall wird paraphiert

Politbüromitglied Hermann Axen empfängt das Mitglied des SPD-Präsidiums Peter Glotz zu einem Meinungsaustausch

Die Regierungen der DDR und der CSSR schlagen der Bundesregierung die Aufnahme offizieller Verhandlungen über die Befreiung bzw. Freihaltung der Territorien der drei Staaten von chemischen Waffen vor.

26.04. Rita Süßmuth, Bundesministerin für Jugend, Familie, Frauen und Gesundheit trifft zu einem mehrtägigen Besuch in Ost-Berlin ein.

29.04. *Der SPD-Vorsitzende Hans Jochen Vogel trifft auf Schloß Hubertusstock in der Schorfheide mit SED-Generalsekretär Erich Honecker zu einem Gespräch zusammen.*

In Freudenstadt beginnt ein dreitägiges Seminar von Vertretern der Grundwertekommission der SPD und der Akademie für Gesellschaftswissenschaften beim ZK der SED.

02.05. Die SPD, die FDP und die Grünen nehmen die Einladung von SED-Generalsekretär Erich Honecker zum Internationalen Treffen für kernwaffenfreie Zonen an, das im Juni in Ost-Berlin stattfinden wird.

04.05. Die Jungsozialisten, die Jungliberalen und die SDAJ sagen ihre Teilnahme am Ost-Berliner Treffen für kernwaffenfreie Zonen vom 22. bis 26.06. zu.

13.05. *Eine Delegation von Agrarpolitikern der SPD-Bundestagsfraktion beendet einen mehrtägigen Informationsbesuch in der DDR, zu dem sie von der Volkskammer eingeladen worden war.*

16.05. *Eine Delegation der AsF, die sich unter der Leitung der stellvertretenden Vorsitzenden Haidi Streletz zu einem mehrtägigen Besuch in der DDR aufhält, wird von der DFD-Vorsitzenden Ilse Thiele zu einem Gespräch empfangen.*

17.05. Bundesminister für Bildung und Wissenschaft Jürgen Möllemann zu einem Besuch in Ost-Berlin.

18.05. *4. Treffen der SPD/SED-Arbeitsgruppe zu sicherheitspolitischen Fragen in Bonn.*

20.05. Der Bundespräsident Richard von Weizsäcker empfängt Jugenddelegationen aus 40 Staaten, darunter auch elf FDJ-Mitglieder.

27.05. Der CDU/CSU-Fraktionsvorsitzende Alfred Dregger wird von Generalsekretär Erich Honecker zu einem Gespräch empfangen.

Eine Abordnung der SPD unter Leitung des Vorsitzenden Hans Jochen Vogel ehrt anläßlich des 125. Jahrestages der Gründung ihrer Partei in der Gedenkstätte der Sozialisten in Ost-Berlin das Andenken ehemaliger führender Sozialdemokraten, die dort beigesetzt sind.

Bundeskanzler Helmut Kohl reist zu einem privaten Besuch in die DDR

29.05. *Gerhard Schröder, Mitglied des SPD-Parteivorstandes und Vorsitzender der SPD-Fraktion in niedersächsischen Landtag, nimmt in Magdeburg an der Eröffnung der Ausstellung »Zeitgenössische Keramik aus der Bundesrepublik Deutschland« teil und trefft mit dem 1. Sekretär der SED-Bezirksleitung Werner Eberlein zu einem Meinungsaustausch zusammen.*

.06. »Hallenser Thesen«

01.06. *Der DDR-Umweltminister Hans Reichelt trifft mit dem nordrhein-westfälischen Umweltminister Klaus Matthiesen, der sich zu einem mehrtägigem Informationsbesuch in der DDR aufhält, zu einem abschließenden Gespräch zusammen.*

03.06. *Am Parteitag der West-Berliner SPD nimmt eine SED Delegation unter der Leitung von ZK-Abteilungsleiter Günter Rettner teil.*

Kurt Biedenkopf(MdB) trifft mit Hermann Axen zu Gesprächen über Abrüstung und Sicherheit zusammen.

15.06. *5. Treffen der SPD/SED-Arbeitsgruppe zu sicherheitspolitischen Fragen in Ostberlin.*

21.06. Horst Neubauer wird neuer Ständiger Vertreter der DDR in der Bundesrepublik Deutschland

23.06. Beginn des Kirchentags in Halle auf dem von dem Wittenberger Pfarrer Friedrich Schorlemmer ein Reformkonzept - Wider eine Gesellschaft der Gleichgültigen und Verantwortungslosen. Zwanzig Thesen zur Erneuerung und Umgestaltung - verschiedener informeller Gruppen vorträgt

25.06. RGW und EG nehmen offizielle Beziehungen zueinander auf.

29.06. *Eine Delegation der SPD-Bundestagsfraktion unter der Leitung von Hans Büchler, die sich zu einem mehrtägigen Besuch in der DDR aufhält, trifft in Magdeburg mit dem 1. Sekretär der SED-Bezirksleitung Werner Eberlein zusammen.*

07.07. *6. Treffen der SPD/SED-Arbeitsgruppe zu sicherheitspolitischen Fragen in Bonn.*

Auf einer internationalen Pressekonferenz in Bonn stellen SED-Politbüromitglied Hermann Axen und das Mitglied des SPD-Präsidiums Egon Bahr einen Vorschlag der SPD/SED-Arbeitsgruppe zu sicherheitspolitischen Fragen für eine »Zone des Vertrauens und der Sicherheit in Zentraleuropa« vor.

13.07. Städtepartnerschaft zwischen Gotha und Salzgitter wird paraphiert. Dem Abkommen ging eine Erklärung des Stadtrates von Salzgitter voraus, in der dieser bedauert, daß die Zentrale Erfassungstelle ihren Sitz immer noch in der Stadt hat und noch nicht aufgelöst ist.

01.08. Mit einem gemeinsamen Seminar in Bonn wird ein dreimonatiges Praktikum von Landwirten aus der DDR und der Bundesrepublik im jeweiligen anderen Staat beendet.

15.08. Ein Sprecher des DDR-Außenministeriums gibt bekannt, daß die DDR und die EG mit sofortiger Wirkung diplomatische Beziehungen aufgenommen haben.

16.08. *Eine Delegation der AG-Kunst und Kultur der SPD-Bundestagsfraktion reist unter der Leitung von Freimut Duve zu einem viertägigen Besuch in die DDR.*

18.08. *Der SED-Generalsekretär Erich Honecker empfängt den Ministerpräsidenten des Saarlandes Oskar Lafontaine zu einem Gespräch über die internationale Lage und die Beziehungen zwischen der Bundesrepublik und der DDR. Zur Intensivierung der Zusammenarbeit zwischen der DDR und dem Saarland werden u.a. vereinbart: eine gemeinsame Produktion des Fernsehens der DDR und des Saarlandes, der Austausch von Regisseuren beider Fernsehanstalten, Ausstellungen über das Saarland in der DDR bzw. über die DDR im Saarland.*

30.08. Beginn des SPD-Parteitages in Münster. *Die SED nimmt mit einer Beobachterdelegation unter der Leitung von Günter Rettner an dem Parteitag teil.*

05.09.	*Eine Delegation der FDJ-Volkskammerfraktion trifft auf Einladung der AG-Jugendpolitik der SPD-Bundestagsfraktion zu einem mehrtägigen Besuch in der Bundesrepublik ein.*
13.09.	*Vertreter der SPD und der SED beenden in Ost-Berlin zweitägige Beratungen zur Vorbereitung eines kommunalpolitischen Informations- und Meinungsaustausches.*
19.09.	*Eine Delegation der AsF beginnt einen mehrtägigen Studienaufenthalt in der DDR.*
23.09.	*7. Treffen der SPD/SED-Arbeitsgruppe zu sicherheitspolitischen Fragen in Kiel.*
29.09.	DDR-Verteidigungsminister Heinz Kessler bekundet im Gespräch mit der Hamburger Wochenzeitung »Die Zeit« sein Interesse an einem Treffen mit Bundesverteidigungsminister Rupert Scholz
30.09.	*Vertreter des ZK der SED und der SPD von West-Berlin treffen in Wendisch-Rietz am Scharmützelsee zusammen. Sie setzen den seit 1981 regelmäßig geführten Meinungsaustausch fort.*
12.10.	Eine Delegation der Volkskammer der DDR trifft unter der Leitung von Volkskammerpräsident Horst Sindermann auf Einladung der sozialistischen Fraktion zu einem dreitägigen Besuch des Europa-Parlaments in Straßburg ein. *Eine SED-Delegation unter der Leitung von Frank Herrmann, stellvertretender Minister für Umweltschutz und Wasserwirtschaft, beendet einen viertägigen Informationsbesuch in Bayern, in dessen Mittelpunkt ein gemeinsames Seminar von SED und bayerischer SPD zu Fragen des Umweltschutzes stand.*
16.10.	*Eine FDJ-Delegation unter der Leitung des 1. Sekretärs des Zentralrates Eberhard Aurich beginnt in Bonn einen Meinungsaustausch mit dem Vorstand des DBJR und dem Bundesvorstand der Jungsozialisten.*
27.10.	Die Bürgermeister von Königs Wusterhausen und des Westberliner Stadtbezirks Zehlendorf unterzeichnen eine Vereinbarung zur Aufnahme kommunaler Kontakte.
25.11.	Rita Süssmuth neue Bundestagspräsidentin
26.11.	Landesparteitag der Bremer SPD für Senatsumbildung
26.-27.11.	Deutschlandtag der Jungen Union
30.11.	DDR-Ministerrat verkündet neue Reiseverordnung
01.12.	Bundeskanzler legt Bericht zur Lage der Nation vor Bundestag und französische Nationalversammlung für Einsetzung eines deutsch-französischen Verteidigungs- und Sicherheitsrates Der Bund der Architekten in der Bundesrepublik Deutschland und der Bund der Architekten der DDR unterzeichnen in Bonn eine Vereinbarung über die Zusammenarbeit. Städtepartnerschaft zwischen Dortmund und Zwickau
07.12.	Schweres Erdbeben in Armenien
08.-09.12.	NATO-Außenminister würdigen UNO-Rede von Gorbatschow und kündigen Gesamtkonzept für Rüstungskontrolle und Abrüstung an
14.12.	Bundesaußenminister Genscher in Budapest
20.12.	Bundeskabinett billigt Sicherheitsgesetze und beschließt Änderung der Außenwirtschaftsverordnung
22.12.	Deutsche Forschungsgemeinschaft vereinbart Zusammenarbeit mit Akademie der Wissenschaften der DDR

31.12. Bundeskanzler Helmut Kohl ruft Bundesbürger auf, Landsleute aus osteuropäischen Staaten willkommen zu heißen

1989

04.01. Zwei libysche Kampfflugzeuge von Amerikanern abgeschossen

07.-11.01. Konferenz über ein Verbot chemischer Waffen in Paris

10./11.01. Ungarns Parlament verabschiedet Gesetz über die Einführung eines zivilen Ersatzdienstes und ein neues Koalitions- und Versammlungsgesetz

11.-12.01. Tagung der SPD-Programmkommission in Bonn

12.01. DDR-Bürger verlassen nach mehrtägigem Aufenthalt die Ständige Vertretung in Ost-Berlin

15.01. Zahlreiche Festnahmen nach Demonstration mehrerer 100 Menschen in Leipzig

17.-19.01. Die 35 Teilnehmerstaaten der Konferenz für Sicherheit und Zusammenarbeit (KSZE) beenden ihr drittes Folgetreffen mit Abschlußtagung in Wien. Das Schlußdokument enthält neben Vereinbarungen über die Menschenrechte, wirtschaftliche und militärische Zusammenarbeit auch Mandate für Verhandlungen über konventionelle Streitkräfte in Europa (VKSE) und über Vertrauens- und Sicherheitsbildende Maßnahmen (VVSBM), die im März 1989 in Wien beginnen sollen.

19.01. SED-Generalsekretär Erich Honecker hält es für möglich, daß die Mauer auch noch in 50 oder 100 Jahren besteht

23.01. Franz Bertele übernimmt als Staatssekretär die Ständige Vertretung Bonns in Ost-Berlin und löst Hans Otto Bräutigam ab.

24.01. Bonn begrüßt Pläne zum Truppenabbau in DDR und Polen

29.01. Bei Wahlen zum Berliner Abgeordnetenhaus verliert bisherige CDU/FDP-Koalition ihre Mehrheit

30.01. Warschauer Pakt veröffentlicht erstmals Streitkräftevergleich zur NATO

31.01. SPD-Parteivorstand will "Vorwärts" einstellen

02.02. Haftstrafen für vier kirchliche Mitarbeiter in Ost-Berlin
Die Wiener Verhandlungen über beiderseitige und ausgewogene Truppenreduzierung (MBFR) werden nach 15 ergebnislosen Verhandlungsjahren im Einvernehmen zwischen West und Ost 1989 mit einer kurzen Erklärung beendet.

06.02. Jugendlicher bei Fluchtversuch nach West-Berlin erschossen

14.02. Keine Einigung über LANCE-Raketen bei Besuch des amerikanischen Außenministers
Fluchtversuch eines Jugendlichen nach West-Berlin gescheitert

14./15.02. Schleswig-Holstein und Hamburg beschließen kommunales Wahlrecht für Ausländer

23.02. SED-Generalsekretär Erich Honecker leugnet gegenüber Lothar Späth Schießbefehl an der Mauer

24.02. SED-Generalsekretär Erich Honecker sagt Hamburgs Bürgermeister Voscherau Einbeziehung Hamburgs in den "grenznahen Verkehr" zu

25./26.02. Landesparteitag der bayerischen SPD

01.03.	Konstituierung des Abgeordnetenhauses von Berlin, Rücktritt des Regierenden Bürgermeisters Diepgen
02.03.	Bundesaußenminister Genscher plädiert vor UNO-Abrüstungskonferenz in Genf für weltweites Verbot chemischer Waffen
04.03.	Deutschlandtag der Jungen Union mit neuem Grundsatzprogramm
07.03.	Beginn der VSBM- und KSE-Verhandlungen in Wien
10.03.	SPD präsentiert Entwurf für neues Grundsatzprogramm
11.03.	Bundeswirtschaftsminister Haussmann sagt Leipziger Messe-Besuch wegen Zwischenfällen an der Mauer ab
12.03.	Bei Kommunalwahlen in Hessen erleidet CDU erhebliche Verluste
13.03.	Bundesbauminister Schneider sagt Leipziger Messe-Besuch ab
14.03.	DDR-Innenminister verkündet Durchführungsbestimmung zur Reiseverordnung
15.03.	Besuche zweier DDR-Minister abgesagt, Ausladung von Bundesumweltminister Töpfer
16.03.	Walter Momper zum neuen Regierenden Bürgermeister von Berlin gewählt
22.03.	"Baseler Konvention" regelt Transport von Giftmüll
23.03.	Ungarisches Parlament verabschiedet Gesetz über Streikrecht
26.03.	Wahlen zum Kongreß der Volksdeputierten in der Sowjetunion
28.03.	Wehrpolitisches Seminar in Hamburg mit Offizieren der Bundeswehr und der NVA
30.03.	In Ost-Berlin Gespräche über die Reinhaltung der Elbe
01./02.04.	Bundeskongreß der Jungsozialisten in Osnabrück kritisiert das geplante neue Parteiprogramm der SPD.
05.04.	Regierung und Opposition in Polen unterzeichnen Abkommen über Reformen Bonn ruft deutschen Botschafter aus Rumänien zurück
07.04.	SED-Politbüro-Mitglied Günter Mittag von Bundeskanzler Kohl empfangen
12.04.	Protokoll zum Verlauf der innerdeutschen Grenze beschlossen
13.04.	Walter Momper zu politischen Gesprächen in den USA
14.04.	SPD-Vorstand beschließt Einstellung des "Vorwärts"
15.04.	In China Demonstrationswelle nach Tod des früheren Parteichefs Hu Yaobang
18.04.	Boykotterklärung zur DDR-Kommunalwahl am 7. Mai von 48 DDR-Theologen und Mitgliedern kirchlicher Friedens- und Umweltgruppen
21.04.	Bonner Regierungskoalition vereinbart Kompromiß in der Frage der Kurzstreckenraketen
25.04.	Bundesminister Genscher und Stoltenberg finden in Washington keine Annäherung an die deutsche Position zu den Kurzstreckenraketen
28.04.	Im Bundestag Aktuelle Stunde zum Fusionsantrag Daimler-Benz/MBB sowie Abrüstungsdebatte im Zusammenhang mit der Modernisierung der atomaren Kurzstreckenwaffen der NATO
02.05.	Ungarn baut Eisernen Vorhang ab, Ungarische Grenzsoldaten schneiden erste Löcher in den Grenzzaun zu Österreich. Auf dem dritten ökumenischen Treffen der DDR-Kirchen in Dresden verabschieden 140 Vertreter aus 19 Kirchen zwölf Papiere, in denen sie auf mehr Demokratie, mehr

	Rechtlichkeit und Abkehr von der Vorherrschaft wirtschaftlicher Zielsetzungen dringen.
05.05.	Beginn der zweiten Runde der Konferenz über konventionelle Streitkräfte in Europa (VKSE)
	Finnland tritt Europarat bei
07.05.	Bei den Kommunalwahlen in der DDR stimmen nach offiziellen An-gaben 98,85 Prozent der Wähler für die Kandidaten der Nationalen Front; Basisgruppen sprechen von Wahlfälschung
15.-18.05.	Besuch von Michail Gorbatschow in Peking durch Studentenproteste überschattet
23.05.	Wiederwahl von Bundespräsident Richard von Weizsäcker
24.05.	Staatsakt zum 40jährigen Bestehen des Grundgesetzes in der Bonner Beethovenhalle
	Bundesminister für Forschung und Technologie Heinz Riesenhuber trifft zu einem mehrtägigen Besuch in Ost-Berlin ein. Er spricht sich für eine Beteiligung von Wissenschaftlern der DDR an internationalen Forschungsprojekten aus.
25.05.	Kongreß der Volksdeputierten wählt Michail Gorbatschow zum neuen Staatspräsidenten
29.05.	*Delegation der DDR-Volkskammer auf Einladung der SPD in Bonn*
29.-30.05.	Gipfelkonferenz der NATO in Brüssel
30.05.	Beginn der ersten KSZE-Menschenrechtskonferenz in Paris
31.05.	US-Präsident George Bush zu zweitägigem Aufenthalt in der Bundesrepublik Deutschland
.06.	Gründung einer Initiativgruppe zur Gründung einer sozialdemokratischen Partei.
04.06.	Wahlen zum polnischen Parlament
	In Peking blutige Niederschlagung der Demonstrationen für mehr Freiheit und Demokratie; Verhaftungs- und Säuberungswelle im ganzen Lande
07.06.	23. Deutscher Evangelischer Kirchentag in Berlin eröffnet
	In Ost-Berlin zahlreiche Festnahmen beim Versuch, eine Eingabe wegen Manipulationen bei der Kommunalwahl zu übergeben
12.-15.06.	Michail Gorbatschow zu Besuch in der Bundesrepublik Deutschland
16.06.	Im Bundestag Regierungserklärung zum Besuch von Michail Gorbatschow
17.06.	Erhard Eppler hält Gedenkrede in Plenarsitzung zum 17. Juni
18.06.	Direktwahl zum Europäischen Parlament bringt CDU erhebliche Stimmenverluste und Wahlsieg der Republikaner
	Gleichzeitig mit Europawahl Kommunalwahlen in Rheinland-Pfalz und im Saarland
19.06.	SPD-Bundestagsfraktion: **"EUROPÄISCHE SICHERHEIT 2000"**.
	Walter Momper spricht mit SED-Generalsekretär Erich Honecker in Ost-Berlin
24.06.	Georg Sterzinsky neuer Bischof von Berlin
25.06.	Der Bundestagsausschuß für Bildung und Wissenschaft sagt eine Informationsreise in die DDR ab, nachdem die Ständige Vertretung der DDR sich weigerte, die Unterlagen für einen Berliner Bundestagsabgeordneten zu bearbeiten.
26.06.	Beschluß des SPD-Parteivorstandes: **"GRUNDSÄTZE FÜR DIE WAHRNEHMUNG VON KONTAKTEN MIT DER SED UND DEREN GLIEDERUNGEN SOWIE MIT**

INSTITUTIONEN, PARTEIEN, ORGANISATIONEN UND GRUPPIERUNGEN IN DER DDR".

26.-27.06. Europäischer Rat tagt in Madrid

01.07. Theo Waigel erklärt deutsche Frage vor Schlesier-Treffen für offen

04.07. SED-Generalsekretär Erich Honecker erklärt gegenüber Kanzleramtsminister Seiters, es gebe keinen Schießbefehl mehr

06.07. Michail Gorbatschow spricht vor Europarat in Straßburg
Bundesumweltminister Klaus Töpfer und DDR-Minister für Umweltschutz und Wasserwirtschaft Hans Reichelt unterzeichnen in Bonn einen Vertrag über die Förderung von Umwelt-"Pilotprojekten" in der DDR, an denen sich die Bundesrepublik Deutschland mit 300 Millionen DM beteiligen wird. Ziel der Projekte ist die Säuberung der Elbe und die Verminderung der Luftverschmutzung in der DDR.

08.07. Ostblock-Gipfelkonferenz in Rumänien
Die Bundesrepublik Deutschland und die DDR vereinbaren die gegenseitige

13.07. Abschlußsitzung der zweiten Runde der Wiener Verhandlungen über die konventionellen Streitkräfte in Europa

14.-16.07. Gipfelkonferenz der Staats- und Regierungschefs der sieben wichtigsten westlichen Industrienationen in Paris

17.07. Österreich übergibt Beitrittsgesuch zur EG

19.07. Jaruzelski zum polnischen Staatspräsidenten gewählt

22.07. Durch Nachwahl erstmals Oppositionspolitiker im ungarischen Parlament

25.07. Konstituierende Sitzung des neu gewählten Europäischen Parlaments; Wahl des Spaniers Enrique Barón Crespo zum Präsidenten

27.07. Oberster Sowjet beschließt weitgehende wirtschaftliche Selbständigkeit für Estland, Lettland und Litauen ab 1990

08.08. Rückführung kriegsbedingt verlagerter Bibliotheksbestände.
Die Ständige Vertretung der Bundesrepublik Deutschland in der DDR wird bis auf weiteres für den Publikumsverkehr geschlossen. 130 Personen haben dort Zuflucht gesucht, um ihre Ausreise zu erzwingen.

10./11.08. Lufthansa und Interflug nehmen Linienverkehr zwischen Leipzig und Frankfurt bzw. Düsseldorf auf

12.08. Erklärung führender Katholiken aus der Bundesrepublik Deutschland und Polen für Bestand von Polens Westgrenze

14.08. Die Botschaft in Budapest wird wegen Überfüllung geschlossen

16.08. Wachsende Zahlen von Zufluchtsuchenden aus der DDR in den Bot-schaften von Budapest, Prag und Warschau und in der Ständigen Vertretung in Ost-Berlin

18.08. Kanzleramtsminister Seiters im DDR-Außenministerium wegen der Situation der Ausreisewilligen in den bundesdeutschen Vertretungen

19.08. Mehr als 600 DDR-Bürger nutzen ein Grenzfest bei Sopron in Ungarn zur Flucht.

22.08. Helmut Kohl gibt bekannt, Generalsekretär Heiner Geißler ablösen zu wollen

23.08. Die Botschaft in Prag wird wegen Überfüllung geschlossen.
Menschenkette durch Estland, Lettland und Litauen am 50. Jahrestag der Unterzeichnung des Hitler-Stalin-Paktes

24.08.	Bundespräsident von Weizsäcker bekräftigt Grenzzusagen im deutsch-polnischen Vertrag von 1970 in einer Botschaft an das polnische Volk zum 50. Jahrestag des deutschen Einmarsches in Polen Ungarn läßt 108 DDR-Bürger aus der bundesdeutschen Botschaft ausreisen und löst damit Massenflucht aus der DDR aus
24.08.	Polnisches Parlament wählt Tadeusz Mazowiecki zum ersten nicht-kommunistischen Ministerpräsidenten Bundespräsident Richard von Weizsäcker versichert dem polnischen Volk, daß die allermeisten Deutschen eine "Verständigung ohne Vorbehalte" mit Polen suchen. In einer Botschaft zum 50. Jahrestag des deutschen Einmarsches in Polen erinnert er ausdrücklich an den deutsch-polnischen Vertrag von 1970: "Mein Land hat verbindlich zugesagt, jetzt und in Zukunft keinerlei Gebietsansprüche gegen Polen zu erheben. Unsere Achtung vor dem Recht erfüllt sich im menschlichen Grundgebot der Verständigung".
25.08.	DDR-Umweltministerium und Berliner Senatsverwaltung vereinbaren Informationsaustausch bei Schadensfällen an Gewässern
30.08.	Bayern errichtet Notaufnahmelager wegen der steigenden Zahl von DDR-Flüchtlingen in Ungarn
01.09.	Regierungserklärung des Bundeskanzlers zum 50. Jahrestag des Ausbruchs des Zweiten Weltkrieges; Bundestag bekennt sich zur weiteren Aussöhnung mit dem polnischen Volk und zur Erfüllung des Warschauer Vertrages
02.09.	Gründungsversammlung des Demokratischen Aufbruch - sozial, ökologisch (DA)
04.10.	DDR-Oppositionsgruppen treten mit einem gemeinsamen Aufruf, in dem sie die Umgestaltung von Staat und Gesellschaft und demokratische Wahlen unter Aufsicht der UNO fordern, an die Öffentlichkeit. Lech Walesa und Ministerpräsident Mazowiecki betonen Notwendigkeit westlicher Unterstützung für Polen
07.09.	Gedenksitzungen des Bundestages und des Bundesrates zum 40. Jahrestag ihrer Konstituierung Beginn der dritten Runde der Verhandlungen über die konventionellen Streitkräfte in Europa
09.09.	Gründung des Neuen Forum (NF) von 30 Vertretern aus elf DDR-Bezirken in Grünheide »Aufbruch 89 - Neues Forum«
.09.	Antrag des NF auf Registrierung als »Vereinigung« vom DDR-Innenministerium abgelehnt.
10.-13.09.	CDU-Bundesparteitag in Bremen; Volker Rühe neuer Generalsekretär
11.09.	Ungarische Regierung öffnet für DDR-Bürger Grenze nach Österreich
12.09.	Mitglieder der oppositionellen »Initiative Frieden und Menschenrechte«, der »Initiative für Absage an Praxis und Prinzip der Abgrenzung« und einige weitere Ost-Berliner Intellektuelle verfassen einen »Aufruf zur Einmischung in eigener Sache« und »Thesen für eine demokratische Umgestaltung in der DDR«. Ein Aufruf und Thesen, auf die die Bürgerbewegung »Demokratie Jetzt« zurückgeht.
14.09.	Im Bundestag Aussprache über die Fluchtbewegung aus der DDR

.09. »Böhlener Plattform«, ein umfangreiches programmatisches Papier der »Vereinigten Linken« wird vorgelegt.

15.09. Delegationsreise der SPD-Bundestagsfraktion nach Ost-Berlin wird von DDR abgesagt

16.09. Bundesaußenminister Genscher legt "Europa-Plan des Westens" zur Unterstützung der Reformen in Osteuropa vor

19.09. SPD-Parteivorstand: "**ENTSCHLIEßUNG ZUR DEUTSCHLANDPOLITIK**".
"Neues Forum" beantragt Zulassung als Vereinigung in der DDR
Warschauer Botschaft wegen Andrangs von DDR-Flüchtlingen geschlossen
Angesichts zahlreicher Unruhen Erklärung von Gorbatschow, dem Zerfall der Sowjetunion mit allen Mitteln entgegenwirken zu wollen

23.09. Ungarn beginnt mit Rehabilitierung von Stalinismus-Opfern

26.09. Ungarn dürfen ab sofort ungehindert ins Ausland reisen

27.09. Engholm in Moskau
EG-Kommission legt Entwurf einer "Charta der sozialen Grund-rechte" vor

29.09. Bundesaußenminister Genscher erreicht während UNO-Vollversammlung Ausreise von DDR-Bürgern aus den Botschaften in Prag und Warschau

30.09. DDR-Flüchtlinge in Prager und Warschauer Botschaft können in die Bundesrepublik ausreisen

01.10. Fluchtbewegung von DDR-Bürgern hält an; Ankunft zahlreicher Sonderzüge aus Prag und Warschau
Kommunalwahlen in Nordrhein-Westfalen bringen Stimmenverluste für die CDU

02.10. Vaclav Havel erhält Olaf-Palme-Gedächtnispreis

03.10. Die Flüchtlingszahl in Prag ist wieder auf mehr als 5000 angewachsen. Erneut dürfen Tausende DDR-Bürger aus Prag und Warschau mit der Bahn ausreisen.

04.10. Gemeinsame Erklärung verschiedener Oppositionsgruppen
Auf dem Dresdner Bahnhof kommt es zu Auseinandersetzungen zwischen der Polizei und 2000 DDR-Bürgern, die auf die Flüchtlingszüge aufspringen wollen.

06.10. Erklärung des NF zum 40. Jahrestag der DDR

07.10. DDR begeht 40. Jahrestag ihrer Gründung mit Michail Gorbatschow als Ehrengast
Wiederum zahlreiche Demonstrationen u.a. in Ost-Berlin, Leipzig und Dresden; gewaltsames und zum Teil brutales Einschreiten der Polizei
Formelle Gründung der Sozialdemokratischen Partei (SDP) in Schwante
Antrag der SDP auf Aufnahme in die Sozialistische Internationale (SI)
Schleswig-holsteinische SPD beschließt Gegenentwurf zum SPD-Grundsatzprogramm
In Schwante (Bezirk Potsdam) wird eine "Sozialdemokratische Partei in der DDR" (SDP) gegründet.

08.10. In Budapest Auflösung der bisherigen kommunistischen Partei und Gründung einer "Ungarischen Sozialistischen Partei"

10.10. »offener Problemkatalog« des NF.
Eröffnung der 41. Frankfurter Buchmesse; Friedenspreis des Deutschen Buchhandels an Vaclav Havel verliehen

13.10. Vorstand der "Sozialistischen Einheitspartei Westberlins" geschlossen zurückgetreten

18.10.	Nach weiteren Massendemonstrationen Rücktritt von Erich Honecker von sämtlichen Ämtern in Partei und Staat; neuer Generalsekretär des ZK der SED wird Egon Krenz
20.10.	Walter Momper zum neuen Bundesratspräsidenten gewählt Für Kontakte zwischen Bundestag und Volkskammer sprechen sich der FDP-Fraktionsvorsitzende Wolfgang Mischnick und der Erste Sekretär der Dresdner SED-Bezirksleitung, Hans Modrow, in Dresden aus.
22.10.	Kommunalwahlen in Baden-Württemberg
23.10.	Auf der traditionellen Leipziger Montagsdemonstration fordern 300 000 Menschen Reformen: "Wir sind das Volk". *Gründungsmitglied der SDP der DDR, Steffen Reiche, bei SPD in Bonn*
24.10.	DDR-Volkskammer wählt Egon Krenz zum neuen Vorsitzenden des Staatsrats
27.10.	DDR-Staatsrat beschließt Amnestie für DDR-Flüchtlinge
30.10.	Vorläufige Konstituierung des DA als Partei.
31.10.	**DEUTSCHLANDPOLITISCHE ENTSCHLIEßUNG DES SPD-PARTEIRATES.**
02.11.	Otto Schily gibt Ausscheiden aus Partei der GRÜNEN bekannt
03.11.	Zum erstenmal erlaubt die DDR ihren Bürgern die direkte Ausreise aus der CSSR in die Bundesrepublik. In Zügen und endlosen »Trabbi«-Kolonnen kommen Zehntausende in den Westen. Europäisches Parlament fordert DDR zu umfassenden Reformen auf
04.11.	Eine Million Menschen demonstrieren in Ost-Berlin für Reformen
06.11.	Entwurf eines DDR-Reisegesetzes veröffentlicht (am nächsten Tag von Volkskammerausschuß als unzureichend abgelehnt)
07.11.	DDR-Regierung tritt geschlossen zurück
08.11.	Bundeskanzler erstattet Bericht zur Lage der Nation Rücktritt und Neuwahl des SED-Politbüros; Egon Krenz als Generalsekretär bestätigt Auf der Zehnten ZK-Sitzung der SED tritt das Politbüro zurück. Das neu gewählte Politbüro bestätigt Egon Krenz einstimmig als Generalsekretär. Er kündigt erneut Reformen (Gewährung politischer Rechte, Reiseregelung) an.
09.11.	Amtierender DDR-Ministerrat beschließt Reiseregelung; Öffnung der Grenzübergänge noch in den Abendstunden Im Bundestag Regierungserklärung zur Grenzöffnung und Abbruch der Plenarsitzung Beginn der Polen-Reise von Bundeskanzler Helmut Kohl Beginn der vierten Runde der Verhandlungen über die konventionellen Streitkräfte in Europa (VKSE) Die überraschende Nachricht von der sofortigen Öffnung der DDR-Grenze führt zu einem vorzeitigen Abschluß der Bundestagssitzung. Nach einer Regierungserklärung von Kanzleramtsminister Rudolf Seiters und einer kurzen Debatte erheben sich die Anwe-senden und singen die Nationalhymne.

VII. Literaturverzeichnis

Abteilung Außenpolitik- und DDR-Forschung der Friedrich-Ebert-Stiftung, Projektgruppe Systemauseinandersetzung, (Hrsg.), Vortragsveranstaltung. »Gesellschaftliche Erneuerung in der DDR«. 30.November 1989 in Bonn. Vortrag: Markus Meckel, Bonn, 1990.

Afheldt, Horst, Defensive Verteidigung, Reinbeck, 1983.

AG-Frieden des Frankfurter Kreises, 14 Thesen zur Friedenspolitik der SPD, Bonn, .10.1985.

Aktion Sühnezeichen/Friedensdienste, (Hrsg.), Das SPD/ SED-Papier, Freiburg i. Br., 1988.

Ammer, Thomas, Redneraustausch SPD-SED 1966, in: Deutschland Archiv, Heft 4, Köln, 1986, S. 348 - 349.

Ammer, Thomas, Stichwort: Städtepartnerschaften, in: Deutschland Archiv, Heft 2, Köln, 1987, S. 120 - 121.

Ammon, Herbert / Brandt, Peter,(Hrsg.), Die Linke und die nationale Frage. Dokumente zur deutschen Einheit seit 1945, Reinbek/ Hamburg, 1981.

Ammon, Herbert, Wege zur Lösung der "Deutschen Frage". Der emanzipatorische Anspruch der Linken unter dem Zwang zur Realpolitik, in: Befreiung. Zeitschrift für Politik und Wissenschaft, Nr.21, Berlin(West), .04.1981.

Ammon, Herbert / Brandt, Peter, Patriotismus von Links. Rückblick und Zustandsbeschreibung, in: Venohr, Wolfgang, (Hrsg.), Die deutsche Einheit kommt bestimmt, Bergisch Gladbach, 1982, S. 119-159.

Ammon, Herbert, Plädoyer für die Deutsche Einheit durch Blockfreiheit, in: Deutschland Archiv,Heft 8, Köln, 1983, S. 820 - 833.

Ammon, Herbert, Europäischer Frieden und Deutsche Frage in: Die Neue Gesellschaft, Heft 8, Bonn, 1984, S. 703-711.

Ammon, Herbert / Schweisfurth, Theodor, Friedensvertrag - Deutsche Konföderation - Europäisches Sicherheitssystem. Denkschrift zur Verwirklichung einer europäischen Friedensordnung, Frankfurt, 1985.

Ammon, Herbert, Weder Deutschland- noch Europapolitik. Kritische Anmerkungen zu Reimund Seidelmann, in: Deutschland Archiv, Heft 11, Köln, 1985, S. 1186 - 1191.

Ammon, Herbert, »Nationalpolitik« versus »Realpolitik«. Eine Kritik an Wilfried von Bredow und Rudolf H. Brocke, in: Deutschland Archiv, Heft 9, Köln, 1986, 849 - 853.

Apel, Hans, Die Bedrohung Westeuropas durch das militärische Potential der Warschauer Pakt-Staaten, in: Die Neue Gesellschaft, Heft 4, Bonn, 1982, S. 315-321.

Apel, Hans, Zur Deutschland- und Ostpolitik. Interview für den NDR/WDR 1 mit Rainer Burchart, in: Informationen der sozialdemokratischen Bundestagsfraktion. Tagesdienst, Ausgabe 1529, Bonn, 11.08.1984.

Apel, Hans, Deutschlandpolitik. Möglichkeiten und Grenzen, in: Europa Archiv, 39. Jg., Folge 20, Bonn, 1984, S. 609-616.

Arbeitsgruppe "Neue Verfassung der DDR" des Runden Tisches, Verfassungsentwurf für die DDR, Berlin, April 1990.

Axen, Hermann, Grußansprache. Parteitag der KPD Jan. 1989, in: Frankfurter Rundschau, Die Herzlichsten Grüße des ZK an die revolutionäre Kampfpartei. Grußansprache von Hermann Axen, Mitglied des Politbüros und Sekretär des Zentralkomitees der SED, Frankfurt, 12.01.1989.

Bach, Albrecht, Rüstungskontrolle oder Abrüstung? Überlegungen zu einem neuen Konzept für Abrüstung, in: Die Neue Gesellschaft, Heft 4, Bonn, 1981, S. 423-431.

Bahr, Egon, Referat vor der Evangelischen Akademie Tutzingen am 15.Juli 1963, in: Meissner, Die deutsche Ostpolitik 1961-1970. Kontinuität und Wandel. Dokumentation, Köln, 1970, S. 45-48.

Bahr, Egon, Von Moskau über Helsinki nach Wien, in: Deutschland Archiv, Heft 8, Köln, 1975, S. 1335-1340

Bahr, Egon, Was wird aus den Deutschen? Fragen und Antworten, Reinbek, 1982.

Bahr, Egon, Sozialdemokratische Sicherheitspartnerschaft, in: Die Neue Gesellschaft, Heft 2, Bonn, 1983, S. 105-110.

Bahr, Egon, Deutschland und die Atomwaffen, in: Die Neue Gesellschaft, Heft 3, Bonn, 1984. S. 217-221.

Bahr, Egon, Gemeinsame Sicherheit. Vortrag auf Einladung der sowjetischen Akademie der Wissenschaften in Moskau am 16.04.1984.

Bahr, Egon, Frage der Staatsbürgerschaft darf das Verhältnis zwischen der Bundesrepublik und der DDR nicht belasten. Auf die Sicherung des Friedens konzentrieren. "Bürger der DDR" sind eine Realität, in: Vorwärts, Bonn, 09.02. 1985.

Bahr, Egon, Die Chancen der Geschichte in der Teilung suchen. Rede anläßlich einer Veranstaltung der Evangelischen Akademie Tutzingen, Bonn, 16.06.1985.

Bahr, Egon, Interview im ZDF-Magazin vom 19.06.1985 zum Rahmenabkommen, Bonn, 19.06.1985.

Bahr, Egon, Chemiewaffenfreie Zone, in: Informationen der sozialdemokratischen Bundestagsfraktion. Tagesdienst, Ausgabe 1307, Bonn, 28.06.1985.

Bahr, Egon, Unser Vertragsentwurf mit der SED ist eine Chance, in: Sozialdemokratischer Pressedienst, 40.Jg, Ausgabe 122, Bonn, .07.1985.

Bahr, Egon, Zum Ergebnis des Brandt-Besuchs in der DDR, in: BPA-Nachrichtenabt., Ref.IIR3, Rundf.-Ausw. Deutschland, HR/21.9.85/18.00 Uhr/TM - Hintergrund - BPA/KÜI/23.9. 85, Bahr Ausschnitt) II-0921-5, Bonn, 1985.

Bahr, Egon, Zu den anstehenden Gesprächen mit der SED über eine atomwaffenfreie Zone in Europa, in: BPA-Nachrichtenabt., Ref.II R 3, Rundf.-Ausw. Deutschland, DLF/25.9.85/ 7.17/Pp-kl/ -viertel nach sieben -, BPA/KÜII/25.9.85, Bahr (Auszug) 0925-3/II, Bonn, 25.09.1985,

Bahr, Egon, Chancen für eine neue Phase der deutsch-deutschen Beziehungen, in: Vorwärts, Bonn, 28.09.1985.

Bahr, Egon, Zwangsvereinigung. Zur Erinnerung an den April 1946 und die Gründung der SED, in: Die Neue Gesellschaft, Heft 1, Bonn, 1986, S. 9-25.

Bahr, Egon, Sind wir endlich erwachsen? Die beiden deutschen Staaten nach dem Sindermann-Besuch, in: Vorwärts, Bonn, 22.02.1986.

Bahr, Egon, Deutsch-deutsche Sicherheiten. Interview mit Evangelische Kommentare, in: Evangelische Kommentare, Stuttgart, 08.08.1986, S. 467-470.

Bahr, Egon, Macht und Ohnmacht Europas in den Perspektiven der Allianz. Arbeitsteilung zwischen den USA und Westeuropa, in: Die Neue Gesellschaft, Heft 3, Bonn, 1987, S. 221-227.

Bahr, Egon, Zum europäischen Frieden. Eine Antwort auf Gorbatschow, Berlin, 1988.

Bahr, Egon, Starrheit ist nicht gleich Stabilität. Zeit-Gespräch mit Egon Bahr, in: Die Zeit, Hamburg, 01.09.1989.

Bahr, Egon, Die DDR muß uns helfen. Interview, in: Bild am Sonntag, 01.10.1989.Bahr, Egon, Interview im Deutschlandfunk, in: Presseservice der SPD, Bonn, 05.10.1989.

Bahr, Egon, Die Mauer steht nur noch "zwei, drei Jahre", in Stuttgarter Nachrichten, Stuttgart, 26.10.1989.

Bahring, Arnulf, Machtwechsel. Die Ära Brandt-Scheel, Stuttgart, 1982.

Bahro, Rudolf, Die SPD vor der Friedensbewegung, in: Pestalozzi, Hans A. u.a. (Hrsg.), Frieden in Deutschland. Die Friedensbewegung: wie sie wurde, was sie ist, was sie werden kann, München, 2. Auflage, 1982, S. 105 f.

Barbe, Angelika, Sozialdemokratische Partei (SDP), in: Gewerkschaftliche Monatshefte, Heft 12, Köln, 1989, S. 779 - 785.

Bashenow, Dr. Genrich, Gut aufgenähte Taschen in: Neue Zeit, Nr. 37, 1989, Seite 25

Bastian/Eppler/Guha/Hansen/Havemann/Kude/Lafontaine/Lutz, Die SS-20 - Ursache oder Vorwand für die Stationierung neuer US-Atomraketen in Mitteleuropa?, in: Blätter für deutsche und internationale Politik, Heft 7, Köln, 1981, S. 781-800.

Baudissin, W. Graf von, Nie wieder Sieg! Programmatische Schriften 1951-1981, hrsg. v. C. Bührle und C. von Rosen, München, 1982.

Baumann, Wolf-Rüdiger, Die Deutschlandpolitik der Opposition, in: Sonde, 3/84, .09.1984.

Baumann, Wolf-Rüdiger, Innerdeutsche Städtepartnerschaften haben Konjunktur, in: Deutschland Archiv, Heft 12, Köln, 1987, S. 1235 - 1238.

Bender, Peter, Offensive Entspannung. Möglichkeiten für Deutschland, Köln/Berlin(West), 1964.

Bender, Peter, Zehn Gründe für die Anerkennung der DDR, Frankfurt, 1968.

Bender, Peter, Die Ostpolitik Willy Brandts oder die Kunst des Selbstverständlichen, Hamburg, .04.1972.

Bender, Peter, West-Berlin: Westdeutscher Sackbahnhof oder europäisches Zentrum, in: Deutschland Archiv, Heft 7, Köln, 1972, S. 701-703.

Bender, Peter, Herbert Wehner und die Deutschlandpolitik, in: Jahn, Gerhard u.a., (Hrsg.), Herbert Wehner. Beiträge zu einer Biographie, Köln, 1976.

Bender, Peter, Europa und die Deutschen. Die Entschärfung eines Problems, in: Deutschland Archiv, Heft 8, Köln, 1981, S. 251-264.

Bender, Peter, Europa und die Deutschen. Die Entschärfung eines Problems, in: derselbe, Das Ende des ideologischen Zeitalters, Berlin(West), 1981, S. 219-249.

Bender, Peter, Das Ende des ideologischen Zeitalters. Die Europäisierung Europas, Berlin(West), 1981.

Bender, Peter, Amerikanische Deutschlandpolitik. Ein realistisches Wiedervereinigungskonzept hat es nie gegeben, in: Deutschland Archiv, Heft 8, Köln, 1984, S. 830-833.

Bender, Peter, Gorbatschows neue Politik, in: Die Neue Gesellschaft, Heft 9, Bonn, 1985, S. 726-727.

Bender, Peter, Sicherheitspartnerschaft und friedliche Koexistenz. Zum Dialog zwischen SPD und SED, in: Die Neue Gesellschaft, Heft 4, Bonn, .04.1986, S. 342-346.

Bender, Peter, Neue Ostpolitik. Vom Mauerbau zum Moskauer Vertrag, München, 1986.

Bender, Peter, Die Ostpolitik der Regierung Kohl, in: Die Neue Gesellschaft, Heft 10, Bonn, 1986, S. 884-888.

Bender, Peter, Wenn es West-Berlin nicht gäbe, Berlin (West), 1987.

Bender, Peter, Mitteleuropa - Mode, Modell oder Motiv?, in: Die Neue Gesellschaft, Heft 4, Bonn, 1987, S. 297-304.

Bender, Peter, Erträgliche Beziehungen. Über die beiden deutschen Staaten und ihr Verhältnis zueinander, in: Die Neue Gesellschaft, Heft 10, Bonn, 1987, S. 868-870.

Bender, Peter, Deutsche Parallelen. Anmerkungen zu einer gemeinsamen Geschichte zweier getrennter Staaten, Berlin, 1989.

Bender, Peter, Der Dialog ist heute so richtig wie gestern, in: ppp Bonner Tagesdienst, Bonn, 15.09.1989.

Bender, Peter, Die Krise erzwingt den Weg zur Demokratie, in: ppp Bonner Tagesdienst, Bonn, 09.11.1989.

Beratungen der Sächsischen und der Provinzsächsischen Synode im Oktober 1987, in: epd-Dokumentation, Nr. 52, 1987, S. 1 f

Beratungen der Sächsischen und der Provinzsächsischen Synode im Oktober 1987, in: epd-Dokumentation, Nr. 52, 1987, S. 23 f.

Berg, Michael von, Zum Umweltschutz in Deutschland,in: Deutschland Archiv,Heft 4, Köln, 1984, S. 374 - 383.

Bertelsmann, C., (Hrsg.), Reden über das eigene Land: Deutschland 1983 - 1987, München, 1988.

Besson, Waldemar, Die Ostpolitik der Bundesrepublik, München, 1970.

Bickhardt, Stephan, (Hrsg.), Recht ströme wie Wasser: Christen in der DDR für Absage an Praxis und Prinzip der Abgrenzung. Ein Arbeitsbuch, Berlin, 1988.

Biermann, Wolfgang, "Nachrüstung" als Übergang von der Strategie der atomaren Abschreckung zur Strategie der Führbarkeit des Atomkrieges, in: Die Neue Gesellschaft, Heft 4, Bonn, 1981, S. 416-423.

Bloemer, Karl-Heinz, Wege und Irrwege zum Friedensvertrag, in: Deutschland Archiv, Heft 11, Köln, 1985, S. 1193-1196.

Bloemer, Klaus, Das Bündnis sollte modernisiert werden. Überlegungen zu einer europäischen Verteidigungsorganisation, in: Die Neue Gesellschaft, Heft 3, Bonn, 1982, S. 230-240.

Bloemer, Klaus, Autonomie in den beiden Europa. Nachdenkliches zu Gorbatschows Modell vom "Gemeinsamen Haus", in: Die Neue Gesellschaft, Heft 9, Bonn, 1986, S. 810-822.

Bloemer, Klaus, Konturen eines europäischen Doppelhauses, in: Die Neue Gesellschaft, Heft 8, Bonn, 1987, S. 729.

Böhme, Ibrahim, Trügerische Hoffnungen. Interview, in: Vorwärts Sozialdemokratisches Magazin, Bonn, November 1989.

Böttger, Uwe-Eckart, Innerdeutsche Beziehungen und Selbstbestimmungsrecht, in: Deutschland Archiv, Heft 3, Köln, 1989, S. 316-318.

Böttcher, Winfried, Friedenspolitik, Baden-Baden, 1975.

Bohley, Bärbel, Entscheidend sind Freiräume. Ansichten über die Gesellschaft von unten, in: Aufrisse zwei, Selbstverlag, 1988.

Borkowski, Dieter, Erich Honecker. Statthalter Moskaus oder Deutscher Patriot?, München, 1987.

Borowsky, Peter, Deutschland 1969-1982, Hannover, 1987.

Borm, William, Für Frieden, Entspannung und Abrüstung! Ein Appell an das friedenspolitische Gewissen der sozial-liberalen Parteien und ihre Wähler, in: Die Neue Gesellschaft, Heft 4, Bonn, 1981, S. 406-409.

Borm, William / Staack, Michael, Die Bundesrepublik Deutschland - ein Teilstaat? Demokratische oder nationalstaatliche Identität?, in: Die Neue Gesellschaft, Heft 8, Bonn, 1984, S. 696-703.

Bracher, Karl-Dietrich / Eschenburg, Theodor, / Fest, Joachim C. / Jäckel, Eberhard, (Hrsg.), Geschichte der Bundesrepublik Deutschland, »Die Ära Brandt«, Band 5/I, Stuttgart, 1986.

Bracher, Karl-Dietrich / Eschenburg, Theodor, / Fest, Joachim C. / Jäckel, Eberhard, (Hrsg.), Geschichte der Bundesrepublik Deutschland, »Die Ära Schmidt«, Band 5/II, Stuttgart, 1987.

Brandt, Peter / Ammon, Herbert, (Hrsg.), Die frühe und die nationale Frage. Dokumente zur deutschen Einheit seit 1945, Reinbek, 1981.

Brandt, Peter, Wege zur Lösung der "Deutschen Frage". Der emanzipatorische Anspruch der Linken unter dem Zwang zur Realpolitik, in: Befreiung. Zeitschrift für Politik und Wissenschaft, Nr. 21, Berlin(West), .04.1981.

Brandt, Peter / Ammon, Herbert, (Hrsg.), Die Linke und die nationale Frage. Dokumente zur deutschen Einheit seit 1945, Reinbek/Hamburg, 1981.

Brandt, Peter / Ammon, Herbert, Patriotismus von Links. Rückblick und Zustandsbeschreibung, in: Venohr, Wolfgang, (Hrsg.), Die deutsche Einheit kommt bestimmt, Bergisch Gladbach, 1982, S. 119-159.

Brandt, Peter / Minnerup, Günter, Osteuropa und die deutsche Frage, in: Die Neue Gesellschaft, Heft 8, Bonn, 1987, S. 722-734.

Brandt, Peter, Nach der Zukunft der Blöcke wird man jetzt wohl fragen dürfen, in: Frankfurter Rundschau, Frankfurt, 20.01.1990.

Brandt, Peter, Die Linke und die Nation, in: Gewerschaftliche Monatshefte, Heft 5/6, Köln, 1990, S. 273 -284.

Brandt, Willy, Friedenspolitik in Europa, Frankfurt a.M., 1968.

Brandt, Willy, Regierungserklärung vom 28. Okt. 1969, in: Texte zur Deutschlandpolitik, Bd.IV, S. 9-40.

Brandt, Willy, Rede vor dem Deutschen Bundestag vom 30. Okt. 1969, in: Texte zur Deutschlandpolitik, Bd.IV, S. 41-52.

Brandt, Willy, Bericht zur Lage der Nation vor dem Deutschen Bundestag vom 17. Jun. 1970, in: Texte zur Deutschlandpolitik, Bd.IV, S. 201-221.

Brandt, Willy, Ansprache vor einer Betriebsversammlung der AEG-Telefunken, Berlin, 8. Juli 1970, in: Wir informieren: SPD. Bilanz einer Wende. Dokumente der Deutschland- und Ostpolitik: Nach 13 Jahren am Ende?, Bonn, 09.01.1985, S. 18.

Brandt, Willy, Über den Tag hinaus, Eine Zwischenbilanz, Hamburg, 1975.

Brandt, Willy, Begegnungen und Einsichten: Die Jahre 1960-1975, Hamburg, 1976.

Brandt, Willy, Zehn Jahre sozialdemokratische Außenpolitik, in: Die Neue Gesellschaft, Heft 5, Bonn, 1976, S. 388.

Brandt, Willy, Thesen zur Abrüstung. vorgelegt dem Büro der Sozialistischen Internationale am 15. und 16. Oktober 1977 in Madrid, in: Die Neue Gesellschaft, Heft 12, Bonn, 1977, S. 999.

Brandt, Willy, Deutscher Patriotismus. Spiegel Essay. 1982, in: Wir informieren: SPD. Bilanz einer Wende. Dokumente der Deutschland- und Ostpolitik: Nach 13 Jahren am Ende?, Bonn, 09.01.1985, S. 61-62.

Brandt, Willy, Zur Diskussion über die Präambel des Grundgesetzes. Interview mit dem Deutschlandfunk, in: Sozialdemokraten, Service, Presse/Funk/TV, Nr. 271/85, Bonn, 20.05.1985.

Brandt, Willy, Rede auf dem Antikriegstag in München, in: Sozialdemokraten, Service, Presse/Funk/TV, Nr. 440/85, Bonn, 01.09.1985.

Brandt, Willy, Kommuniqué über den Meinungsaustausch im Amtssitz des Staatsrates der DDR, sowie: Tischreden, in: Neues Deutschland, Berlin(Ost), 20.09.1985.

Brandt, Willy, Rede auf der Abrüstungskonferenz der Sozialistischen Internationale, in: Vorwärts, Bonn, 19.10. 1985.

Brandt, Willy, Interview, in: Vorwärts, Bonn, 04.01.1986.

Brandt, Willy, Sechs Thesen zum Verhältnis von Kommunisten und Sozialdemokraten Ende der 80er Jahre, in: Die Neue Gesellschaft, Heft 4, Bonn, 1986, S. 347-348.

Brandt, Willy, Spiegel Gespräch. Die richtige Perspektive heißt 2000, in Der Spiegel, Nr. 23, Hamburg, 05.06.1989.

Brandt, Willy, Die europäische Friedensordnung hat Priorität. Gedanken mit Blick auf den 1. September, in: Sozialdemokratischer Pressedienst, Bonn, 15.08.1989.

Brandt, Willy, Zur europäischen Friedensordnung beitragen, in: Sozialdemokratischer Pressedienst, Bonn, 18.09.1989.

Brandt, Willy, Berlin wird überleben - die Mauer wird fallen. Interview, in: Berliner Morgenpost, Berlin, 01.10.1989.

Brandt, Willy, "... was zusammengehört". Reden zu Deutschland, Bonn, 1990.

Brauch, Hans Günter, Mittelstreckenraketen und Rüstungskontrolloptionen, in: Die Neue Gesellschaft, Heft 10, Bonn, 1979, S. 910-915.

Bredow, Wilfried von, Zur "Nachrüstungs"-Debatte, in: Blätter für deutsche und internationale Politik, Heft 10, Köln, 1979, S. 1156-1157.

Bredow, Wilfried von, Was kommt nach der Entspannungspolitik, in: Politische Vierteljahresschrift, Heft 1, Köln/ Opladen, 1982.

Bredow, Wilfried von, Friedensbewegung und Deutschlandpolitik, in: aus politik und zeitgeschichte, B 46/83, Bonn, 19.11.1983, S. 34-46.

Bredow, Wilfried von, Deutschland- ein Provisorium?, Berlin(West), 1985.

Bredow, Wilfried von / Brocke, Rudolf H., Deutschlandpolitische Ansätze der Partei der Grünen, in: Deutschland Archiv, Heft 1, Köln, 1986, S. 52 - 61.

Bredow, Wilfried von / Brocke, Rudolf Horst, Deutschlandpolitische Positionen der Bundestagsparteien, Deutsche Gesellschaft für zeitgeschichtliche Fragen e.V.(Verlag), Erlanger Beiträge zur Deutschlandpolitik, Institut für Gesellschaft und Wissenschaft Erlangen, 1986.

Bredow, Wilfried von / Brocke, Rudolf Horst, Das deutschlandpolitische Konzept der SPD, Deutsche Gesellschaft für zeitgeschichtliche Fragen e.V. (Verlag), Erlanger Beiträge zur Deutschlandpolitik, Institut für Gesellschaft und Wissenschaft Erlangen, 1986.

Bredow, Wilfried von / Brocke, Rudolf Horst / Burrichter, Clemens, Für eine Weiterentwicklung der Deutschlandpolitik. Ein Apell an Politik und Wissenschaft, in: Deutschland Archiv, Heft 10, Köln, 1988, S. 1048-1051.

Bredow, Wilfried von / Jäger, Thomas, Die Stabilität der europäischen Staatenordnung und die nationale Einheit der Deutschen, in: Deutschland Archiv, Heft 7, Köln, 1988, S. 746-754.

Bredow, Wilfried von / Burrichter, Clemens / Ruffmann, Karl-Heinz, (Hrsg.), Entwicklungstendenzen und Perspektiven der DDR-Gesellschaft, Erlanger Beiträge zur Deutschlandpolitik, Erlangen, 1989.

Bredow, Wilfried von / Brocke, Horst, / Burrichter, Clemens, Die Politik der kleinen Schritte droht, im Kreise herumzuführen, in: Frankfurter Rundschau, Frankfurt, 08.11.1989.

Brief an Christen in der DDR und ihre Gemeindevertretungen - Neues Handeln, in: epd-Dokumentation, Nr. 39a, 1988, S. 8 f.

Brockdorff, C. Graf, Militärs: SPD-Studie ist "unseriös". Kritik an Bülows Versuch, die Stärke des Warschauer Paktes herunterzuspielen, in: Die Welt, Bonn, 24.09.1984.

Brocke, Rudolf Horst / Bredow, Wilfried von, Deutschlandpolitische Positionen der Bundestagsparteien, Deutsche Gesellschaft für zeitgeschichtliche Fragen e.V.(Verlag), Erlanger Beiträge zur Deutschlandpolitik, Institut für Gesellschaft und Wissenschaft Erlangen, 1986.

Brocke, Rudolf Horst / Bredow, Wilfried von, Das deutschlandpolitische Konzept der SPD, Deutsche Gesellschaft für zeitgeschichtliche Fragen e.V.(Verlag), Erlanger Beiträge zur Deutschlandpolitik, Institut für Gesellschaft und Wissenschaft Erlangen, 1986.

Brocke, Rudolf-Horst, Tagungsberichte. Stand und Perspektiven der Deutschlandpolitik, in: Deutschland Archiv, Heft 9, Köln, 1988, S. 1002-1004.

Bruns, Wilhelm, Deutsche-deutsche Beziehungen. Prämissen, Probleme, Perspektiven, Opladen, 1979[2], 1984[3].

Bruns, Wilhelm, Die Position der DDR zur Abrüstung, in: Deutschland Archiv, Heft 9, Köln, 1979, S. 938-950.

Bruns, Wilhelm, Europäische Abrüstungskonferenz und KSZE-Prozeß, in: Die Neue Gesellschaft, Heft 4, Bonn, 1981, S. 432-433.

Bruns, Wilhelm, NATO-Doppelbeschluß und deutsch-deutsche Beziehungen, in: Die Neue Gesellschaft, Heft 9, Bonn, 1981, S. 837-842.

Bruns, Wilhelm, Die beiden deutschen Staaten und die Abrüstung, in: Die Neue Gesellschaft, Heft 4, Bonn, 1982, S. 361-366.

Bruns, Wilhelm, Qualifizierter Gewaltverzicht!, in: Die Neue Gesellschaft, Heft 8, Bonn, 1984, S. 717-721.

Bruns, Wilhelm, Bedrohungsanalysen, Bonn, 1985

Bruns, Wilhelm, Deutsch-deutsche Beziehungen in den 80er Jahren, in: Sozialdemokratischer Pressedienst, Ausgabe 65, Bonn, 03.04.1985.

Bruns, Wilhelm, Die deutsch-deutschen Beziehungen voranbringen. Der sicherheitspolitische Dialog mit der DDR darf nicht ausgeklammert werden, in: Sozialdemokratischer Pressedienst, Ausgabe 159, Bonn, 22.08.1985.

Bruns, Wilhelm, Die Außenpolitik der DDR. Beiträge zur Zeitgeschichte, Berlin (West), 1985.

Bruns, Wilhelm, Deutsch-deutsche Beziehungen in den 80er Jahren unter besonderer Berücksichtigung der Sicherheitspolitik. Vortrag vor der Akademie für Gesellschaftswissenschaften beim ZK der SED und dem Institut für IPW der DDR in Ost-Berlin am 19./21.03.85, FES(Hrsg.), Abt. Außenpolitik und DDR-Forschung, Studiengruppe Sicherheit und Abrüstung, Bonn, .09.1985.

Bruns, Wilhelm, Helfen, den Frieden zu sichern, in: Sozialdemokratischer Pressedienst, Ausgabe 235, Bonn, 10.12. 1985.

Bruns, Wilhelm, Die deutsch-deutschen Beziehungen in der zweiten Hälfte der achtziger Jahre, in: aus politik und zeitgeschichte, B 51-52/85, Bonn, 21.12.1985.

Bruns, Wilhelm, Sicherheitspolitische Möglichkeiten der beiden deutschen Staaten, in: Die Neue Gesellschaft, Heft 2, Bonn, 1986, S. 154-157.

Bruns, Wilhelm, Der Beitrag der beiden deutschen Staaten zur Sicherheits- und Entspannungspolitik, 1986.

Bruns, Wilhelm, Ein fairer Gedankenaustausch. Zum zweiten wissenschaftlichen Kolloquium zwischen der FES und DDR Institutionen zu sicherheitspolitischen Themen, in: Sozialdemokratischer Pressedienst, Ausgabe 25, Bonn, 25.02. 1986.

Bruns, Wilhelm, Nach dem Honecker-Besuch - und wie weiter?, in: Zeitschrift für internationale Fragen, Heft 4, Hamburg, 1987.

Bruns, Wilhelm, Zur sicherheitspolitischen Rolle der beiden deutschen Staaten, in: Deutschland Archiv, Heft 2, Köln, 1988, S. 174 - 176.

Bruns, Wilhelm, Die Verfassung der DDR: Anspruch und Wirklichkeit, in: Der Landtag Schleswig-Holstein, Nr. 7, Kiel, August 1989.

Bruns, Wilhelm, Folgen für die Dialogpolitik? Zur Akzeptanzkrise des SED-Regimes, in: Sozialdemokratischer Pressedienst, Bonn, 13.09.1989.

Bruns, Wilhelm, Ende der Illusion? Zur Krise in den Beziehungen zwischen SPD und SED, in: Sozialdemokratischer Pressedienst, Bonn 18.09.1989.

Bruns, Dr. Wilhelm, Wende mit Egon Krenz? Zur Entwicklung in der DDR, in: Sozialdemokratischer Pressedienst, Bonn, 19.10.1989.

Bruns, Wilhelm, DDR ist sicherheitspolitischer Partner. Zum Erfordernis des Bonner Umdenkens, in: Sozialdemokratischer Pressedienst, Bonn, 21.11.1989.

Bruns, Wilhelm, Normalisierung oder Wiedervereinigung. Wie geht es weiter in den deutsch-deutschen Beziehungen?, Bonn, 1989.

Büchler, Hans, An Perspektiven braucht es nicht zu fehlen, in: Sozialdemokratischer Pressedienst, Bonn, 01.12. 1981.

Büchler, Hans, Grundlagen sozialdemokratischer Deutschlandpolitik, in. Deutschland Archiv, Heft 11, Köln, 1984, S. 1151-1155.

Büchler, Hans, Debattenbeitrag zum Bericht zur Lage der Nation, in: Deutscher Bundestag, Plenarprotokolle, 10/122, Bonn, 27.02.1985, S. 9035.

Büchler, Hans, Debattenbeitrag im Deutschen Bundestag. Aktuelle Stunde zur Deutschlandpolitik. beantragt von der CDU/CSU wegen der Schmude-Rede, in: Informationen der sozialdemokratischen Bundestagsfraktion, Heute im Plenum, Ausgabe 989, Bonn, 23.05.1985.

Büchler, Hans, Ostpolitik aus der Sicht der SPD-Opposition, in: Deutschland Archiv, Heft 8, Köln, 1985, S. 817-823.

Büchler, Hans, Deutschlandpolitik muß Friedenspolitik sein, in: Sozialdemokratischer Pressedienst, Ausgabe 185, Bonn, 27.09.1985.

Büchler, Hans, Positive Zeichen. Eine Bilanz des Sindermann-Besuches in Bonn, in: Sozialdemokratischer Pressedienst, Ausgabe 36, Bonn, 21.02.1986.

Büchler, Hans, Feindbilder abbauen, den Frieden sicherer machen. Eine Darlegung zentraler Aufgaben der Deutschlandpolitik, in: Sozialdemokratischer Pressedienst, Ausgabe 93, Bonn, 18.05.1987.

Büchler, Hans, Nach Gemeinsamkeiten zu suchen ist wichtiger, als nur nach der Einheit zu rufen, in: Informationen der sozialdemokratischen Bundestagsfraktion, Tagesdienst, Ausgabe 1042, Bonn, 16.06.1987.

Büchler, Hans, Interview zur Diskussion um die Wiedervereinigung im DLF, in: BPA-Nachrichtenabteilung, Ref.IIR3, Rundfunk-Ausw. Deutschland, DLF/02.07.1987/06.48/GÖ, BPA/Kül/02.07.1987, Büchler-Auszug-(0702-1), Bonn, 02.07.1987.

Büchler, Hans, Die zweite Phase der Deutschlandpolitik. Gedanken zur Fortentwicklung der deutsch-deutschen Beziehungen, in: Deutschland Archiv, Heft 10, Köln, 1988, S. 1043-1047.

Büchler, Hans, Zum Verhältnis der beiden deutschen Staaten, Sozialdemokratischer Pressedienst, 14.06.1989.

Büchler, Hans, Vortrag vor der Seliger-Gemeinde in Tutzingen, in: Die SPD im Deutschen Bundestag, Wochenende, Bonn, 24.06.1989.

Büchler, Hans, Interview mit ppp. Bereit der Bundesregierung zu helfen, in: ppp Bonner Tagesdienst, Bonn, 10.08.1989.

Büchler, Hans, Mit den Bürgern über Reformen nachdenken, in: Die SPD im Deutschen Bundestag, Bonn, 06.10.1989.

Büchler, Hans, Zum Verhältnis der beiden deutschen Staaten, in: Die SPD. im Deutschen Bundestag, Bonn, 24.06.1989.

Büchler, Hans, 100 Tage hat er nicht. Zu den Aussichten von Egon Krenz, in: Sozialdemokratischer Pressedienst, Bonn, 19.10.1989.

Büchler, Hans, Büchler fordert deutsch-deutsche Kommission für den Reiseverkehr, in: Die SPD im Deutschen Bundestag, Bonn, 29.10.1989.

Bülow, Andreas von, in: Der Spiegel, SPD: Neue Vorstöße gegen die Nachrüstung, Nr. 26/1981, S. 21f.

Bülow, Andreas von, Vorschlag für eine Bundeswehrstruktur der 90er Jahre, in: Europäische Wehrkunde, Nr.11, 1986, S. 636-646.

Bülow, Andreas von / Fink, Helmut / Müller, Albrecht von, Sicherheitspolitik für Europa, Koblenz, 1987.

Bülow, Andreas von, Brief an die Genossinnen und Genossen der SPD-Bundestagsfraktion vom 25.10.1989 zu Wirtschaftsfragen in den osteuropäischen Staaten.

Bülow, Andreas von, Das größte Problem wird die Beseitigung der Bürokraten-Hydra sein. Was müßte in und an den östlichen Volkswirtschaften umgestellt werden, um sie westlichen Leistungsstandards anzunähern?, in: Sozaildemokratischer Pressedienst Wirtschaft, Bonn, 14.11.1989.

Büscher, Wolfgang / Wensierski, Peter, (Hrsg.), Beton ist Beton, Zivilisationskritik aus der DDR, Hattingen, 1981.

Büscher, Wolfgang / Wensierski, Peter / Wolschner, Klaus, (Hrsg.), Friedensbewegung in der DDR. Texte 1978-1982, Hattingen, 1982.

Büscher, Wolfgang, »Warum bleibe ich eigentlich?«. Reaktionen der evangelischen Kirche in der DDR auf die Ausreisewelle, in: Deutschland Archiv, Heft 7, Köln, 1984, S. 683 - 688.

Bundesministerium für Gesamtdeutsche Fragen, (Hrsg.), Texte zur Deutschlandpolitik, Bd. I, Bonn, 1968[2].

Bundesministerium für innerdeutsche Beziehungen, (Hrsg.), Texte zur Deutschlandpolitik, Bde. II-V, Bonn, 1970.

Bundesministerium für innerdeutsche Beziehungen, (Hrsg.), Texte zur Deutschlandpolitik, Bde. 6-12, Bonn, 1971/1972/ 1973.

Bundesministerium für innerdeutsche Beziehungen, (Hrsg.), Texte zur Deutschlandpolitik, Bde. II/1-II/8, Bonn, 1975/ 1976/1978/1979/1981/1983.

Bundesministerium für innerdeutsche Beziehungen, (Hrsg.), Texte zur Deutschlandpolitik, Bde. III/1-III/5, Bonn, 1985/ 1986/1987/1988.

Bundesministerium für Verteidigung, Bericht des Bundesministeriums für Verteidigung. Streitkräftevergleich 1987, Bonn, 1987.

Bund der Evangelischen Kirchen, Neues Denken im Atomzeitalter. Arbeitspapier für die Gemeinden, epd-Dokumentation, Nr. 4a, 1987.

Bund der Evangelischen Kirchen, Sekretariat, (Hrsg.), Menschenrechte in christlicher Verantwortung, Berlin (Ost), 1980.

Burgmer, Inge M., Städtepartnerschaften als neues Element der innerdeutschen Beziehungen, Bonn, 1989.

Butterwegge, Christoph, Sozialdemokratie und Staat. Zum Demokratieverständnis des Irseer Entwurfs, in: Die Neue Gesellschaft, Heft 7, Bonn, 1988, S. 646-647.

Calließ, Jörg, (Hrsg.), Der West-Ost-Konflikt. Geschichte, Positionen, Perspektiven, Paderborn, 1987.

Czempiel, Ernst Otto, Die Zukunft der Atlantischen Gemeinschaft zwischen den Vereinigten Staaten und Westeuropa in den achtziger Jahren, in: aus politik und zeitgeschichte, B13/83, Bonn, 02.04.1983.

Conze, W. / Groh, D., Die Arbeiterbewegung in der nationalen Bewegung. Die deutsche Sozialdemokratie vor, während und nach der Reichsgründung, Stuttgart, 1966.

Cramer, Dettmar, Egon Bahr, Bornheim, 1975.

Cramer, Dettmar, Bestandsaufnahme der Ostpolitik. Ein Anlauf nötig, in: Die Neue Gesellschaft, Heft 11, Bonn, 1976, S. 896.

Cramer, Dettmar, Für kleine, aber konsequente Schritte, in: Die Neue Gesellschaft, Heft 12, Bonn, 1976, S. 986.

Cramer, Dettmar, Der schmale Grat der Koexistenz, in: Deutschland Archiv, Heft 3, Köln, 1982, S. 228.

Cramer, Dettmar, Zwei deutsche Wohnungen im europäischen Haus? Viele Prämissen und noch mehr Unbekannte, in: Deutschland Archiv, Heft 2, Köln, 1988, S. 166 - 173.

Christians, F. Wilhelm, Die Wirtschaftssonderzone, in: Neue Zeit, Nr. 37, 1989, Seite 24

Dähn, Horst / Staritz, Dietrich / Suckut, Tendenzen des Wandels im politischen System der DDR, in: Spittmann, Ilse / Helwig, Gisela, (Hrsg.), Die DDR im vierzigsten Jahr. Geschichte. Situation. Perspektiven. Zweiundzwanzigste Tagung zum Stand der DDR-Forschung in der Bundesrepublik Deutschland 16. bis 19. Mai 1989, Köln, 1989, S. 17-26.

DDR-Handbuch, Bde.1-2, Köln/Bonn, 1985[3].

Delors, Jacques, Präsident der EG-Kommission, zur deutschen Frage und zu den Ost-West-Beziehungen, RTL, französisch, 22.10.1989

Der Spiegel, Deutschland. SPD: Neue Vorstöße gegen die Nachrüstung in: Der Spiegel, Nr.26/1981, Hamburg, 1981, S. 19-22.

Der Spiegel, Große Brüderschaft. In Gesprächen mit der SPD verblüfften Honeckers Vordenker: Zusammenarbeit der Systeme statt Weltrevolution, Hamburg, 10.03.1986.

Der Spiegel, Abrüstung. Nur noch rückwärts, Nr.43, Hamburg, 19.10.1987, S. 38-40.

Dettke, Dieter, Rüstungskontrolle als Aufgabe des Bündnisses, in: Die Neue Gesellschaft, Heft 10, Bonn, 1979, S. 903-905.

Deutscher Bundestag, (Hrsg.), Zur Sache, Nr.2, Deutsche Geschichte und politische Bildung, Bonn, 1981.

Deutscher Bundestag, Entschließung über Deutschlandpolitik und KSZE, Bundestagsdrucksache, 11/4209, Bonn, 16.03.1989.

Deutschland Archiv, Dokumentation. Hirtenwort der katholischen Bischöfe in der DDR zum Frieden, in: Deutschland Archiv,Heft 3, Köln, 1983, S. 326 - 329.

Deutschland Archiv, Dokumentation. DDR-Frauen gegen neues Wehrdienstgesetz, in: Deutschland Archiv, Heft 3, Köln, 1983, S. 330 - 331.

Deutschland Archiv, Dokumentation. Die Verschiebung des Honeckerbesuchs, in: Deutschland Archiv, Heft 10, Köln, 1984, S. 1113 - 1116.

Deutschland Archiv, Dokumentation. Wort zum Frieden der evangelischen Kirchen in beiden deutschen Staaten, in: Deutschland Archiv, Heft 6, Köln, 1985, S. 658 - 660.

Deutschland Archiv, Dokumentation. Zum XI. Parteitag der SED, in: Deutschland Archiv, Heft 6, Köln, 1986, S. 645 - 666.

Deutschland Archiv, Dokumentation. Kommuniqué der 1. Tagung des Zentralkomitees der SED, in: Deutschland Archiv, Heft 6, Köln, 1986, S. 666.

Deutschland Archiv, Dokumentation. Kommuniqué der 2. Tagung des Zentralkomitees der SED, in: Deutschland Archiv, Heft 8, Köln, 1986, S. 904.

Deutschland Archiv, Dokumentation. Die evangelischen Bischöfe Kruse und Forck zum 25. Jahrestag des Mauerbaus, in: Deutschland Archiv, Heft 9, Köln, 1986, S. 1017 - 1021.

Deutschland Archiv, Dokumentation. Zur 3. Tagung des Zentralkomitees der SED, in: Deutschland Archiv, Heft 1, Köln, 1987, S. 94 - 106.

Deutschland Archiv, Dokumentation. Zur 4. Tagung des Zentralkomitees der SED, in: Deutschland Archiv, Heft 8, Köln, 1987, S. 875 - 891.

Deutschland Archiv, Dokumentation. Evangelische Kirche in der DDR, in: Deutschland Archiv, Heft 9, Köln, 1987, S. 992 - 1004.

Deutschland Archiv, Dokumentation. Zur 5. Tagung des Zentralkomitees der SED, in: Deutschland Archiv, Heft 3, Köln, 1988, S. 320 - 331.

Deutschland Archiv, Dokumentation. Zum 17. Januar und den Folgen, in: Deutschland Archiv, Heft 4, Köln, 1988, S. 428 - 454.

Deutschland Archiv, Dokumentation. Dialog zwischen Kirche und Staat, in: Deutschland Archiv, Heft 4, Köln, 1988, S. 454 -460.

Deutschland Archiv, Dokumentation. Zur 6. Tagung des Zentralkomitees der SED, in: Deutschland Archiv, Heft 8, Köln, 1988, S. 891 - 905.

Deutschland Archiv, Beziehungen zwischen SPD und SED. Interview mit Erhard Eppler, in: Deutschland Archiv, Heft 10, Köln, 1988, S. 1126-1129.

Deutschland Archiv, Dokumentation. Zur 7. Tagung des Zentralkomitees der SED, in: Deutschland Archiv, Heft 2, Köln, 1989, S. 210 - 235.

Deutschland Archiv, Dokumentation. Zur 9. Tagung des Zentralkomitees der SED, in: Deutschland Archiv, Heft 11, Köln, 1989, S. 1306 - 1314.

Deutschland Archiv, Dokumentation. Briefwechsel zwischen dem Greifswalder Bischof Horst Gienke und Erich Honecker, in: Deutschland Archiv, Heft 8, Köln, 1989, S. 943 - 944.

Deutschland Archiv, Dokumentation. Zur 8. Tagung des Zentralkomitees der SED, in: Deutschland Archiv, Heft 8, Köln, 1989, S. 945 - 956.

Deutschland Archiv, (Hrsg.), Chronik der Ereignisse in der DDR, Köln, 1990[4].

Diemer, Gebhard, (Hrsg.), Kurze Chronik der Deutschen Frage, München 1990.

Die Welt, Widerspruch bei der SPD nach Schröders Landtagsrede, 13.05.1989.

Dokumentation. Deutsche. Wolf Biermann im Gespräch mit Günter Gaus in: Die Neue Gesellschaft, Heft 6, Bonn, 1987, S. 556-563.

Dönhoff, Marion Gräfin, Von der Geschichte längst überholt. Wiedervereinigung oder Europäische Union - keine Alternative mehr, in: Die Zeit, 20.01.1989.

Duve, Freimut, Jetzt ist die Zeit für gemeinsame kulturpolitische Institutionen mit der DDR gekommen, in: Die SPD im Deutschen Bundestag, Bonn, 23.11.1989.

Egert, Jürgen, Berlin braucht zweite Phase der Entspannung, in: Berliner Stimme, Berlin, 26.10.1985.

Ehmke, Horst, Politik als Herausforderung. Reden, Vorträge, Aufsätze 1975-1979, Karlsruhe, 1979.

Ehmke, Horst, Sozialdemokratische Außenpolitik, in: Die Neue Gesellschaft, Heft 3, Bonn, 1982, S. 206-212.

Ehmke, Horst, Sicherheitspartnerschaft, in: Die Neue Gesellschaft, Heft 2, Bonn, 1983, S. 110-114.

Ehmke, Horst, Programm für die Selbstbehauptung Europas, 01.1984, in: Politik. Informationsdienst der SPD, Nr. 1, Bonn, Jan.1984.

Ehmke, Horst, Scheitern der Entspannungspolitik könnte zu einer Katastrophe für die Menschheit führen, in: Informationen der sozialdemokratischen Bundestagsfraktion, Ausgabe 433, Bonn, 08.03.1984.

Ehmke, Horst, Frieden und Freiheit als Ziele der Entspannungspolitik, in: Die Neue Gesellschaft, Heft 11, 1985, S. 1003-1010.

Ehmke, Horst, Bedrohungsanalyse, Bonn, 1985.

Ehmke, Horst, Debattenbeitrag im Deutschen Bundestag. Zur Aktuellen Stunde, in: Deutscher Bundestag, Plenarprotokoll 10/140, Bonn, 23.05.1985, S. 10379.

Ehmke, Horst, Frieden und Freiheit als Ziele der Entspannungspolitik, in: Die Neue Gesellschaft, Heft 11, Bonn, 1985, S. 1003-1010.

Ehmke, Horst, Wege zur Sicherheitspartnerschaft. Aus der Tätigkeit der gemeinsamen Arbeitsgruppe von SPD-Bundestagsfraktion und PVAP, in: Blätter für deutsche und internationale Politik, Heft 6, Köln, 1986, S. 669-674.

Ehmke, Horst / Koppe, Karlheinz / Wehner, Herbert, (Hrsg.), Zwanzig Jahre Ostpolitik. Bilanz und Perspektiven, Bonn, 1986.

Ehmke, Horst, Vorschlag für eine gemeinsame "Europäische Initiative". Rede in der Debatte über die Regierungserklärung, in: Informationen der sozialdemokratischen Bundestagsfraktion. Heute im Plenum, Ausgabe 477, Bonn, 20.03. 1987.

Ehmke, Horst, Feindbilder und politische Stabilität in Europa, in: Die Neue Gesellschaft, Heft 12, Bonn, 1987, S. 1073-1078.

Ehmke, Horst, Deutsche "Identität" und unpolitische Tradition, in: Die Neue Gesellschaft, Heft 4, Bonn, 1988, S. 339-366.

Ehmke, Horst, Der Stand der deutschen Dinge, in: Die SPD im Deutschen Bundestag, Bonn, 14.09.1989.

Ehmke, Horst, Alles unterlassen, was einen Dialog in der DDR stören könnte, in: ppp Bonner Tagesdienst, Bonn, 12.10.1989.

Ehring, Klaus / Dallwitz, Martin, Schwerter zu Pflugscharen. Friedensbewegung in der DDR, Reinbek, 1982.

Eine Gruppe von DDR-Bürgern, Tschernobyl wirkt überall. Appell aus der unabhängigen Friedens- und Ökologiebewegung. 5.Juni 1986,in: epd-Dokumentation, Nr. 33, 1986, S. 42 f.

Elitz, Ernst, Die friedliche Koexistenz hebt den ideologischen Kampf nicht auf, in: Die Neue Gesellschaft, Heft 4, Bonn, 1977 S. 286.

Engholm, Björn, Interview mit der Welt, in: Die Welt, 04.02.1989.

Engholm, Björn, DDR muß Weg zur Erneuerung beschreiben, in: Presseinformation. Pressestelle der Landesregierung Schleswig-Holstein, Kiel, 20.09.1989.

Eppler, Erhard, Ende oder Wende. Von der Machbarkeit des Notwendigen, Stuttgart, 1975.

Eppler, Erhard, Wege aus der Gefahr, Reinbek, 1981.

Eppler, Erhard, Die tödliche Utopie der Sicherheit, Hamburg, 1983.

Eppler, Erhard, Handfest und unsentimental, in: Die Neue Gesellschaft, Heft 9, Bonn, 1984, S. 815-819.

Eppler, Erhard, Ärger mit allzu simplen Begriffen. Zum Widerhall auf das gemeinsame Papier von SPD und SED, in: Sozialdemokratischer Pressedienst, Ausgabe 218, Bonn, 13.11.1987.

Eppler, Erhard, Friede zwischen Ost und West und ungezügelte ideologische Polemik vertragen sich nicht, in: Aktion Sühnezeichen/Friedensdienste, (Hrsg.), Das SPD/SED-Papier, Freiburg i. Br., 1988, S. 22-27.

Eppler, Erhard, Zum Stand des gesellschaftlichen Dialog mit der DDR, in: Service der SPD für Presse. Funk. TV, Bonn, 29.03.1989.

Eppler, Erhard, Rede am 17. Juni 1989 im Deutschen Bundestag, Bulletin, Nr. 64, Bonn, 20.06.1989, S. 566-571.

Eppler, Erhard, Entfernung von der Wahrheit, Deutsches Allgemeines Sonntagsblatt, 29.09.1989

Eppler, Erhard, In jedem Fall eine föderalistische Lösung. Gespräch mit Erhard Eppler über den Umsturz in der DDR und die Wiedervereinigung, in: Gerwerkschaftliche Monatshefte, Heft 12, Köln, 1989, S. 740 - 746.

Erlanger Beiträge zur Deutschlandpolitik, Bredow, Wilfried von / Burrichter, Clemens / Ruffmann, Karl-Heinz, (Hrsg.), Bd. 3, Erlangen, 1986.

Erler, Gernot, Friedensfähigkeit durch Umdenken. Zum sicherheitspolitischen Kontext des SPD:SED-Papiers, in: Aktion Sühnezeichen/Friedensdienste, Das SPD/SED-Papier, Freiburg i. Br., 1988, S. 113-120.

Faber, Mint Jan, Entspannung und Menschenrechte, in: Die Neue Gesellschaft, Heft 8, Bonn, 1986, S. 740-747.

Falcke, Heino, Unsere Kirche und ihre Gruppen, in: Kirche im Sozialismus, 11/1985.

Feist, Ursula, für einen konservativen Modernisierungskurs. Analyse der Volkskammerwahlen, in: Gewerschaftliche Monatshefte, Heft 4, Köln, 1990, S. 233 - 241.

Fetscher, Iring, Für realistische Formen des Wettbewerbs der Ideen, in: Aktion Sühnezeichen/Friedensdienste, Das SPD/SED-Papier, Freiburg i. Br., 1988, S. 82-86.

Filip, Ota, Sudetendeutsche und Tschechen, in: Die Neue Gesellschaft, Heft 9, Bonn, 1986, S.823-827.

Fischbach, Günter, (Hrsg.), DDR-Almanach'90. Daten Informationen Zahlen, Stuttgart/München/Landsberg, 1990.

Fraktion der Alternativen Liste im Abgeordnetenhaus von Berlin, (Hrsg.), Ungeteilte Natur. Die Bedrohung der Umwelt: Deutsch-deutsche Belastung oder gemeinsame Abhilfe, Berlin (West), 1986.

Frankfurter Allgemeine Zeitung, Die SPD überdenkt ihre Beziehungen zur SED, Frankfurt, 14.09.1989.

Frankfurter Rundschau, Kirchentag in Halle, Wider eine Gesellschaft der Gleichgültigen und Verantwortungslosen. Zwanzig Thesen zur Erneuerung und Umgestaltung, in: Frankfurter Rundschau, 13.07.1988.

Frankfurter Rundschau, Kommentar, Frankfurt, 15.09.1989.

Freiheit ist immer Freiheit ... Die Andersdenkenden in der DDR, Berlin(West), 1988.

Friedrich-Ebert-Stiftung, (Hrsg.), Die Friedensbewegung in der DDR, Bonn, 1982.

Friedrich Ebert-Stiftung, (Hrsg.), Abteilung politische Bildung, Streitkultur als Friedenspolitik. Erläuterungen zum gemeinsamen Papier von SPD und SED, Bonn, o.J. 1988.

Friedrich-Ebert-Stiftung, (Hrsg.), Die Dialektik von Entspannung und individuellen wie kollektiven Menschenrechten in der zweiten Phase der Entspannungspolitik, Bonn, 1988.

Fuchs, Katrin, Atomare Abschreckung und die Europäische Verteidigungsinitiative, in: Die Neue Gesellschaft, Heft 8, Bonn, 1986, S. 731-736.

Gansel, Norbert, "Wenn alle gehen wollen, weil die Falschen bleiben...". Norbert Gansel fordert ein Umdenken in der Deutschlandpolitik: Statt "Wandel durch Annäherung" "Wandel durch Abstand", in: Frankfurter Rundschau, Frankfurt, 13.09.1989.

Gansel, Norbert, Zur deutschlandpolitischen Kurskorrektur der SPD. Interview, in: BPA-Nachrichtenabt., Ref. II 5, Rundf.-Ausw. Deutschland, SR 1/20.09.89/08.17/WS-Ec, - DAS JOURNAL -, BPA/KÜ II/20.09.89, Gansel, - Auszug -, (0920-8), Bonn, 20.09.1989.

Garstecki, Joachim, Ökumenische Versammlung in der DDR. Testfall für das Gespräch der Kirchen über die Menschheitsprobleme, in: Deutschland Archiv, Heft 4, Köln, 1989, S. 418 - 427.

Gates, David, Area Defense Concepts: The West German Debate, in: Survival, July/August 1987, S. 301-317.

Gaus, Günter, Texte zur deutschen Frage. Mit den wichtigsten Dokumenten zum Verhältnis der beiden deutschen Staaten, Darmstadt/Neuwied, 1981.

Gaus, Günter, Wo Deutschland liegt. Eine Ortsbestimmung, Hamburg, 1983.

Gaus, Günter, Deutschland und die NATO, , 1984.

Gaus, Günter, Der Fehler im Leitsystem. Kompetenz-Völlerei im Kanzleramt und ein deutsches Magendrücken, in: Deutsches Allgemeines Sonntagsblatt, 24.02.1985.

Gaus, Günter, Politik zwischen West und Ost. Die Ostpolitik, die deutsch-deutschen Beziehungen, die "deutsche Frage", in: Die Neue Gesellschaft, Heft 11, Bonn, 1985, S. 992-1001.

Gaus, Günter, Acht Thesen zur Belebung der deutsch-deutschen Beziehungen, in: Deutsches Allgemeines Sonntagsblatt, 09.02.1986.

Gaus, Günter, Die Welt der Westdeutschen, Köln, 1986.

Gaus, Günter, Zur Person. Von Adenauer bis Wehner, Köln, 1987.

Gaus, Günter, Zwei deutsche Staaten - welcher Zukunft zugewandt?, in: Die Zeit, Hamburg, 20.01.1989.

Gaus, Günter, Deutsche Zwischentöne. Gesprächs-Porträts aus der DDR, Hamburg, 1990.

Gilges, Konrad, in: Neue Presse, 24.02.1986.

Gilges, Konrad, Was ist neu an der Sicherheitspolitik der SPD? Überlegungen im Vorfeld des Nürnberger Parteitages, in: Blätter für deutsche und internationale Politik, Heft 8, Köln, 1986, S. 932-937.

Glaeßner, Gert-Joachim, (Hrsg.), Die DDR in der Ära Honecker. Politik - Kultur - Gesellschaft, Wiesbaden, 1989.

Glotz, Peter, Sozialdemokraten und Jugendprotest, in: aus politik und zeitgeschichte, B 39/81, Bonn, 26.09.1981.

Glotz, Peter, Die Beweglichkeit des Tankers. Die Sozialdemokratie zwischen Staat und neuen sozialen Bewegungen, München, 1982.

Glotz, Peter, Kampagne in Deutschland. Politisches Tagebuch 1981-1983, Hamburg, 1986.

Glotz, Peter, Deutsch-böhmische Kleinigkeiten oder: Abgerissene Gedanken über Mitteleuropa, in: Die Neue Gesellschaft, Heft 7, Bonn, 1986, S. 584-585.

Görner, Rüdiger, Vereint gespalten. Über deutsche Wiedervereinigung, in: Die Neue Gesellschaft, Heft 9, Bonn, 1986, S. 803-810.

Griffith, William E., Die Ostpolitik der Bundesrepublik Deutschland, Stuttgart, 1981.

Grosser, Alfred, Mit Deutschen streiten. Aufforderung zur Wachsamkeit, Hannover, 1987.

Großkopff, Rudolf, SPD und SED sind ins Gespräch gekommen. Kontakte auf vielen Ebenen. Glotz kündigt neue Initiativen in der Ostpolitik an, in: Hannoversche Allgemeine Zeitung, Hannover, 10.01.1985.

Groten, Hubert, Friedenspolitik, Baden-Baden, 1975.

Gysi, Gregor, Rede auf dem Parteitag, in: Neues Deutschland, Berlin(Ost), 26.02.1990.

Haack, Dieter, Deutschlandpolitik und Sicherheitspolitik, in: Deutschland Archiv, Heft 2, Köln, 1984, S. 143-148.

Haack, Dieter, Debattenbeitrag im Deutschen Bundestag zum Bericht zur Lage der Nation, in: Deutscher Bundestag, Plenarprotokoll 10/122, Bonn, 27.02.1985, S. 9051.

Haack, Dieter, Gemeinsamkeiten in der Deutschlandpolitik, in: Deutschland Archiv, Heft 11, Köln, 1986, S. 1169-1173.

Haack, Dieter, Deutschlandpolitik muß einen langen Atem haben. Rede vor der Jahrestagung des Kuratoriums Unteilbares Deutschland, in: Informationen der sozialdemokratischen Bundestagsfraktion. Tagesdienst, Ausgabe 927, Bonn, 29.05. 1987.

Haack, Dieter, Kritische Anmerkungen zum »Ideologie-Papier«. Aber: Der Dialog ist unverzichtbar, in: Deutschland Archiv, Heft 1, Köln, 1988, S. 40 - 47.

Haftendorn, Helga, Wurzeln der Ost- und Entspannungspolitik der Sozial-Liberalen Koalition, in: Ehmke, Horst/ Koppe, Karlheinz/ Wehner, Herbert, (Hrsg.), Zwanzig Jahre Ostpolitik. Bilanz und Perspektiven, Bonn, 1986, S. 17-28.

Hager, Kurt, Friedenssicherung und Ideologischer Streit, in: Neues Deutschland, Berlin(Ost), 28.10.1987.

Haendcke-Hoppe, Maria / Merkel, Konrad, (Hrsg.), Umweltschutz in beiden Teilen Deutschlands, Berlin (West), 1986.

Henkys, Reinhard, Gottes Volk im Sozialismus. Wie Christen in der DDR leben, Berlin, 1983.

Henkys, Reinhard, (Hrsg.), Die evangelischen Kirchen in der DDR. Beiträge zu einer Bestandsaufnahme, München, 1983.

Hänsch, Klaus, Die Deutsche Frage und Europa, in: FES, Abteilung Politische Bildung, Bonn, 05.1985.

Hänsch, Klaus, Das gemeinsame europäische Haus - für eine westeuropäische Ostpolitik, in: Die Neue Gesellschaft, Heft 8, Bonn, 1987, S. 718-721.

Hanig, Norbert, Verteidigen ohne zu bedrohen. Die DEWA-Konzeption als Ersatz der Nato-FOFA, AFES-Papier Nr.5, Stuttgart, Nov.1986.

Hartmann, Matthias, Signale vom Evangelischen Kirchentag, in: Deutschland Archiv, Heft 8, Köln, 1987, S. 838 - 843.

Hartmann, Matthias, Hier ändert sich nichts. Zur Synodaltagung des Kirchenbundes, in: Deutschland Archiv, Heft 10, Köln, 1988, S. 1025-1028.

Hassner, Pierre, Was geht in Deutschland vor?, in: Europa Archiv, Jg.37, Folge 17, Bonn, 1982, S. 517.

Hauff, Volker, Europäische Kultur und internationaler Markt. Rede am 5.7.1986 in Florenz, in: Die Neue Gesellschaft, Heft 3, Bonn, 1987, S. 234-237.

Heimann, Gerhard, Einleitendes Referat zum Thesenpapier des Ständigen Ausschusses I, Berlin, 1983.

Heimann, Gerhard, Thesen zur Deutschlandpolitik, in: Evangelische Kommentare, Heft 3, Stuttgart, 1984, S. 149-151.

Heimann, Gerhard, Europa muß stabil bleiben. Gerhard Heimann zum Deutschlandpapier der SPD, in: Berliner Stimme, Berlin, 13.10.1984.

Heimann, Gerhard, Die beiden deutschen Staaten und die europäische Sicherheit. Dokumentation, Teil I, in: Sozialdemokratischer Pressedienst, Ausgabe 97, Bonn, 23.05.1985.

Heimann, Gerhard, Die beiden deutschen Staaten und die europäische Sicherheit. Dokumentation, Teil II, in: Sozialdemokratischer Pressedienst, Ausgabe 97, Bonn, 24.05.1985.

Heimann, Gerhard, Eine Erinnerung an die vor 30 Jahren verkündete Hallstein-Doktrin und ihre Folgen, in: Sozialdemokratischer Pressedienst, Ausgabe 233, Bonn, 06.12.1985.

Heimann, Gerhard / Müller, Michael / Klose, Hans-Ulrich / Maldaner, Karlheinz, Neuordnung des sowjetischen Wirtschaftssystems und Chancen für eine zweite Stufe der Ostpolitik. Die UdSSR auf der Suche nach neuen Wegen in der wirtschaftlichen und gesellschaftlichen Steuerung, in: SPD-Parteivorstand, (Hrsg.), Materialien, Bonn, 3/1986.

Heimann, Gerhard, Die europäische Mitte und die Zukunft Berlins, in: Die Neue Gesellschaft, Heft 7, Bonn, 1986, S. 590-593.

Heimann, Gerhard, Zweite Phase in der Entspannung". Die Diskussion geht weiter, in: Berliner Stimme, Berlin, 20.12. 1986.

Heimann, Gerhard, Europäisches Selbstbewußtsein. Ein Element einer Strategie, in: Die Neue Gesellschaft, Heft 3, Bonn, 1987, S. 227-233.

Heimann, Gerhard, Die Last der Geschichte. Die Linke darf Fragen nach der deutschen Identität und der Mitte Europas nicht ausweichen, in: Sozialdemokratischer Pressedienst, Ausgabe 118, Bonn, 26.06.1987.

Heimann, Gerhard, Die Deutschlandpolitik und der Zeitgeist. Anmerkungen zu den Thesen von Ehrhart Körting, in: Sozialdemokratischer Pressedienst, Bonn, 11.09.1989.

Heimann, Gerd, Rede vor dem Gustav-Radbruch-Forum 1989. 40 Jahre Bundesrepublik Deutschland und Alliierte Rechte, Manuskript, Karlsruhe, 30.09.1989, S.13.

Heimann, Gerhard, Wann hätte der Dialog so viel Sinn gemacht wie jetzt? Interview, in ppp Bonner Tagesdienst, Bonn, 19.10.1989.

Heimann, Gerhard, Das Ende der Nachkriegszeit hat begonnen, in: Berliner Stimme, Berlin, 18.11.1989.

Heimann, Gerhard, Das Ende der Nachkriegszeit. Zu den Folgen der deutschen Revolution, in: Sozialdemokratischer Pressedienst, Bonn, 24.11.1989.

Heinrich, Rolf, Der vormundschaftliche Staat, Reinbek, 1989.

Heisenberg, Wolfgang / Lutz, Dieter S., Sicherheitspolitik kontrovers. Auf dem Weg in die neunziger Jahre, Schriftenreihe der Bundeszentrale für politische Bildung, Bd. 247, Bonn, 1987.

Heisenberg, Wolfgang / Lutz, Dieter S., Sicherheitspolitik kontrovers. Auf dem Weg in die neunziger Jahre, Schriftenreihe der Bundeszentrale für politische Bildung, Bd. 291, Bonn, 1990.

Heisbourg, François, Alte Ängste, neue Feindseligkeiten. Ein Plädoyer für eine gemeinsame Deutschland- und Osteuropa-Politik des Westens, in: Süddeutsche Zeitung, 01.09.1989.

Heller, Frithof, Unbotmäßiges von »Grenzfall« bis »Wendezeit«. Inoffizielle Publizistik in der DDR, in: Deutschland Archiv, Heft 11, Köln, 1988, S. 1188-1196.

Helwig, Gisela, Stichwort: Kirche und Staat in der DDR, in: Deutschland Archiv, Heft 9, Köln, 1984, S. 918 - 919.

Hellwig, Gisela, DDR-Kirchenbund unter neuer Leitung, in: Deutschland Archiv, Heft 3, Köln, 1986, S. 237 - 238.

Helwig, Gisela / Urban, Detlef, (Hrsg.), Kirchen und Gesellschaft in beiden deutschen Staaten, Köln, 1987.

Helwig, Gisela, »Offenheit für alle neuen Ansätze«. Zum Dialog zwischen Christen und Marxisten, in: Deutschland Archiv, Heft 1, Köln, 1987, S. 1 - 3.

Helwig, Gisela, Schadensbegrenzung, in: Deutschland Archiv, Heft 12, Köln, 1987, S. 1233 - 1234.

Helwig, Gisela, »Eine Hoffnung lernt gehen«. Ökumenische Versammlung in Dresden, in: Deutschland Archiv, Heft 3, Köln, 1988, S. 236 - 238.

Helwig, Gisela, »Störfälle«. Zum Dialog zwischen Kirche und Staat in der DDR, in: Deutschland Archiv, Heft 4, Köln, 1988, S. 340 - 344.

Helwig, Gisela, Grenzen der Geduld, in: Deutschland Archiv, Heft 5, Köln, 1988, S. 465 - 469.

Helwig, Gisela, Die Chancen der Umkehr, in: Deutschland Archiv, Heft 8, Köln, 1988, S. 801-802.

Hellwig, Gisela, Nachbesserung, in: Deutschland Archiv, Heft 4, Köln, 1989, S. 353 - 356.

Herles, Helmut, Machtverlust oder Das Ende der Ära Brandt, Stuttgart, 1983.

Hermlin, Stephan, Wir brauchen vor allem Glasnost. Der DDR-Schriftsteller Stephan Hermlin über die Reformfähigkeit des SED-Staats, in: Der Spiegel, Heft , Hamburg, 06.02.1989.

Herzberg, Guntolf, Wann wir schreiten Seit' an Seit'... Bemerkungen zum gemeinsamen Papier von SPD und SED, in: Deutschland Archiv, Heft 6, Köln, 1988, S. 606-612.

Hesse, Reinhard, Für eine neue europäische Friedensordnung, in: Deutschland Archiv, Heft 6, Köln, 1986, S. 605 - 614.

Heym, Stefan, Welches Deutschland soll es sein?, in: Gewerkschaftliche Monatshefte, Heft 12, Köln, 1989, S. 718 - 722.

Henkys, Reinhard, Synode des DDR-Kirchenbundes, in: Deutschland Archiv, Heft 11, Köln, 1985, S. 1141 - 1143.

Henkys, Reinhard, Stichwort. 20 Jahre Bund der Evangelischen Kirchen in der DDR, in: Deutschland Archiv, Heft 5, Köln, 1989, S. 516 - 517.

Herdegen, Gerhard, Perspektiven und Begrenzungen. Eine Bestandsaufnahme der öffentlichen Meinung zu deutschen Frage. Teil 1: Nation und deutsche Teilung, in: Deutschland Archiv, Heft 12, Köln, 1987, S. 1259 - 1273.

Herdegen, Gerhard, Perspektiven und Begrenzungen. Eine Bestandsaufnahme der öffentlichen Meinung zur deutschen Frage. Teil 2: Kleine Schritte und fundamentale Fragen, in: Deutschland Archiv, Heft 4, Köln, 1988, S. 391 - 403.

Hiller, Reinhold, Die ökologische Sicherheitspartnerschaft - eine deutschlandpolitische Notwendigkeit, in: Deutschland Archiv, Heft 7, Köln, 1989.

Hillgruber, Andreas, Ein Pfad und drei Holzwege. Was Amerikaner in der deutschen Frage falsch gemacht haben, in: Deutschland Archiv, Heft 4, Köln, 1984, S. 368-373.

Hilmer, Richard, DDR und die deutsche Frage. Antworten der jungen Generation, in: Deutschland Archiv, Heft 10, Köln, 1988, S. 1091-1100.

Hirsch, Ralf / Kopelew, Lew, Hrsg.), Initiative Frieden & Menschenrechte, Grenzfall. Vollständiger Nachdruck aller in der DDR erschienen Ausgaben (1986/87), Berlin, 1989.

Hirschfeld, Oswald, Bemerkungen zur sicherheitspolitischen Diskussion, in: Die Neue Gesellschaft, Heft 4, Bonn, 1982, S. 334-337.

Hirschfeld, Oswald, Ideologie verklebt die Augen - um Stand der Genfer Raketenverhandlungen, in: Die Neue Gesellschaft, Heft 5, Bonn, 1983, S. 399-404.

Hirschfeld, Oswald, Nukleare Abschreckung, in: Die Neue Gesellschaft, Heft 10, Bonn, 1983, S. 963-966.

Historische Kommission beim SPD-PV, (Hrsg.), SPD. Erben Deutscher Geschichte Bundesrepublik und DDR. Forum der Historischen Kommission 12. bis 13. März 1987. Materialien, siehe dazu auch: Das Parlament 28.03.1987 und Sozialdemokratischer Pressedienst 31.03.1987, Bonn, 1987.

Hoesch, Jan, Drei Jahre kommunale Partnerschaften mit der DDR, in: Deutschland Archiv, Heft 1, Köln, 1989, S. 37-44.

Hoffmann, Volkmar, Der mühevolle Weg des deutsch-deutschen Zueinanders. Die Städtepartnerschaften sin aus den Schlagzeilen geraten. Versuch einer Bilanz, in: Frankfurter Rundschau, Frankfurt, 14.03.1989.

Honecker, Erich, Rede "Zur Eröffnung des SED-Parteilehrjahres 1980/81" in Gera vom 13.10.1980, in: Texte zur Deutschlandpolitik, Reihe II, Bd.8, S. 170-179.

Honecker, Erich, Kommuniqué über den Meinungsaustausch im Amtssitz des Staatsrates der DDR, sowie: Tischreden, in: Neues Deutschland, Berlin(Ost), 20.09.1985,

Horn, Hannelore, Die deutsche Frage im Spektrum europäischer Linker, in: Deutschland Archiv, Heft 6, Köln, 1988, S. 634-647.

Jach, Michael, Widerspruch bei SPD nach Schröders Landtagsrede, in: Die Welt, 13.05.1989.

Jäger, Manfred, Das Protokoll des X. Schriftstellerkongresses, in: Deutschland Archiv, Heft 4, Köln, 1989, S. 428 - 433.

Jäger, Thomas, Das Volk und die Einheit. Zum Konstrukt eines gesamtdeutschen Akteurs, in: Sozialistische Praxis, Heft 5, 9./10.1985.

Jäger, Thomas, Neue Wege in der Deutschlandpolitik, Deutsche Gesellschaft für zeitgeschichtliche Fragen e.V. (Verlag), Erlanger Beiträge zur Deutschlandpolitik, Institut für Gesellschaft und Wissenschaft Erlangen, 1986.

Jahn, Egbert, (Hrsg.), Die Ostpolitik der BRD. Triebkräfte, Widerstände, Konsequenzen, Opladen, 1974.

Jansen, Jürgen, Friedenspolitik, Baden-Baden, 1975.

Jansen, Günther, Den Begriff der Sicherheitspartnerschaft mit Leben erfüllen. Zum Dialog der SPD-Schleswig-Holstein mit einer Delegation der SED, in: Sozialdemokratischer Pressedienst, Ausgabe 84, Bonn, 02.05.1984

Jansen, Günther, Rede vor dem Landesausschuß der SPD-Schleswig-Holstein, Eutin, 18.01.1986.

Japs, Gode, Die hohe Schule des politischen Streits. Grundwerte bei der SPD und SED. Deutsch-deutscher Dialog, in: Vorwärts, Bonn, 08.03.1986.

Jarowinsky, Werner, Gegenüber Bischof Leich, in: epd-Dokumentation, Nr. 43, 1988, S. 60 f.

Jeschonnek, Günter, Der 17. Januar 1988 - und kein Ende?, in: Deutschland Archiv, Heft 8, Köln, 1988, S. 849-854.

Jeschonnek, Günter, Ideologischer Sinneswandel in der SED-Führung? Ein kritischer Kommentar zum Stichwort: Reiseregelungen, in Deutschland Archiv 1/1989, in: Deutschland Archiv, Heft 3, Köln, 1989, S. 278 - 283.

Jesse, Eckhard, (Hrsg.), Bundesrepublik Deutschland und Deutsche Demokratische Republik . Die beiden deutschen Staaten im Vergleich, Berlin (West), 1982[3].

Juling, Peter, Kontinuität im Ziel - aber Wandel des Weges. Die Deutschlandpolitik im Spiegel der Regierungserklärungen seit 1949, in: Deutschland Archiv, Heft 9, Köln, 1983, S 920-926.

Innerdeutsche Städtepartnerschaften, Stand 13. September 1988

Kade, Gerhard, "Nachrüsten" oder verhandeln? Der SPD-Parteitag vor der Entscheidung, in: Blätter für deutsche und internationale Politik, Heft 11, Köln, 1979, S. 1288-1291.

Kaiser, Carl-Christian, Wandel durch Wettbewerb? Trotz aller Unterschiede erkennen beide Seite die Pflicht zur Friedenssicherung an. Der deutsch-deutsche Dialog geht weiter, in: Die Zeit, Hamburg, 07.03.1986.

Kaiser, Karl, Die neue Ostpolitik, in: aus politik und zeitgeschichte, B 43/1979, Bonn, 1979, S. 3-10.

Karl Marx und die Sozialdemokratie. Nach 100 Jahren : Was bleibt von Karl Marx? Streitgespräch zwischen Manfred Banaschak, Rainer Diehl, Peter Glotz, Sven Papeke und Otto Reinhold, in: Die Neue Gesellschaft, Heft 3, Bonn, 1983, S. 200-215.

Kirchenleitung der Evangelischen Landeskirche Greifswald, Bericht an die Synode, in: epd-Dokumentation, Nr. 52, 1986, S. 29 f.

Kleines politisches Wörterbuch, Berlin(Ost), 1983[4].

Kleinschmidt, Harald, »Symptome eines Syndroms«. Dresden am 13. Februar 1988, in: Deutschland Archiv, Heft 3, Köln, 1988, S. 232 - 235.

Kleinschmid, Harald, Zivilcourage und Konzeptionslosigkeit. Zu eigenen kulturpolitischen Merkwürdigkeiten der DDR in den letzten Monaten, in: Deutschland Archiv, Heft 5, Köln, 1989, S. 508 - 510.

Kleßmann, Christoph, Zwei Staaten, eine Nation. Deutsche Geschichte, Göttingen, 1988.

Klier, Freya, Abreiß-Kalender. Versuch eines Tagebuchs, München, 1988.

Klose, Hans-Ulrich / Müller, Michael / Heimann, Gerhard / Maldaner, Karlheinz, Neuordnung des sowjetischen Wirtschaftssystems und Chancen für eine zweite Stufe der Ostpolitik. Die UdSSR auf der Suche nach neuen Wegen in der wirtschaftlichen und gesellschaftlichen Steuerung, in: SPD-Parteivorstand, (Hrsg.), Materialien, Bonn, 3/1986.

Knabe, Hubertus, (Hrsg.), Aufbruch in eine andere DDR. Reformer und Oppositionelle zur Zukunft ihres Landes, Reinbek, 1989.

Knabe, Hubertus, Neue soziale Bewegungen. Zur Entstehung und Bedeutung alternativer Gruppen im Sozialismus, in: Kirche im Sozialismus, 1/1989.

Koch, Peter, Willy Brandt. Eine politische Biographie, Berlin, 1988.

Kohl, Helmut, Bericht zur Lage der Nation im geteilten Deutschland, in: Presse- und Informationsamt der Bundesregierung, (Hrsg.), Bulletin, Nr. 123, Bonn, 09.11.1989.

Kohl, Helmut, Zehn-Punkte-Programm zur Überwindung der Teilung Deutschlands und Europas, in: Presse- und Informationsamt der Bundesregierung, (Hrsg.), Bulletin, Nr. 134, Bonn, 29.11.1989.

Konferenz der Kirchenleitungen in der DDR vom 6. Juli 1985, Zehn Jahre Schlußakte von Helsinki, in: epd-Dokumentation, Nr. 43, 1985, S. 52 f.

Koordinierungsgruppe Wahlen, (Hrsg.), Wahlfall 89, Berlin (Ost), 1989.

Kopp, Fritz, Gaus und der Deutsche Nationalstaat, in: Deutschland Archiv, Heft 7, Köln, 1984, S. 705-710.

Koppe, Karlheinz / Ehmke, Horst / Wehner, Herbert, (Hrsg.), Zwanzig Jahre Ostpolitik. Bilanz und Perspektiven, Bonn, 1986.

Körner, Klaus, Die Wiedervereinigungspolitik, in: Schwarz, Hans-Peter, (Hrsg.), Handbuch der deutschen Außenpolitik, München, 1975, S. 587-616.

Körting, Ehrhart, Die deutschlandpolitische Debatte beginnt ganz von vorn, in: Berliner Stimme, Berlin, 18.11.1989.

Kowalsky, Wolfgang, Zur Kritik linker Deutschlandpolitik, in: Gewerschaftliche Monatshefte, Heft 4, Köln, 1990, S. 226 - 232.

Krause, Christian, Atomares Vetorecht für die Bundesrepublik?, in: Die Neue Gesellschaft, Heft 10, Bonn, 1983, S. 957-963.

Kraupa, Michael, Wiedervereinigung? Neuvereinigung!, in: Frankfurter Allgemeine Zeitung, 06.05.1989.

Krause, Christian, Bedrohungsanalyse, Bonn, 1985.

Krebs, Hans-Dieter, Städtepartnerschaften bereichern Sportaustausch, in: Deutschland Archiv, Heft 1, Köln, 1988, S. 10 - 11.

Krell, Gert, Die Entwicklung des Sicherheitsbegriffs, in: Die Neue Gesellschaft, Heft 10, Bonn, 1979, S. 906-910.

Krenz, Egon, Rede vor der Volkskammer, in: Deutsche Welle, Monitordienst, 25.10.1989

Kriele, Martin, Universialitätsansprüche darf man nicht aufgeben, in: Deutschland Archiv, Heft 1, Köln, 1988, S. 51 - 52.

Kröning, Volker, Rechtliche Orientierung deutscher Friedenspolitik, in: Die Neue Gesellschaft, Heft 5, Bonn, 1983, S. 409-413.

Krumbein, Wolfgang, Hilflose Staatstheorie. Zum Staatsverständnis im Irseer Programmentwurf, in: Die Neue Gesellschaft, Heft 2, Bonn, 1988, S. 168-170.

Lafontaine, Oskar, Die Begriffe der heutigen Sicherheitspolitik stimmen nicht mehr. Über Null-Option, Gleichgewicht und die unterschiedlichen Sicherheitsinteressen von Amerikanern und Europäern, in: Blätter für deutsche und internationale Politik, Heft 11, Köln, 1981, S. 1323-1327.

Lafontaine, Oskar, Angst vor Freunden. Die Atomwaffen-Strategie der Supermächte zerstört die Bündnisse, Hamburg, 1983.

Lafontaine, Oskar, Für eine europäische Friedensordnung. Rede auf der Programm-Werkstatt im Erich-Ollenhauer-Haus, in: Service der SPD für Presse, Funk, TV, Ausgabe 386, Bonn, 05.05.1988.

Lafontaine, Oskar, Zum realen Sozialismus gehört reale Freiheit und reale Demokratie. Über die Schwierigkeiten des deutsch-deutschen Dialogs angesichts der Ereignisse in der Sowjetunion uns in China, in: Frankfurter Rundschau, Frankfurt, 17.07.1989.

Lafontaine, Oskar, Interview mit WDR-Morgenmagazin, in: Presseservice der SPD, Bonn, 21.09.1989.

Lafontaine, Oskar, Interview zu den jüngsten Entwicklungen in der DDR, in: Presseservice der SPD, Ausgabe 623, Bonn, 04.10.1989.

Lafontaine, Oskar, Interview mit ppp, in: Parlamentarisch Politischer Pressedienst, Bonn 04.10.1989

Lafontaine, Oskar, Interview mit ppp, in: ppp Bonner Tagesdienst, Bonn, 10.10.1989.

Lafontaine, Oskar, Erklärung zum Zehn-Punkte-Programm des Bundeskanzlers, in: Presseservice der SPD, Bonn, 03.12.1989.

Lafontaine, Oskar, Deutsche Wahrheiten. Die nationale und die soziale Frage, Hamburg, 1990.

Lakowlew, Alexander, Parteitag der KPD Jan. 1989, in: Frankfurter Rundschau, Frankfurt, 12.01.1989.

Lambrecht, Horst / Schwartau, Cord, Förderung des Innerdeutschen Handels durch Sonderprogramme. »Umweltschutz und Modernisierung«, in: Deutschland Archiv, Heft 6, Köln, 1987, S. 600 - 608.

Landesdelegiertenkonferenz SPD-Ost, Erklärung der Delegiertenkonferenz der Sozialdemokratischen Partei der DDR in Berlin (Ost) am 14.01.1990 zur deutschen Frage, in: SPD-Bundestagsfraktion, Wochentext, Nr. 1, Bonn, 19.01.1990, S. 3.

Lanfer, Hans-Günther, Begrenzte Bürgerkontakte. Erfahrungen mit der Städtepartnerschaft Trier-Weimar, in: Deutschland Archiv, Heft 1, Köln, 1989, S. 51-55

Leber, Georg, Vom Frieden, Stuttgart, 1979.

Leciejewski, Klaus, Freiheit durch gemeinsame Reformen?, in: Deutschland Archiv, Heft 10, Köln, 1988, S. 1051-1056.

Lehmann, Hans Georg, Chronik der DDR 1945/49 bis heute, München, 1987.

Leich, Landesbischof Werner, Vorsitzender der Konferenz der Kirchenleitungen, Ansprache beim Treffen mit dem Staatsratsvorsitzenden Erich Honecker am 3. März 1988, in: epd-Dokumentation, Nr. 12, 1988, S. 2 f.

Leich, Werner, in: Frankfurter Allgemeine Zeitung, Frankfurt, 13.03.1989.

Leonhard, Wolfgang, Die Revolution entläßt ihre Kinder, Köln, Neuauflage 1987.

Leonhard, Wolfgang, Dämmerung im Kreml. Wie eine neue Ostpolitik aussehen müßte, Frankfurt a.M./Berlin(West), 1987.

Leonhard, Prof. Wolfgang, Presseclub, 23.10.1989

Leonhard, Wolfgang, Die Wiedervereinigung steht nicht auf der Tagesordnung, in: Gewerkschaftliche Monatshefte, Heft 12, Köln, 1989, S. 747 - 756.

Löffler, Horst, Debattenbeitrag im Deutschen Bundestag, Aktuelle Stunde zur Deutschlandpolitik, Beantragt von der CDU/CSU wegen der Schmude-Rede, in: Informationen der sozialdemokratischen Bundestagsfraktion. Heute im Plenum, Ausgabe 1003, Bonn, 23.05.1985.

Löser, Franz, Demokratisierung - auch in der DDR?, in: Deutschland Archiv, Heft 9, Köln, 1987, S. 932 - 936.

Löther, Rolf, Mit der Natur in die Zukunft, Berlin (Ost), 1985.

Löwenthal, Richard, Europa und die deutsche Teilung, in: Hofer, Walter von, Europa und die Einheit Deutschlands. Eine Bilanz nach 100 Jahren, Köln, 1970, S. 305-329.

Löwenthal, Richard, Sozialdemokratie, Frieden und Sicherheit, in: Die Neue Gesellschaft, Heft 4, Bonn, 1982, S. 328-330.

Löwenthal, Richard, Westbindung und Identität der Deutschen. Eine Antwort an Peter Glotz, in: Die Neue Gesellschaft, Heft 5, Bonn, 1984, S. 437-440.

Lübbe, Peter, Wandelt sich das »sozialreformistische« Feindbild in der DDR?, in: Deutschland Archiv, Heft 11, Köln, 1988, S. 1178-1188.

Lübkemeier, Eckhard, NATO-Strategie und Null-Lösung. Ein Beitrag zu einer künftigen Debatte, in: Die Neue Gesellschaft, Heft 4, Bonn, 1982, S. 337-343.

Lummer, Heinrich, Zwei Friedensverträge mit Deutschland? zu einem Vorschlag von Egon Bahr, in: Deutschland Archiv, Heft 4, Köln, 1988, S. 370 - 374.

Lutz, Dieter S., Wer rüstet eigentlich nach? Vergleich der euronuklearen Macht, in: Blätter für deutsche und internationale Politik, Heft 12, Köln, 1979, S. 1529-1530.

Lutz, Dieter S., Kriegsgefahr und Kriegsverhütung in den 80er Jahren, in: aus politik und zeitgeschichte, B 3/81, Bonn, 17.01.1981.

Lutz, Dieter S., (Hrsg.), Sicherheitspolitik am Scheideweg?, Bonn, 1982.

Lutz, Dieter S., Was heißt "Gemeinsame Sicherheit"? Plädoyer für eine neue Friedens- und Sicherheitspolitik der SPD, in: Blätter für deutsche und internationale Politik, Heft 8, Köln, 1985, S. 900-902.

Lutz, Dieter S., Strukturelle Angriffsunfähigkeit durch defensive Zonen. Vom Atomwaffenfreien Korridor zur Panzerfreien Zone, in: Blätter für deutsche und internationale Politik, Heft 6, Köln, 1988, S. 727 - 732.

Lutz, Dieter S., Teilelement einer politischen Konzeption. Funktionen, Zielkriterien, Konzeptioneller Rahmen der Strukturellen Nichtangriffsfähigkeit, in: Die Neue Gesellschaft, Heft 6, Bonn, 1988, S. 547-553.

Mahnke, Heinrich, (Hrsg.), Dokumente zur Berlin-Frage 1967-1986, München, 1987.

Maier-Harloff, Ottmar, Die Entwicklung einer ostpolitischen Konzeption in der sozialdemokratischen Partei Deutschlands von 1945-1961, Darmstadt/Stuttgart, 1975.

Maldaner, Karlheinz / Müller, Michael / Klose, Hans-Ulrich / Heimann, Gerhard, Neuordnung des sowjetischen Wirtschaftssystems und Chancen für eine zweite Stufe der Ostpolitik. Die UdSSR auf der Suche nach neuen Wegen in der wirtschaftlichen und gesellschaftlichen Steuerung, in: SPD-Parteivorstand, (Hrsg.), Materialien, Bonn, 3/1986.

Martin, Ernst, Zwischenbilanz: Deutschlandpolitik der 80er Jahre, Stuttgart, Okt. 1986.

Mechtenberg, Theo, Der DDR-Kirchenbund und das »Neue Denken« in der Friedensfrage, in: Deutschland Archiv, Heft 4, Köln, 1987, S. 409 - 414.

Mechtenberg, Theo, Kirche im Sozialismus. Eine kritische Analyse des Staat-Kirche-Verhältnis in der DDR, in: Deutschland Archiv, Heft 4, Köln, 1988, S. 380 - 389.

Mechtenberg, Theo, Das Staat-Kirche-Verhältnis im 40. Jahr der DDR, in: Spittmann, Ilse / Helwig, Gisela, (Hrsg.), Die DDR im vierzigsten Jahr. Geschichte. Situation. Perspektiven. Zweiundzwanzigste Tagung zum Stand der DDR-Forschung in der Bundesrepublik Deutschland 16. bis 19. Mai 1989, Köln, 1989, S. 162-172.

Mehr Gerechtigkeit in der DDR - unsere Aufgabe, unsere Erwartungen, in: epd-Dokumentation, Nr. 21, 1989, S. 27 f.

Meisner, Boris, (Hrsg.), Die deutsche Ostpolitik. Kontinuität und Wandel, Köln, 1970.

Meng, R., Die sozialdemokratische Wende - Außenbild und innerer Prozeß der SPD 1981-1984, Gießen, 1985.

Menge, Marlies, Empörung über das Schweigen oben. Bei denen, die in der DDR bleiben, wächst der Wille angehört und gefragt zu werden, Die Zeit, Hamburg, 01.09.1989

Menge, Marlies, Ohne uns läuft nichts mehr. Auf dem Weg zu einer neuen DDR?, Stuttgart, 1990.

Merseburger, Peter, Die unberechenbare Vormacht, München, 1985.

Meyer, Thomas, Ein neuer Rahmen für den Ost-West-Dialog. Das gemeinsame Grundsatzpapier von SED und SPD. Kein nationales Memorandum, in: Die Neue Gesellschaft, Heft 10, 1987, S. 871-877.

Meyer, Thomas, Dokument der Hoffnung, nicht Garantie des Gelingens. Erläuterungen und Argumente zum gemeinsamen Papier von SPD und SED, in: Deutschland Archiv, Heft 1, Köln, 1988, S. 32 - 39.

Miller, Susanne, "Wende"-Zeichen auf dem Gebiet der Geschichte, in: Die Neue Gesellschaft, Heft 9, Bonn, 1986, S. 836-840.

Miller, Susanne, Anmerkungen zum Geschichtsverständnis der SED und der SPD, in: Die Neue Gesellschaft, Heft 3, Bonn, 1989, S. 258 - 264.

Minnerup, Günter, Volk, Gesellschaft, Nation, in: Deutschland Archiv,Heft 8, Köln, 1983, S. 833 - 838.

Minnerup, Günter / Brandt, Peter, Osteuropa und die deutsche Frage, in: Die Neue Gesellschaft, Heft 8, Bonn, 1987, S. 722-734.

Minnerup, Günter, Politische Opposition in der DDR vor dem Hintergrund der Reformdiskussion in Osteuropa, in: Spittmann, Ilse / Helwig, Gisela, (Hrsg.), Die DDR im vierzigsten Jahr. Geschichte. Situation. Perspektiven. Zweiundzwanzigste Tagung zum Stand der DDR-Forschung in der Bundesrepublik Deutschland 16. bis 19. Mai 1989, Köln, 1989, S. 66-74.

Mommsen, Hans, Ostpolitik als Deutschlandpolitik, in: Michel, Karl Markus / Spengler, Tilman, (Hrsg.), Kursbuch 81. Die andere Hälfte Europas, Berlin, Sep. 1985, S. 165-174.

Mommsen, Wolfgang J., Die Idee der deutschen Nation in der Geschichte und Gegenwart, in: Gewerkschaftliche Monatshefte, Heft 5/6, Köln, 1990, S. 263 - 273.

Mommer, Rede in der Europadebatte des Deutschen Bundestages, in: Deutscher Bundestag, Protokolle, 2/137, Bonn, 22. 03.1956, S. 7075-7076.

Momper, Walter, DDR muß über wirksame innere Reformen nachdenken. Zum 28. Jahrestag des Mauerbaus, in: Sozialdemokratischer Pressedienst, Bonn, 11.08.1989.

Momper, Walter, Interview mit Stimme der DDR vom 20.10.1989, in: Deutsche Welle, Monitordienst, 23.10.1989

Momper, Walter, Im Zentrum steht der Ruf nach mehr Demokratie. Die DDR ist in Bewegung gekommen, in: Sozialdemokratischer Pressedienst, 31.10.1989

Momper, Walter, Die Einheit als enge Vertragsgemeinschaft. Thesen zu den aktuellen Entwicklungen in der DDR und in Osteuropa und Auswirkungen auf Berlin, in: Sozialdemokratischer Pressedienst Wirtschaft, Bonn, 28.11.1989.

Müller, Albrecht, u.a., Brief an Markus Meckel, Bonn, 29.03.1990.

Müller, Albrecht A.C. von, Integrated Forward Defense. Outlines of a Modified Conventional Defense for Central Europe, Ms., Starnberg, 1985.

Müller, Gottfried, Mitverantwortung, in: Kirche im Sozialismus, Heft 5, 1988.

Müller, Michael / Klose, Hans-Ulrich / Heimann, Gerhard / Maldaner, Karlheinz, Neuordnung des sowjetischen Wirtschaftssystems und Chancen für eine zweite Stufe der Ostpolitik. Die UdSSR auf der Suche nach neuen Wegen in der wirtschaftlichen und gesellschaftlichen Steuerung, in: SPD-Parteivorstand, (Hrsg.), Materialien, Bonn, 3/1986.

Müller, Michael, Osteuropa greift verstärkt sozialdemokratische Positionen auf, Sozialdemokratischer Pressedienst, 15.06.1989

Münch, Ingo von, (Hrsg.), Dokumente des geteilten Deutschland, Bde. I-II, Stuttgart, 1974.

Nato-Informationsdienst, Das Atlantische Bündnis. Tatsachen und Dokumente, Brüssel, 1982.

Naumann, Friedrich, Mitteleuropa, in: Die Neue Gesellschaft, Heft 7, Bonn, 1986, S. 580-583.

Nowakowski, Gerd, Presseclub, 05.11.1989

Nawrocki, Joachim, Die Beziehungen zwischen den beiden Staaten in Deutschland, Berlin(West), 1986.

Nawrocki, Joachim, Den Anfängen wehren. Ost-Berlin rechtfertigt den Stillstand, in: Die Zeit, Hamburg, 01.09.1989.

Neubert, Erhart, Der soziale Wandel und seine Folgen für die gesellschaftliche Kommunikation in der DDR, in: Spittmann, Ilse / Helwig, Gisela, (Hrsg.), Die DDR im vierzigsten Jahr. Geschichte. Situation. Perspektiven. Zweiundzwanzigste Tagung zum Stand der DDR-Forschung in der Bundesrepublik Deutschland 16. bis 19. Mai 1989, Köln, 1989, S. 38 -57.

Neues Forum Leipzig, Jetzt oder nie - Demokratie. Leipziger Herbst '89, Leipzig, 1989.

Oertzen, Peter von, Logik mit Lücken - Richard Löwenthals sicherheitspolitische Thesen, in: Die Neue Gesellschaft, Heft 4, Bonn, 1982, S. 330-334.

Ökomenische Versammlung für Gerechtigkeit, Frieden und Bewahrung der Schöpfung, Mehr Gerechtigkeit in der DDR - unsere Aufgabe, unsere Erwartung, in: epd-Dokumentation, Nr. 6, 1989, S. 3.

Ötken, Rita, Die Bedeutung des Umweltschutz für die Wirtschaft der DDR, Berlin (West), 1986.

Offenheit als Privileg. Warum DDR-Künstler nicht auf die Straße gehen, in: Frankfurter Allgemeine Zeitung, Frankfurt, 04.11.1989.

Osterroth, Franz / Schuster, Dieter, Chronik der deutschen Sozialdemokratie, Bd. III: Nach dem Zweiten Weltkrieg, Berlin/Bonn, 1978[2].

Palme, Olof, Das Wettrüsten kann gestoppt werden. Eine schwedische Meinung, in: Die Neue Gesellschaft, Heft 2, Bonn, 1983, S. 102-104.

Pawlow, Nicole-Annette, Innerdeutsche Städtepartnerschaften, Berlin, 1990.

Peter, Horst, Signale der Veränderung aufnehmen. Zum Umgang mit der Entwicklung im Osten, in: Sozialdemokratischer Pressedienst, Bonn, 05.10.1989.

Peter, Horst, Die Zeit der Sonntagsreden ist vorbei. Zur Entwicklung in der DDR, in: Sozialdemokratischer Pressedienst, Bonn, 08.11.1989.

Peter, Horst, Einen eigenen Weg der DDR abstützen, in: ppp Bonner Tagesdienst, Bonn, 28.11.1989.

Pfeiler, Wolfgang, Über den Einfluß des gewandelten amerikanisch-sowjetischen Verhältnisses auf die Deutschlandpolitik der 80er Jahre, in: Edition Deutschland Archiv, Die beiden deutschen Staaten im Ost-West-Verhältnis. Fünfzehnte Tagung zum Stand der DDR-Forschung in der Bundesrepublik Deutschland vom 1. bis 4. Juni 1982, Köln, 1982, S. 38-49.

Piper, Nikolaus, Marschall-Plan für die DDR?, in: Die Zeit, Hamburg, 01.09.1989.

Planer-Friedrich, Götz, Kirche im Sozialismus?, in: Evangelische Kommentare, Heft 9, 1989.

Plate, Bernhard von, Perspektiven und Entwicklungsmöglichkeiten deutsch-deutscher Politik, in: Deutschland Archiv,Heft 7, Köln, 1983, S. 707 - 719.

Plate, Bernhard von, Deutsch-deutsche Beziehungen und Ost-West-Konflikt, in: aus politik und zeitgeschichte, B 15/84, Bonn, 14.04.1984, S. 27-39.

Pollack, Martin, Mitteleuropa oder Mutmaßungen über Tüffer, in: Die Neue Gesellschaft, Heft 9, Bonn, 1986, S. 828-831.

Poppe, Ulrike, Das kritische Potential der Gruppen in Kirche und Gesellschaft, Überarbeiteter Vortrag zur Tagung der Ev. Akademie Berlin-Brandenburg zum Thema: DIE ICH RIEF DIE GEISTER - DIE KIRCHE UND DIE GRUPPEN, 16.11.1988 (Manuskript).

ppp, DDR-Alternative: Am »Streitpapier« von SPD und SED festhalten, in: ppp Bonner Tagesdienst, Bonn, 19.10.1989.

ppp, Erste Anzeichen für Reformen in der DDR, in: ppp Hintergrunddienst, Bonn, 23.10.1989.

ppp, Tagesthema. Demokratisierung vor Einheit, in: ppp Bonner Tagesdienst, Bonn, 31.10.1989.

Presse- und Informationsamt der Bundesregierung, Konferenz über Sicherheit und Zusammenarbeit in Europa. Abschließendes Dokument des Wiener KSZE-Folgetreffens, Bulletin, Nr. 10, Bonn, 1989.

Presse und Informationsamt des Landes Berlin, (Hrsg.), Zum Treffen des Regierenden Bürgermeisters Walter Momper und Generalsekretär Erich Honecker, Berlin, 19.06.1989

Presse- und Informationsamt des Landes Berlin, (Hrsg.), Presseerklärung. Meinungsaustausch von Walter Momper und Erich Honecker in Niederschönhausen, Berlin, 19.06.1989.

Presse- und Informationsamt der Landesregierung Nordrhein-Westfalen, (Hrsg.), Regierungserklärung von Ministerpräsident Johannes Rau. Die Chance für Europa: Annäherung durch Wandel, Düseldorf, 19.10.1989.

Probst, Lothar, Ein Jahr Partnerschaft Bremen-Rostock, in: Deutschland Archiv, Heft 1, Köln, 1989, S. 45-51.

Punge, Manfred, Zum Gebrauch des Begriffs Kirche im Sozialismus, Berlin (Ost), 1988.

Reiche, Steffen, Vorstandsmitglied der SDP in der DDR, RIAS 1, 29.10.1989

Rein, Gerhard, (Hrsg.), Die Opposition in der DDR, Berlin 1989.

Reinhold, Otto, Antworten auf Fragen zum Streit der Ideologien und zur gemeinsamen Sicherheit. Gespräch mit "Neues Deutschland", in: Neues Deutschland, Berlin(Ost), 11.11. 1987.

Reinhold, Otto, Ideale und Werte der sozialistischen Gesellschaft, in: horizont, Nr. 12, 1988, S. 8-9.

Reusch, Jürgen, Alternativen zu Abschreckung und Aufrüstung, Köln, 1987.

Reuth, Ralf Georg, Soll die SPD in Ost-Berlin wiederbelebt werden? Überlegungen des Kurt-Schumacher-Kreises. Das Alliiertenrecht, in: Frankfurter Allgemeine, 05.08.1989.

Richter, Edelbert, Demokratische Umgestaltung. Ein Versuch, sie zu buchstabieren, in: Kirche im Sozialismus, Heft 2, 1989, S. 65 f.

Richter, Edelbert, Historische Erwägungen zu den Menschenrechten, in: Kirche im Sozialismus, Heft 5, 1989.

Riehl-Heyse, Herbert, Moses, Kohl und der Alltag, in: Stern, Nr 14, 14.09.1989.

Risse-Kappen, Thomas, Fahrplan zur Abrüstung? Zur Doppelbeschluß-Politik der Bundesrepublik Deutschland bis 1983, in: aus politik und zeitgeschichte, B 14-15/85, Bonn, 06.04.1985.

Rittberger, Volker, (Hrsg.), Die Ostpolitik der BRD. Triebkräfte, Widerstände, Konsequenzen, Opladen, 1974.

Rix, Christiane, (Hrsg.), 40 Jahre zwei deutsche Staaten. Politische Ansichten von draußen, Leverkusen, 1989.

Röder, Hans-Jürgen, Nicht anders als vor dreißig Jahren. Die SED zieht mit Schulstrafen gegen unliebsame Meinungen zu Felde, in: Kirche im Sozialismus, Heft 6, 1988.

Röntgen, Anita, Was soll mir eure Freiheit? Unbefugte Reportagen aus der DDR, Brühl-Moos, 1987.

Roth, Margit, Zwei Staaten in Deutschland. Die sozialliberale Deutschlandpolitik und ihre Auswirkungen 1969-1978, Opladen, 1981.

Roth, Wolfgang, Wirtschaftsreformen in der DDR und Soforthilfe für den Reiseverkehr und Übersiedler. Zwischenbericht nach Beratungen mit der DDR-Opposition, der Fraktions-Arbeitsgruppe und Experten, in: Sozialdemokratischer Pressedienst Wirtschaft, Bonn, 23.11.1989.

Rühl, Lothar, (Hrsg.), Mittelstreckenwaffen in Europa, Baden-Baden, 1987.

Sander, H.D., Der nationale Imperativ. Ideengänge und Werkstücke zur Wiederherstellung Deutschlands, Krefeld, 1980.

Scheer, Hermann, Der verengte Sicherheitsbegriff, in: Die Neue Gesellschaft, Heft 4, Bonn, 1981, S. 413-416.

Scheer, Hermann, Verhandlungsdogmatismus überwinden, in: Die Neue Gesellschaft, Heft 5, Bonn, 1983, S. 396-399.

Scheer, Hermann, Denuklearisierung und konventionelle Defensivstruktur. Gemeinsamkeiten und Streitfragen bei der Anhörung des Verteidigungsausschusses über "Alternative Strategien", in: Die Neue Gesellschaft, Heft 9, Bonn, 1984, S. 820-825.

Scheer, Hermann, Vom "Wandel durch Annäherung" zur "Annäherung durch Wandel". Zu den Bedingungen einer erneuerten Entspannungspolitik, Vortrag auf dem SPÖ-Kongress Perspektiven '90 "Die Zukunft der internationalen Politik" in Wien, Bonn, 13.05.1987.

Scherer, Peter, Einheit nicht auf der Tagesordnung. SPD Hessen spricht Wiedervereinigungsgebot des Grundgesetzes politische Realität ab, in: Die Welt, 02.10.1989.

Schorlemer, Friedrich, in: Frankfurter Rundschau, Frankfurt, 14.07.1988.

Schlotter, Peter, Neue Impulse für die Entspannungspolitik. Ein Diskussionsbeitrag, in: Die Neue Gesellschaft, Heft 10, Bonn, 1979, S. 915-919.

Schmid, Rede in der Europadebatte des Deutschen Bundestages, in: Deutscher Bundestag, Protokolle, 2/137, Bonn, 22. 03.1956, S. 7078-7082.

Schmid, Günther, Entscheidung in Bonn. Die Entstehung der Ost- und Deutschlandpolitik 1969/1970, Köln, 1979.

Schmidt, Helmut, Deutschlandpolitik im Wandel der weltpolitischen Bedingungen. Rede vor dem Dortmunder Parteitag 1966, in: ders., Beiträge, Stuttgart, 1967, S. 545-578.

Schmidt, Helmut, Beiträge, Stuttgart, 1967.

Schmidt, Helmut, Der Kurs heißt Frieden, Düsseldorf/Wien, 1979.

Schmidt, Helmut, Strategie des Gleichgewichts, Stuttgart, 1981.

Schmidt, Helmut, Eine Strategie für den Westen, Berlin (West), 1986.

Schmidt, Helmut, Das gemeinsame Dach bleibt das Ziel, in: Die Zeit, Hamburg, 31.10.1986.

Schmidt, Helmut, Einer unserer Brüder. Zum Besuch Erich Honeckers, in: Die Zeit, Hamburg, 24.07.1987.

Schmidt, Helmut, Menschen und Mächte, Berlin(West), 1987.

Schmige, Georg, Staatenvertrag statt Friedensvertrag, in: Deutschland Archiv, Heft 11, Köln, 1988, S. 1167-1170.

Schmitz, Kurt Thomas, Deutsche Einheit und Euopäische Integration. Der sozialdemokratische Beitrag zur Außenpolitik der Bundesrepublik Deutschland unter besonderer Berücksichtigung des programmatischen Wandels einer Oppositionspartei, in: Forschungsinstitut der Friedrich-Ebert-Stiftung, Klotzbach, Kurt, (Hrsg.), Reihe: Politik- und Gesellschaftsgeschichte.

Schmude, Jürgen, 13 Thesen - Perspektiven der Deutschlandpolitik in den 80er Jahren, in: Sozialdemokratischer Pressedienst, 31.05.1983.

Schmude, Jürgen, Über Grundlagen und aktuelle Möglichkeiten der Deutschlandpolitik, in: Informationen der sozialdemokratischen Bundestagsfraktion, Ausgabe 724, Bonn, 03.06. 1983.

Schmude, Jürgen, Was erwarten die beiden deutschen Staaten voneinander?, in: Die Neue Gesellschaft, Heft 8, Bonn, 1984, S. 690-695.

Schmude, Jürgen, Kohl darf sich am 8. Mai nicht drücken. Die deutsche Frage ist weitgehend beantwortet, in: Westdeutsche Allgemeine Zeitung, 29.01.1985.

Schmude, Jürgen, Rede in der Aktuellen Stunde des Bundestages zum Schlesier-Treffen, in: Informationen der sozialdemokratischen Bundestagsfraktion, Tagesdienst, Ausgabe 251, Bonn, 06.02.1985.

Schmude, Jürgen, Debattenbeitrag zur Aktuellen Stunde des Deutschen Bundestages, in: Deutscher Bundestag, Protokoll 10/119, Bonn, 06.02.1985, S. 8811.

Schmude, Jürgen, Deutsch-deutsches Verhältnis - aus der Geschichte lernen, in: Informationen der sozialdemokratischen Bundestagsfraktion, Ausgabe 913, Bonn, 17.05.1985.

Schmude, Jürgen, Gute Beziehungen zwischen den Deutschen stärken die Stabilität in Europa. "Zu den Beziehungen zwischen den beiden deutschen Staaten" ist der Titel eines Vortrags, den Schmude auf einer Veranstaltung der FES in Washington gehalten hat, in: Informationen der sozialdemokratischen Bundestagsfraktion. Tagesdienst, Ausgabe 1192, Bonn, 17.06.1986.

Schmude, Jürgen, Nach Enttäuschungen auch Ermutigungen in der Deutschlandpolitik, in: Politik und Kultur, Heft 4, Berlin(West), 1986, S. 37-46.

Schmude, Jürgen, Zu den Beziehungen zwischen beiden deutschen Staaten, in: Deutschland Archiv, Heft 10, Köln, 1986, S. 1046-1050.

Schmude, Jürgen, Chancen zur Wahrung des Zusammenhalts nutzen! Auch die deutsche Teilung besteht 40 Jahre, in: Sozialdemokratischer Pressedienst, Bonn, 22.05.1989.

Schmude, Jürgen, Interview im RIAS. zur Problematik der DDR-Flüchtlinge, in: BPA-Nachrichtenabteilung, Ref.II 5, Rundfunk-Ausw. Deutschland, RIAS 1/16.08.89/17.50/Wa - Abendreport -, BPA/ Kü I/17.08.89, Schmude-Auszug-(816-2), Bonn, 17.08.1989.

Schnakenberg, Oliver, Innerdeutsche Städtepartnerschaften. Rechtliche Aspekte grenzüberschreitenden kommunalen Handelns, Baden-Baden, 1090.

Schnappertz, Jürgen, Dialog als unendliche Geschichte oder Lernprozeß? Über die Ambivalenzen des SED-SPD-Papiers, in: Deutschland Archiv, Heft 1, Köln, 1988, S. 47 - 51.

Schollwer, Wolfgang, Noch einmal, Wolfgang Venohr, in: Deutschland Archiv, Heft 1, Köln, 1985, S. 50.

Schröder, Richard, Was kann »Kirche im Sozialismus« sinnvoll heißen? Diskussionsbeitrag zur Standortbestimmung der Christen in der DDR, in: Kirche im Sozialismus, Heft 4, 1988.

Schröder, Richard, Was kann DDR-Bürger verbinden? Gefährdungen und Möglichkeiten einer »DDR-Identität«, in: Kirche im Sozialismus, Heft 5, 1988.

Schröder, Richard, Antwortbrief auf den Brief von Müller u.a., Blankenfelde, 01.04.1990.

Schröder, Gerhard, Rede vor dem niedersächsischen Landtag, in: Stenographischer Bericht Nr. 89, Hannover, 16.06.1989, S. 8263 - 8269.

Schröder, Gerhard, Rede vor dem niedersächsischen Landtag, in: Stenographischer Bericht Nr. 89, Hannover, 16.06.1989, S. 8276 - 8278.

Schröder, Gerhard, Rede zur Deutschlandpolitik im Niedersächsischen Landtag, in: Sozialdemokratischer Pressedienst, Bonn, 26.06.1989.

Schröder, Gerhard, Rede vor dem niedersächsischen Landtag, in: Stenographischer Bericht Nr. 94, Hannover, 26.10.1989, S. 8683 -8685.

Schubert, Klaus von, Frieden und Bewegung, in: Die Neue Gesellschaft, Heft 4, Bonn, 1982, S. 304-310.

Schubert, Klaus von, Das dickste Brett. Die Mühen der SPD um Sicherheitspolitik, in: Die Neue Gesellschaft, Heft 2, Bonn, 1985, S. 106-

Schulze, E. / Danylow, P., Bewegung in der deutschen Frage? Die ausländischen Besorgnisse in der Entwicklung in den beiden deutschen Staaten. Arbeitspapiere zur internationalen Politik 33, Bonn, 2.erw.Aufl., 1985.

Schumacher, Hans, Gesine Schwan und die Raketen, in: Die Neue Gesellschaft, Heft 10, Bonn, 1983, S. 935.

Schumacher, Hans, Stichworte einer Realen Utopie für eine europäische Friedensordnung, in: Die Neue Gesellschaft, Heft 3, Bonn, 1984, S. 221-226.

Schwan, Gesine, Die SPD und die westliche Freiheit, in: Die Neue Gesellschaft, Heft 10, Bonn, 1983, S.929-935.

Schwan, Gesine, Deutschlandpolitik am Wendepunkt. Thesen für eine Diskussion mit Heimann, in: Berliner Stimme, 08.02.1986.

Schwan, Gesine, Mitten in Europa. West-Berlin - eine Stadt sucht ihre Aufgabe, in: Die Zeit, 20.01.1989.

Schwarz, Hans-Peter, Die Ost-West-Spannung als Orientierungsrahmen westdeutscher Außenpolitik, in: ders., (Hrsg.), Handbuch der deutschen Außenpolitik, München, 1975, S. 465-479.

Schweißfurth, Theodor, Keineswegs obsolet: Der deutsche Friedensvertrag, in: Deutschland Archiv, Heft 7, Köln, 1985, S. 711 - 715.

Schweifurth, Theodor, Die Sozialdemokratische Partei Deutschlands darf auf die Einheit Deutschlands nicht verzichten. Zur Kritik des Deutschland-Abschnitts im Irseer Programmentwurf, in: Deutschland Archiv, Heft 6, Köln, 1988, S. 592-598.

Schweisfurt, Theodor, Fahrplan für ein Deutschland, Erlangen, 1990.

Seeliger, Rolf, (Hrsg.), Für eine neue Phase der Ost- und Deutschlandpolitik, München, 1985.

Seidelmann, Reimund, Die Entspannungspolitik der Bundesrepublik Deutschland. Entstehungsursachen, Konzepte und Perspektiven, Frankfurt a.M./New York, 1982.

Seidelmann, Reimund, Deutsch-deutsche Rüstungskontrollpolitik, in: Deutschland Archiv, Heft 5, Köln, 1984, S. 480-487.

Seidelmann, Reimund, Deutschlandpolitik als Europapolitik. Zu einem Aufsatz von Alfred Dregger, in: Deutschland Archiv, Heft 6, Köln, 1985, S. 601-606.

Seidelmann, Reimund, Die Vereinbarung zwischen SPD und SED zur Schaffung einer chemiewaffenfreien Zone. Eine politische Bewertung, in: Deutschland Archiv, Heft 9, Köln, 1985, S. 935-943.

Seidelmann, Reimund, SPD und SED zur Schaffung eines atomwaffenfreien Korridors. Eine politische Bewertung, in: Deutschland Archiv, Heft 2, Köln, 1987, S. 134 - 142.

Seidelmann, Reimund, Wiedervereinigung oder Zweistaatlichkeit? Ein Beitrag zur Entideologisierung der deutschen Frage, in: Die Neue Gesellschaft, Heft 6, Bonn, 1988, S. 583-586.

Seiffert, Wolfgang, Die deutsche Frage nach dem Honecker-Besuch, in: Deutschland Archiv, Heft 12, Köln, 1987, S. 1252 - 1257.

Selbmann, Eugen / Sänger, Fritz, Politik für Deutschland. Sozialdemokratische Beiträge 1962-1964, Bonn, o.J. (1964).

Senatskanzlei Berlin, (Hrsg.), "Wir Deutschen sind jetzt das glücklichste Volk auf der Welt". Die Reden am 10. November 1989 vor dem Rathaus Schöneberg, Berlin, o.J..

Sicherheit und Frieden, Themenschwerpunkt: Strukturelle Nichtangriffsfähigkeit, Jg. 5, Nr.1, 1987.

Sielaff, Horst, Das Spiel mit dem Feuer bremsen. Zu Äußerungen des Unions-Deutschlandpolitikers Lintner und einer »Aktion« der »Bild«-Zeitung, in Sozialdemokratischer Pressedienst, Bonn, 16.08.1989.

Sielaff, Horst, Dank den Ungarn. Zur Entscheidung Budapests ..., in: Sozialdemokratischer Pressedienst, Bonn, 11.09.1989.

Sielaff, Horst, Ohne Dialog kann es keine gute Zukunft geben, in: ppp Bonner Tagesdienst, Bonn, 18.09.1989.

Sielaff, Horst, Partner, nicht Vormund sein. Zum Umgang mit dem Emanzipationsprozeß in der DDR, in: Sozialdemokratischer Pressedienst, Bonn, 23.10.1989.

Simon, Ulrich, Sicherheitspartnerschaft mit den Sowjets, in: Die Neue Gesellschaft, Heft 5, Bonn, 1983, S. 405-409.

Sommer, Theo, Starrheit ist nicht gleich Stabilität. Zeit-Gespräch mit Egon Bahr, in: Die Zeit, Hamburg, 01.09.1989.

Sozialistischen Fraktion im Europäischen Parlament, Erklärung zur Deutschen Demokratischen Republik und zu Osteuropa, in: Landesvorstand und Landtagsfraktion der SPD in Schleswig-Holstein, (Hrsg.), SIP Sozialdemokratischer Informationsbrief, Kiel, 16.11.1989.

SPD-Bundesparteitag 1966 in Dortmund, Entschließung zur Deutschlandpolitik unter den sich ändernden weltpolitischen Bedingungen, in: Jahrbuch der Sozialdemokratischen Partei Deutschlands 1966/67, Bonn, S. 270-278.

SPD-Bundesparteitag 1968 in Nürnberg, Beschluß "Beitrag der SPD zu aktuellen Problemen der deutschen Politik" ("Plattform") vom 21. März 1968 (Auszug), in: Meissner, Boris, (Hrsg.), Die deutsche Ostpolitik. Kontinuität und Wandel, Köln, 1970, S. 246 f.

SPD-Bundesparteitag 1979 in Berlin, Antrag 1. Außen- und Deutschlandpolitik, in: SPD-Parteivorstand, (Hrsg.), SPD Parteitag Berlin 79. Protokoll, Bd.II, Bonn, 1979, 1217-1222.

SPD-Bundesparteitag 1979 in Berlin, Antrag 11. Sicherheitspolitik im Rahmen der Friedenspolitik, in: SPD-Parteivorstand, (Hrsg.), SPD Parteitag Berlin 79. Protokoll, Bd.II, Bonn, 1979, 1239-1244.

SPD-Bundesparteitag 1980 in Essen, II.Unsere Hauptaufgabe ist den äußeren Frieden zu sichern, in: SPD-Parteivorstand, (Hrsg.), Sicherheit für Deutschland. Wahlprogramm 1980, Bonn, 1980, S. 10-16.

SPD-Bundesparteitag 1982 in München, Sicherheitspolitischer Beschluß, in: SPD-Parteivorstand, (Hrsg.), SPD Parteitag. Protokoll, Bd. II, Bonn, 1982, S. 907-911.

SPD-Bundesparteitag 1983 in Dortmund, Das Regierungsprogramm der SPD - 1983-1987, in: SPD-Parteivorstand, (Hrsg.), SPD Wahlparteitag Dortmund. Protokoll, Bonn, 1983, S. 188-189.

SPD-Bundesparteitag 1983 in Köln, Beschlüsse zur Friedens- und Sicherheitspolitik, in: SPD-Parteivorstand, (Hrsg.), Dokumente. SPD. Außerordentlicher Parteitag, Bonn, 1983, S. 4-9.

SPD-Bundesparteitag 1986 in Nürnberg, Unser Weg zu Abrüstung und Frieden. Beschluß zur Friedens- und Sicherheitspolitik der SPD, in: SPD-Parteivorstand, (Hrsg.), Politik. Informationsdienst der SPD, Nr.8, Bonn, 07.1986.

SPD-Bundesparteitag 1986 in Offenburg, 8. Den Frieden sichern, in: SPD-Parteivorstand, (Hrsg.), Protokoll vom Wahlparteitag der SPD in Offenburg 25. Oktober 1986, Bonn, 1986, S. 145-153.

SPD-Bundesparteitag 1989 in Berlin, Berliner Erklärung, in: Presseservice der SPD, Initiativantrag des Parteivorstandes, Bonn, 11.12.1989.

SPD-Bundestagsfraktion, Aufgaben einer neuen Bundesregierung. Acht-Punkte-Programm, in: Jahrbuch der SPD, 1966/67, S. 354-370.

SPD-Bundestagsfraktion, Deutschlandpolitisches Positionspapier. Thesen zur Deutschlandpolitik, in: Informationen der sozialdemokratischen Bundestagsfraktion, Ausgabe 2189, Bonn, 07.11.1984.

SPD-Bundestagsfraktion, Deutschlandpolitisches Positionspapier. Thesen zur Deutschlandpolitik, in: Politik Nr. 17, Nov. 1984, Informationsdienst der SPD, Bonn, 1984.

SPD-Bundestagsfraktion, Entschließungsantrag zum Bericht zur Lage der Nation. Beschluß der Fraktion vom 05.02.1985, in: Informationen der sozialdemokratischen Bundestagsfraktion. Tagesdienst, Ausgabe 236, Bonn, 05.02.1985.

SPD-Bundestagsfraktion, Entschließungsantrag zum Bericht zur Lage der Nation, in: Bundestagsdrucksache 10/2927, Bonn, 27.02.1985.

SPD-Bundestagsfraktion, Chemische Abrüstung. Gemeinsames Kommuniqué. Rahmen zur Bildung einer von chemischen Waffen freien Zone in Europa, in: Sozialdemokratischer Pressedienst, Ausgabe 1191, Bonn, 19.06.1985.

SPD-Bundestagsfraktion, Grundsätze für einen atomwaffenfreien Korridor in Mitteleuropa, in: Informationen der Sozialdemokratischen Bundestagsfraktion. Tagesdienst, Ausgabe 1191, Bonn, 19.06.1986

SPD-Bundestagsfraktion, Antrag. Beziehungen zwischen dem Deutschen Bundestag und der Volkskammer der Deutschen Demokratischen Republik, Bundestagsdrucksache 11/950, Bonn, 14.10.1987.

SPD-Bundestagsfraktion, Antrag, Mitwirkung von Bundestag und Bundesrat am Zusammenschluß der beiden deutschen Staaten, Bundestagsdrucksache, 11/6462, Bonn, 14.02.1989.

SPD-Bundestagsfraktion, Vogel-Gespräch mit Honecker. Gemeinsame Presseerklärung, in: Die SPD im Deutschen Bundestag, Bonn, 25.05.1989.

SPD-Bundestagsfraktion (Geschäftsführender Vorstand), Erklärung. SPD appelliert an DDR-Führung, ihren Kurs zu ändern, in: Die SPD im Deutschen Bundestag, Bonn, 21.08.1989.

SPD-Bundestagsfraktion, Antrag, Die Zukunft Berlins zwischen Ost und West, Bundestagsdrucksache, 11/1094, Bonn, 05.11.1987.

SPD-Bundestagsfraktion, Entschließungsantrag zum Bericht zur Lage der Nation im geteilten Deutschland, Bundestagsdrucksache, 11/5587, Bonn, 07.11.1989.

SPD-Bundestagsfraktion, Antrag zum Bericht zur Lage der Nation. Für eine konzertierte Aktion in der Deutschlandpolitik, in: Die SPD im Deutschen Bundestag, Bonn, 08.11.1989.

SPD-Bundestagsfraktion, Antrag. Zur Öffnung der deutsch-deutschen Grenze und zur Deutschlandpolitik, Bundestagsdrucksache 11/5691, Bonn, 15.11.1989.

SPD-Bundestagsfraktion, Antrag. Bundesregierung soll Gesamtkonzept zur Eingliederung der Aus- und Übersiedler vorlegen, in: Die SPD im Deutschen Bundestag, Bonn, 16.11.1989.

SPD-Bundestagsfraktion, Entschließungsantrag zur dritten Beratung des Haushalts. Zur Deutschland- und Europapolitik, Bundestagsdrucksache, 11/5933, Bonn, 30.11.1989.

SPD-Bundestagsfraktion, Beschlußantrag. Zusammenarbeit der beiden deutschen Staaten, Bundestagsdrucksache, 11/6236, Bonn, 17.01.1990.

SPD-Bundestagsfraktion, Beschlußantrag. Mitwirkung von Bundestag und Bundesrat am Zusammenschluß der beiden deutschen Staaten, Bundestagsdrucksache, 11/6462, Bonn, 14.02.1990.

SPD-Bundestagsfraktion, Beschlußantrag. Garantie der polnischen Westgrenze, Bundestagsdrucksache, 11/6570, Bonn, 05.03.1990.

SPD-Bundestagsfraktion, Beschlußantrag. Garantie der polnischen Westgrenze, Bundestagsdrucksache, 11/6611, Bonn, 07.03.1990.

SPD-Bundestagsfraktion, Entschließungsantrag. Zur dritten Beratung des Entwurfs eines Nachtragshaushaltsgesetzes, in: Die SPD im Deutschen Bundestag, Bonn, 30.03.1990.

SPD-Bundestagsfraktion, Von der Konfrontation der Blöcke zu einem Europäischen Sicherheitssystem, Bonn, 24.04.1990.

SPD-Bundestagsfraktion, Antrag. Vertrag über die polnische Westgrenze, Bundestagsdrucksache, 11/6951, Bonn, 24.04.1990.

SPD-Bundestagsfraktion, Beschlußantrag. Mitwirkung von Bundestag und Bundesrat am Prozeß der deutschen Einigung, Bundestagsdrucksache, 11/6952, Bonn, 24.04.1990.

SPD-Bundestagsfraktion, Entschließungsantrag. Zum Bericht über den Stand der Verhandlungen mit der DDR, Bundestagsdrucksache, 11/7026, Bonn, 27.04.1990.

SPD-Bundestagsfraktion, Entschließungsantrag. Zur Großen Anfrage der SPD - Drucksache 11/4158 - Gleichberechtigte Partnerschaft im Bündnis, Drucksache, 11/7292, Bonn, 30.05.1990.

SPD-Bundestagsfraktion, Stellungnahme zum Entwurf eines Staatsvertrages, Bonn, 22.05.1990.

SPD-Bundestagsfraktion, Entschließungsantrag. Zur vereinbarten Aussprache zur Vorbereitung der deutschen Einheit, Bundestagsdrucksache 11/7651(neu), Bonn, 09.08.19890

SPD-Bundestagsfraktion, Erklärung zur 3. Lesung des Gesetzes zum Vertrag vom 18. Mai 1990 über die Schaffung einer Währungs-, Wirtschafts- und Sozialunion zwischen der Bundesrepublik Deutschland und der Deutschen Demokratischen Republik abgegeben von Gerhard Jahn, in : Die SPD im Deutschen Bundestag, Ausgabe 1349, Bonn, 21.06.1990.

SPD-Bundestagsfraktion, Entschließungsantrag. Zur vereinbarten Aussprache zur Vorbereitung der deutschen Einheit, Bundestagsdrucksache 11/7651(neu), Bonn, 09.08.1990.

SPD-Bundestagsfraktion, Entschließungsantrag. Zur Regierungserklärung zur Beitrittserklärung der Volkskammer der DDR und zur Aussprache zur Vorbereitung der deutschen Einheit, Bundestagsdrucksache 11/7719, Bonn, 23.08.1990.

SPD-Fraktionsvorsitzende, Entschließung der Konferenz der SPD-Fraktionsvorsitzenden des Bundes, der Landtage und der Bürgerschaften, Lübeck, 19./20.09.1985.

SPD-Landtagsfraktion Niedersachsen, Entschließungsantrag. Europäische Friedensordnung und Einheit der Deutschen, Landtagsdrucksache 11/3990, Hannover, 07.06.1989.

SPD-Parteirat, Deutschlandpolitische Erklärung, in: Presseservice der SPD, Bonn, 31.10.1989.

SPD-Parteirat, Entschließung zum Zweiten Staatsvertrag zwischen der Bundesrepublik Deutschland und der Deutschen Demokratischen Republik, in: Presseservice der SPD, Bonn, 27.06.1990.

SPD-Parteivorstand, (Hrsg.), Deutschlandplan der SPD. Kommentare Argumente Begründungen, Bonn, April 1959.

SPD-Parteivorstand, Beschluß über die Richtlinien für Ostkontakte, Bonn, 30.01.1960.

SPD-Parteivorstand, Neufassung der "Richtlinien für Ostkontakte, in: SPD-Parteivorstand, (Hrsg.), Jahrbuch der Sozialdemokratischen Partei Deutschlands. 1966/1967, Bonn, 1968, S. 370-372.

SPD-Parteivorstand, Beschluß zur Deutschlandpolitik vom 07.09.1984, in: SPD Presse/Funk/TV-Service, Nr. 363/84, Bonn, 1984.

SPD-Parteivorstand, Wir informieren. 13 Jahre danach, Bonn, 09.01.1985.

SPD-Parteivorstand, (Hrsg.), Grundsätze für einen atomwaffenfreien Korridor in Mitteleuropa, in: Politik. Informationsdienst der SPD, Nr.19, Bonn, Nov.1986.

SPD-Parteivorstand, (Hrsg.), Entwurf für ein neues Parteiprogramm der Sozialdemokratischen Partei Deutschlands, Entwurf Irsee, Bonn, 1986.

SPD-Parteivorstand, (Hrsg.), Im Wortlaut: Streit der Ideologien und die gemeinsame Sicherheit, in: Informationsdienst der SPD, Intern Nr. 9, Bonn, 02.09.1987.

SPD-Parteivorstand, (Hrsg.), Zone des Vertrauens und der Sicherheit in Zentraleuropa, in: Politik. Informationsdienst der SPD, Nr. 6, Bonn, Juli 1988.

SPD-Parteivorstand, (Hrsg.), Europäische Sicherheit 2000. Überlegungen zu einem Gesamtkonzept für die Sicherheit Europas aus sozialdemokratischer Sicht, in: Materialien, Bonn, 19.06.1989.

SPD-Parteivorstand, Beschluß. Grundsätze für die Wahrnehmung von Kontakten mit der SED und deren Gliederungen sowie mit Institutionen, Parteien, Organisationen und Gruppierungen in der DDR, Bonn, 26.06.1989.

SPD-Parteivorstand, Entschließung zur Deutschlandpolitik vom 18.09.1989, in: Presseservice der SPD, Bonn, 19.09.1989.

SPD-Parteivorstand, Entschließung, in: Presseservice der SPD, Bonn, 11.11.1989.

SPD-Parteivorstand, Beschluß. Kontakte in die DDR, Bonn, 17.12.1989.

SPD-Parteivorstand, Entschließung. Schritte zur deutschen Einheit, in: Presseservice der SPD, Bonn, 07.03.1990.

SPD-Parteivorstand, Erklärung, in: Presseservice der SPD, Bonn, 21.05.1990.

SPD-Parteivorstand, Entschließung zum Staatsvertrag, in: Presseservice der SPD, Bonn, 14.06.1990.

SPD-Präsidium, Erklärung zur jüngsten Entwicklung in der DDR, in: Presseservice der SPD, Bonn, 09.10.1989.

SPD-Präsidium, Erklärung zur jüngsten Entwicklung in der DDR, in: Presseservice der SPD, Bonn, 09.10.1989.

SPD-Präsidium, Entschließung zur Diskussion über die polnische Westgrenze vom 13.11.1989, in: Presseservice der SPD, Bonn, 14.11.1989.

SPD-Präsidium, Die Deutschen in Europa. Berliner Erklärung der Sozialdemokratischen Partei Deutschlands, in: Presseservice der SPD, 11.12.1989.

SPD-Präsidium, Grundsatzpapier. Schritte zur Einbettung der deutschen Einigung in den Prozeß der europäischen Integration, in: Presseservice der SPD, Bonn, 04.04.1990.

SPD-Präsidium / Geschäftsführender Vorstand der SPD-Bundestagsfraktion, Entschließung. Fortgang der deutschen Einigung, in: Presseservice der SPD, Bonn, 23.04.1990.

SPD-Präsidium, Entschließung, in: Presseservice der SPD, Ausgabe 356/90, Bonn, 20.08.1990.

SPD-Präsidium, Entschließung, in: Presseservice der SPD, Ausgabe 357/90, Bonn, 20.08.1990.

SPD-Präsidium, Entschließung zum gegenwärtigen Stand der Auseinandersetzungen über den Zweiten Staatsvertrag, in Presseservice der SPD, Ausgabe 372/90, Bonn, 27.08.1990.

SPD-Präsidium, Entschließung zum Beschluß der Volkskammer vom 23. August 1990 über den Beitritt der Deutschen Demokratischen Republik zur Bundesrepublik Deutschland, in: Presseservice der SPD, Ausgabe 373/90, Bonn, 27.08.1990.

SPD-Baden-Württemberg, Pressemitteilung. Erklärung des Landesvorsitzenden Ulrich Maurer anläßlich des Abschlusses des Besuches von Dr. Hans Modrow, Stuttgart, 28.09.1989.

SPD-Berlin, Landesvorstand (Hrsg.), Deutschlandpolitik auf dem Wege zu einer europäischen Friedensordnung, Berlin, 1983.

SPD-Berlin, Ständiger Ausschuß I, Thesen zur Analyse und Weiterentwicklung sozialdemokratischer Berlin-, Deutschland- und Friedenspolitik, Berlin, 1983.

SPD-Berlin, Antrag der Landtagsfraktion der SPD über Annahme einer Entschließung über Perspektiven in der Deutschland- und Berlinpolitik, in: Abgeordnetenhaus von Berlin, Drucksache 10/436, Berlin, 29.11.1985.

SPD-Hessen-Süd, Antrag des Vorstands für den Bezirksparteitag. Den Dialog mit der DDR fortsetzen, in: Sozialdemokratischer Pressedienst, Bonn, 28.09.1990.

SPD-Niedersachsen, Deutsche Frage nur europäisch lösbar, in: ppp Bonner Tagesdienst, Bonn, 09.06.1989.

SPD-Saarland, Antrag der SPD-Landtagsfraktion. Beziehungen des Saarlandes mit der DDR, in: Landtag des Saarlandes, Drucksache 9/309 vom 26.11.1985 und 9/319 vom 27.11.1985.

SPD-Schleswig-Holstein, Presseerklärung. Seminar des SPD-Landesverbandes Schleswig-Holstein mit einer SED-Delegation vom 26. bis 28.04.1984 in Malente (Gustav-Heinemann-Bildungsstätte), Kiel, 1984.

SPD-Schleswig-Holstein, Eutiner Erklärung des Landesausschusses, Eutin, 10.05.1985.

SPD-Schleswig-Holstein, Erklärung Nr.1 des außerordentlichen Parteitages in Eutin vom 08.-22.01.1966, in: SIB SPD, Sozialdemokratischer Informationsbrief Nr. 5/86, Kiel, 13. 01.1986.

SPD-Schleswig-Holstein, Standortbestimmung sozialdemokratischer Deutschlandpolitik. Resolution auf der Sondersitzung des Landesausschusses, Eutin, 18.01.1986, in: Sozialdemokratischer Pressedienst, Ausgabe 14, Bonn, 21.01.1986.

SPD-Schleswig-Holstein, Entschließung Deutschland und Europa. Landesparteitag 7./8. Oktober, Timmendorfer Strand, 1989.

Spiegel Gespräch, Die richtige Perspektive heißt 2000. Der SPD-Ehrenvorsitzende über die Beziehungen zwischen Ost und West, in: Spiegel, Nr. 23/1989, Hamburg, 1989.

Spittmann, Ilse, Der deutsche Aspekt in Breshnews Offerte, in: Deutschland Archiv, Heft 11, Köln, 1979, S. 1121-1122.

Spittmann, Ilse, Die Angst der Kleinen vor der Eskalation, in: Deutschland Archiv, Heft 4, Köln, 1980, S. 337-339.

Spittmann, Ilse, Andere müssen bleiben, in: Deutschland Archiv, Heft 8, Köln, 1984, S. 785 - 786.

Spittmann, Ilse, Der 17. Januar und die Folgen, in: Deutschland Archiv, Heft 3, Köln, 1988, S. 227 - 232.

Spittmann, Ilse, Wie lange noch auf alte Weise?, in: Deutschland Archiv, Heft 5, Köln, 1988, S. 470 - 473.

Spittmann, Ilse, Frostschutz gefragt, in: Deutschland Archiv, Heft 12, Köln, 1980, S. 1233-1236.

Spittmann, Ilse, (Hrsg.), Die SED in Geschichte und Gegenwart, Köln, 1986.

Spittmann, Ilse, Die deutsche Option, in: Deutschland Archiv,Heft 5, Köln, 1984, S. 449 - 455.

Spittmann, Ilse, Irritationen zur Jahreswende, in: Deutschland Archiv, Heft 1, Köln, 1988, S. 1-4.

Spöri, Dieter, Keine Eskalation wechselseitiger Ausladungen, in: Aktueller Pressedienst der SPD-Landtagsfraktion Baden-Württemberg, Stuttgart, 26.09.1989.

Spöri, Dieter, Dialog im Interesse der Menschen fortsetzen, in: Aktueller Pressedienst der SPD-Landtagsfraktion Baden-Württemberg, Stuttgart, 28.09.1989.

Spuren. Zur Geschichte der unabhängigen Friedensbewegung in der DDR, Berlin(Ost), 1988. (Samizdat)

Stadden, Berndt von, Angst vor Freunden? Zum Buch von Oskar Lafontaine "Angst vor Freunden", in: Die Neue Gesellschaft, Heft 2, Bonn, 1985, S. 122-128.

Stahl, Urs, Interview, NDR-1.Programm, Montag, 20.01. 1986, 17.55-18.00 Uhr, Welle Nord, Kommentar.

Staritz, Dieter, Geschichte der DDR 1949-1984,.Frankfurt, 1985.

Staritz, Dietrich, Die SED und die Opposition, in: Spittmann, Ilse, (Hrsg.), Die SED in Geschichte und Gegenwart, Köln, 1987, S. 78-97.

Staritz, Dietrich, »...Wie die Luft zum Atmen«. Tendenzen des Wandels im politischen System der DDR, in: Glaeßner, Gert-Joachim, (Hrsg.)Die DDR in der Ära Honecker, Opladen, 1988.

Stettner, Herbert, Mehr Selbstbehauptung der Europäer. Überlegungen nach den Europawahlen, in: Die Neue Gesellschaft, Heft 9, Bonn, 1984, S. 863-868.

Stobbe, Dietrich, Außenpolitische Kontinuität - ein deutscher Wunschtraum?, in: Die Neue Gesellschaft, Heft 2, 1984, S. 102-109.

Stobbe, Dietrich, Den Frieden bewahren, die Menschenrechte verteidigen. Zum Sinn der zweiten Phase der Entspannungspolitik, in: Sozialdemokratischer Pressedienst, Ausgabe 94, Bonn, 21.05.1986.

Stobbe, Dietrich, Der Traum von der "Wiederherstellung der Europäischen Mitte", in: Die Neue Gesellschaft, Heft 7, Bonn, 1986, S. 587-589.

Stobbe, Dietrich, Kein Wandel mit dieser SED-Spitze. Welt-Interview, in: Die Welt, 22.07.1989.

Stratenschulte, Eckart D., Wie lautet die deutsche Frage? Hilferufe an die politische Wissenschaft, in: Deutschland Archiv, Heft 11, Köln, 1988, S. 1170-1171.

Süddeutsche Zeitung, Vogel gegen neue SPD in der DDR, 14.09.1989.

Süß, Walter, Perestrojka oder Ausreise. Abwehrpolitik der SED und gesellschaftliche Frustration, in: Deutschland Archiv, Heft 3, Köln, 1989, S. 286 - 301.

Süßkind, Martin E., Differenzen beim Gespräch der SPD mit der SED, in: Süddeutsche Zeitung, 08.06.1989.

Süßmuth, Hans, (Hrsg.), Wie geht es weiter mit Deutschland? Politisches Gespräch am 24/25. Januar 1990, Baden-Baden, 1990.

Synode der Evangelisch-Lutherischen Landeskirche Mecklenburg, Beschluß betr. »Frieden«, in: epd-Dokumentation, Nr. 18, 1986.

Synode der Evangelisch-Lutherischen Landeskirche Sachsen, Beschluß betr. »Verfahren bei den Kommunalwahlen«, in: epd-Dokumentation, Nr. 17, 1989, S. 32 f.

Synode der evangelischen Kirche Berlin-Brandenburg, Beschluß bert. »Umgestaltung in der UdSSR«, in: epd-Dokumentation, Nr. 21, 1988, S. 74 .

Synode der Evangelischen Kirche der Kirchenprovinz Sachsen, 29.10.-01.11.1987, Beschluß zum Rechenschaftsbericht der Kirchenleitung, in: epd-Dokumentation, Nr. 52, 1987, S. 33 .

Synode der Evangelischen Kirche des Görlitzer Kirchengebietes, Beschluß betr. »Neues Denken«, in: epd-Dokumentation, Nr. 52, 1986, S. 60f

Synode der Evangelischen Kirche in Berlin-Brandenburg, Beschluß betr. »Reisemöglichkeiten«, in: epd-Dokumentation, Nr. 25, 1987, S. 30 f.

Synode der evangelischen Kirche in Berlin-Brandenburg, Beschluß betr. »Dialog und Abgrenzung«, in: epd-Dokumentation, Nr. 25, 1987, S. 33 f.

Synode der Evangelischen Landeskirche Greifswald, Beschluß betr.. Bericht der Kirchenleitung, in: epd-Dokumentation, Nr. 52, 1986, S. 33 f.

Synode des Bundes der Kirchen in der DDR, Erklärung. Dresden 20.-24.09.1985, in: epd-Dokumentation, Nr. 43, 1985, S. 44 f.

Synode des Bundes der evangelischen Kirchen in Eisenach, Ein Beschluß zur Lage, in: Frankfurter Rundschau, »Wir stellen fest, daß unser Reden viele nicht mehr erreicht«, Frankfurt, 02.10.1990.

Thadden, Prof.Dr. Rudolf von, Schriftlichen Stellungnahme zur öffentlichen Anhörung des Ausschusses für innerdeutschen Beziehungen des Deutschen Bundestages im Jahre 1981, in: Deutscher Bundestag, (Hrsg.), Zur Sache, Nr.2, Deutsche Geschichte und politische Bildung, Bonn, 1981, S. 17-20.

Templin, Regine, Interview. Demokratisierung der Gesellschaft, in: Kirche im Sozialismus, Heft 6, 1988.

Templin, Wolfgang, Zivile Gesellschaft - Osteuropäische Emanzipationsbewegung und unabhängiges Denken in der DDR seit Beginn der achtziger Jahre, in: Spittmann, Ilse / Helwig, Gisela, (Hrsg.), Die DDR im vierzigsten Jahr. Geschichte. Situation. Perspektiven. Zweiundzwanzigste Tagung zum Stand der DDR-Forschung in der Bundesrepublik Deutschland 16. bis 19. Mai 1989, Köln, 1989, S. 58-65.

Thies, Jochen / Wagner, Wolfgang, (Hrsg.), Das Ende der Teilung. Der Wandel in Deutschland und Osteuropa. In Beiträgen und Dokumenten aus dem Europa-Archiv, Bonn, 1990.

Thaa, Winfried, Die Demokratiekonzeption der SED im Umbruch? Auflösungstendenzen des kooperativen Demokratiebegriffes in der neueren sozialwissenschaftlichen Diskussion in der DDR, in: Spittmann, Ilse / Helwig, Gisela, (Hrsg.), Die DDR im vierzigsten Jahr. Geschichte. Situation. Perspektiven. Zweiundzwanzigste Tagung zum Stand der DDR-Forschung in der Bundesrepublik Deutschland 16. bis 19. Mai 1989, Köln, 1989, S. 149-161.

Urban, Detlef, Brücken bauen, Anker werfen. »Kirche im Sozialismus« zum 35. Jahrestag der DDR, in: Deutschland Archiv, Heft 11, Köln, 1984, S. 1129 - 1133.

Urban, Detlef, Kirchen und der 8. Mai, in: Deutschland Archiv, Heft 6, Köln, 1985, S. 565 - 567.

Urban, Detlef, Deutsch-deutsches Kirchenwort, in: Deutschland Archiv, Heft 5, Köln, 1986, S. 459 - 461.

Venohr, Wolfgang, Deutschlands Mittellage. Betrachtungen zur deutschen Frage, in: Deutschland Archiv, Heft 8, Köln, 1984, S. 820 - 829.

Venohr, Wolfgang, 35 Jahre DDR und die nationale Frage, in: Deutschland Archiv, Heft 12, Köln, 1984, S. 1263 - 1271.

Venohr, Wolfgang, Konföderation Deutschland. Antwort an Wolfgang Schollwer, in: Deutschland Archiv, Heft 1, Köln, 1985, S. 47 - 49.

Vogel, Hans-Jochen, Debattenbeitrag im Deutschen Bundestag. Aktuelle Stunde zur Deutschlandpolitik, beantragt von der CDU/CSU wegen der Schmude-Rede, in: Informationen der sozialdemokratischen Bundestagsfraktion. Heute im Plenum, Ausgabe 995, Bonn, 23.05.1985.

Vogel, Hans-Jochen, Rede vor der Fraktion, in: Informationen der sozialdemokratischen Bundestagsfraktion. Tagesdienst, Ausgabe 1673, Bonn, 10.09.1985.

Vogel, Hans-Jochen, Vogel zum Besuch von Volkskammerpräsident Sindermann. Interview mit dem Deutschlandfunk, in: Informationen der sozialdemokratischen Bundestagsfraktion. Tagesdienst, Ausgabe 322, Bonn, 19.02.1986.

Vogel, Hans-Jochen, Auf dem Wege der Normalisierung ein gutes Stück vorangekommen. Redetext der Tischrede beim Sindermannbesuch, in: Informationen der sozialdemokratischen Bundestagsfraktion. Tagesdienst, Ausgabe 338, Bonn, 19.02. 1986.

Vogel, Hans-Jochen, Vogel zum Besuch von Volkskammerpräsident Sindermann. Interview mit dem NDR, in: Informationen der sozialdemokratischen Bundestagsfraktion. Tagesdienst, Ausgabe 357, Bonn, 20.02.1986

Vogel, Hans-Jochen, Bemerkungen zur deutschen Identität, in: Die Neue Gesellschaft, Heft 10, Bonn, 1986, S. 879-882.

Vogel, Hans-Jochen, Honecker, Erich, Gemeinsame Pressemitteilung, in: Informationen der sozialdemokratischen Bundestagsfraktion. Tagesdienst, Ausgabe 827, Bonn, 15.05. 1987.

Vogel, Hans-Jochen, Vogel-Gespräch mit Honecker. Gemeinsame Presseerklärung, in: Die SPD im Deutschen Bundestag, Bonn, 25.05.1989.

Vogel, Hans-Jochen, Politischer Bericht vor der Fraktion, in: Die SPD im Deutschen Bundestag, Bonn, 30.05.1989

Vogel, Hans-Jochen, Politischer Bericht vor der Fraktion, in: Die SPD im Deutschen Bundestag, Bonn, 13.09.1989.

Vogel, Hans-Jochen, Wer Gespräche absagt, muß sich über die Folgen klar sein, in: Die SPD im Deutschen Bundestag, Bonn, 16.09.1989.

Vogel, Hans-Jochen, Politischer Bericht vor der Fraktion, in: Die SPD im Deutschen Bundestag, Bonn, 26.09.1989.

Vogel, Hans-Jochen, Politischer Bericht vor der Fraktion, in: Die SPD im Deutschen Bundestag, Bonn, 03.10.1989.

Vogel, Hans-Jochen, Der DDR in großem Umfang helfen, wenn Reformen wirklich in Gang kommen, in: Die SPD im Deutschen Bundestag, Bonn, 06.10.1989.

Vogel, Hans-Jochen, Das europäische Haus. Perspektiven europäischer Entwicklung, in: Die SPD im Deutschen Bundestag, Bonn, 13.10.1989.

Vogel, Hans-Jochen, Vogel verspricht der SDP der DDR Unterstützung und Solidarität, in: ppp Bonner Tagesdienst, Bonn, 17.10.1989.

Vogel, Hans-Jochen, Drei Prüfsteine für Reformbereitschaft der DDR-Führung: Reisefreiheit, Informationsfreiheit und Meinungsfreiheit, in: Die SPD im Deutschen Bundestag, Wochenende, Bonn, 22.10.1989.

Vogel, Hans-Jochen, Politischer Bericht vor der Fraktion, in: Die SPD im Deutschen Bundestag, Bonn, 24.10.1989.

Vogel, Hans-Jochen, Politischer Bericht vor der Fraktion, in: Die SPD im Deutschen Bundestag, Bonn, 07.11.1989.

Vogel, Hans-Jochen, Rede in der Debatte zur Lage der Nation am 08.11.1989, in: Die SPD im Deutschen Bundestag, Bonn, 08.11.1989.

Vogel, Hans-Jochen, Nach 28 Jahren hat die Mauer ihre Funktion verloren, in: Sozialdemokratischer Pressedienst, Bonn, 10.11.1989.

Voigt, Karsten D., Reformerische Entspannungskonzeption, in: Die Neue Gesellschaft, Heft 3, Bonn, 1977, S. 198.

Voigt, Karsten D., Gefahren des Rüstungswettlaufs und Aufgaben der Rüstungskontrolle, in: aus politik und zeitgeschichte, B 11/79, Bonn, 17.03.1979.

Voigt, Karsten D., Schrittweiser Ausstieg aus dem Rüstungswettlauf. Nach dem Berliner Parteitag der SPD, in: Die Neue Gesellschaft, Heft 1, 1980, S. 47-51.

Voigt, Karsten D., Wege zur Abrüstung, Frankfurt/M., 1981.

Voigt, Karsten D., Die sicherheitspolitische Diskussion, in: Die Neue Gesellschaft, Heft 4, Bonn, 1981, S. 409-412.

Voigt, Karsten D., Deutschlandpolitik heute - Was ist machbar? in: Informationsdienst der SPD, Ausgabe 113, Bonn, 1982.

Voigt, Karsten D., Von der Konfrontation zur Sicherheitspartnerschaft, in: Die Neue Gesellschaft, Heft 4, Bonn, 1982, S. 310-315.

Voigt, Karsten D., Kann ein nuklearer Krieg begrenzt und kontrolliert werden?, in: Die Neue Gesellschaft, Heft 2, Bonn, 1983, S. 124-128.

Voigt, Karsten D., Politik vor Waffentechnik, in: Die Neue Gesellschaft, Heft 6, Bonn, 1983, S. 565-566.

Voigt, Karsten D., Vorrang für Vertragspolitik. Zum Problem von Nuklearwaffen für Europa, in: aus politik und zeitgeschichte, B 38/83, Bonn, 24.09.1983.

Voigt, Karsten D., Verhältnis der SPD zur SED, in: Interview in "Themen der Zeit", 11.12.1984.

Voigt, Karsten D., Die Funktion von NATO und Warschauer Pakt auf dem Wege zur Sicherheitspartnerschaft, in: Die Neue Gesellschaft, Heft 2, Bonn, 1985, S. 134-139.

Voigt, Karsten D., Deutschlandpolitik als Friedenspolitik. Chemiewaffenfreie Zone als Pilotprojekt einer zweiten Phase der Ostpolitik, in: Sozialistische Praxis, Marburg, Heft 5, 1985, S. 6.

Voigt, Karsten D., Unser Arbeitsergebnis ist ein Stück praktizierter Verantwortungsgemeinschaft, in: Informationen der sozialdemokratischen Bundestagsfraktion. Tagesdienst, Ausgabe 1190, Bonn, 19.06.1985.

Voigt, Karsten D., Wir haben Neuland betreten. Der sicherheitspolitische Hintergrund einer C-waffenfreien Zone in Europa, Teil I, in: Sozialdemokratischer Pressedienst, Ausgabe 113, Bonn, 19.06.1985.

Voigt, Karsten D., Wir haben Neuland betreten. Der sicherheitspolitische Hintergrund einer C-waffenfreien Zone in Europa, Teil II, in: Sozialdemokratischer Pressedienst, Ausgabe 114, Bonn, 20.06.1985.

Voigt, Karsten D., Nicht an der polnischen Westgrenze rütteln. Ohne Anerkennung des status quo wird es keine Friedensordnung in Europa geben, in: Sozialdemokratischer Pressedienst, Ausgabe 183, Bonn, 25.09.1985.

Voigt, Karsten D., Chemiewaffenfreie Zone in Europa. Zum Rahmenentwurf von SPD und SED, in: Blätter für deutsche und internationale Politik, Heft 9, Köln, 1985, 1067-1078.

Voigt, Karsten D., Wege zur chemischen Abrüstung, in: Deutschland Archiv, Heft 9, Köln, 1985, S. 927-933.

Voigt, Karsten D., gemeinsame Wege zur chemischen Abrüstung, in: Die Neue Gesellschaft, Heft 9, Bonn, 1985, 736-743.

Voigt, Karsten D., Chemiewaffenfreie Zone in Europa, in: Informationen der sozialdemokratischen Bundestagsfraktion. Tagesdienst, Ausgabe 1846, Bonn, 02.10.1985.

Voigt, Karsten D., Motive und Ziele der ersten und zweiten Ostpolitik der SPD, in: Sozialdemokratischer Pressedienst, Ausgabe 216, Bonn, 12.11.1985.

Voigt, Karsten D., Der Vorschlag für einen nuklear-waffenfreien Korridor. Ein deutsch-deutsches Pilotprojekt für eine Sicherheitspartnerschaft im Ost-West-Konflikt, in: Deutschland Archiv, Heft 2, Köln, 1987, S. 142 - 148.

Voigt, Karsten D., Schritte zur beiderseitigen Nichtangriffsfähigkeit, Manuskript vom 13.05.1987, Kopie liegt im Archiv des Autors.

Voigt, Karsten D., Von einer Zone der Hochrüstung zu Schritten der regionalen Abrüstung. Europa am Scheideweg, Moskau, 02.09.1987, Manuskript liegt dem Autor in Kopie vor.

Voigt, Karsten D., Mitteleuropa - Ein Konzept mit unklarer politischer Substanz, ein Raum mit wechselnden Grenzen, Manuskript in Kopie beim Autor, Bonn, 27.11.1987.

Voigt, Karsten D., Brücken der gemeinsamen Sicherheit bauen. Ein Beitrag zur Mitteleuropa-Diskussion, in: Sozialdemokratischer Pressedienst, Ausgabe 247/248, Bonn, 29./30. 12.1987, S. 1-3.

Voigt, Karsten D., Konventionelle Stabilisierung und strukturelle Nichtangriffsfähigkeit - ein systematischer Vergleich verschiedener Konzepte, Manuskript, 2.Fassung, 18.01.1988, Kopie liegt im Archiv des Autors.

Voigt, Karsten D., Konventionelle Stabilität. Verschiedene Konzepte, in: aus politik und zeitgeschichte, B 18/88, Bonn, 29.04.1988, S. 21-34.

Voigt, Karsten D., Gesellschaftliche Reformen: gemeinsame Freiheit?, in: Deutschland Archiv, Heft 6, Köln, 1988, S. 598-605.

Voigt, Karsten D., Von der Lagermentalität zur systemöffnenden Zusammenarbeit, in: Deutschland Archiv, Heft 10, Köln, 1988, S. 1056-1057.

Voigt, Dieter, Prüfsteine für Demokratieverständnis, in: Deutschland Archiv, Heft 2, Köln, 1989, S. 170 - 172.

Voigt, Karsten D., Vom Antagonismus zum Pluralismus. Antwort auf Dieter Voigt, in: Deutschland Archiv, Heft 3, Köln, 1989, S. 283 - 285.

Voigt, Karsten D., Für eine neue Vielfalt in Osteuropa. Sozialdemokraten suchen in der neuen Phase der Entspannungspolitik Kontakte zu Regierenden und Opposition in den osteuropäischen Ländern, in: taz, Berlin, 18.08.1989.

Voigt, Karsten D., Die Spaltung Europas überwinden. Zur Notwendigkeit einer neuen Phase der Ostpolitik, in: Sozialdemokratischer Pressedienst, Bonn, 22.08.1989.

Voigt, Karsten D., Interview mit Stimme der DDR am 23.10.1989, in: Deutsche Welle, (Hrsg.), DW Monitor-Dienst, Deutscher Teil, Köln, 25.10.1989.

Voigt, Karsten D., Durch Zusammenarbeit zur Konföderation. Zu den deutsch-deutschen Perspektiven jenseits von Spaltung und Wiedervereinigung, in: Sozialdemokratischer Pressedienst, Bonn, 23.11.1989.

Vorstand der SPD, (Hrsg.), Parteitag in Leipzig 22. bis 25. Februar 1990. Grundsatzprogramm, Berlin, 1990.

Vorstand der SPD, (Hrsg.), Parteitag in Leipzig 22. bis 25. Februar 1990. Ja zur deutschen Einheit - eine Chance für Europa. Wahlprogramm der SPD zum ersten frei gewählten Parlament der DDR, Berlin, 1990.

Vorstand der SPD, (Hrsg.), Parteitag in Leipzig 22. bis 25. Februar 1990. Rede von Ibrahim Böhme. Geschäftsführer der SPD. Bandabschrift, Berlin, 1990.

Votum der Konferenz der Evangelischen Kirchenleitungen zum 40. Jahrestag der Verabschiedung der Allgemeinen Erklärung der Menschenrechte, in: epd-Dokumentation, Nr. 6, 1989, S. 32 f.

Walser, Martin / Sontheimer, Kurt / Jens, Walter / Bahr, Egon / Höpcke, Klaus, Reden über das eigene Land : Deutschland 6, München, 1989.

Weber, Hermann, Geschichte der DDR, München, 1985.

Weber, Hermann, DDR. Dokumente zur Geschichte der Deutschen Demokratischen Republik 1945-1985, München, 1986.

Weber, Hermann, Zwangsvereinigung oder freiwilliger Zusammenschluß? Zur Gründung der SED vor 40 Jahren, in: Die Neue Gesellschaft, Heft 1, Bonn, 1986, S. 26-31.

Weber, Hermann, Stichwort: Die SED und Rosa Luxemburg, in: Deutschland Archiv, Heft 3, Köln, 1988, S. 244 - 245.

Weber, Hermann, Unter Stalin ermordet und von der KP-Geschichte vergessen, in: Frankfurter Rundschau, Frankfurt, 31.05.1989.

Wehner, Herbert, Rede vor dem Deutschen Bundestag, Deutsche Frage - atomwaffenfreie Zone, 19. Sitzung am 21.03. 1958, in: Schulte, Manfred, (Hrsg.), Herbert Wehner, Bundestagsreden, Bonn, 1970, S. 161-189.

Wehner, Herbert, Rede vor dem Deutschen Bundestag, Außenpolitische Lage, 122. Sitzung am 30.06.1960, in: Schulte, Manfred, (Hrsg.), Herbert Wehner. Bundestagsreden, Bonn, 1970, S. 197-215.

Wehner, Herbert / Ehmke, Horst / Koppe, Karlheinz, (Hrsg.), Zwanzig Jahre Ostpolitik. Bilanz und Perspektiven, Bonn, 1986.

Weidenfeld, Werner, Zweiter Grundlagenvertrag könnte neue Impulse geben, in: Deutschland Archiv, Heft 2, Köln, 1987, S. 148 - 153.

Weilemann, Peter R., »Chemiewaffenfreie Zone«. Ein Danaer-Geschenk der SPD, in: Deutschland Archiv, Heft 9, Köln, 1985, S. 943 - 948.

Weisskirchen, Gert, In der DDR beginnt der Wandel, in: ppp Bonner Tagesdienst, Bonn, 10.10.1989.

Wenger, Helmut, Sicherheitspolitik - Bündnispolitik - Friedensbewegung. Über eine Studie des SINUS-Instituts im Auftrag der Friedrich-Erbert-Stiftung, in: Die Neue Gesellschaft, Heft 2, Bonn, 1984, S. 47-53.

Wensierski, Peter, Umweltschutz in beiden Teilen Deutschlands. Tagung der Gesellschaft für Deutschlandforschung, in: Deutschland Archiv, Heft 6, Köln, 1985, S. 637 - 641.

Wensierski, Peter, Nach dem Lutherjahr: Geswachsenes Selbstbewußtsein der DDR-Kirchen, in: Deutschland Archiv, Heft 12, Köln, 1983, S. 1249 - 1252.

Wider eine Gesellschaft der Gleichgültigen und Verantwortungslosen. Zwanzig Thesen zur Erneuerung und Umgestaltung, die auf dem Kirchentag in Halle vorgelegt und diskutiert wurden, in: Frankfurter Rundschau, Frankfurt, 13.07.1989.

Wiedemann, Charlotte, SPD setzt auf Debatte um alliierte Vorrechte, in: taz, Berlin, 31.07.1989.

Wiemer, Wolfgang, Rückfall in die 50er Jahre. Zur aktuellen deutschlandpolitischen Diskussion, in: Die Neue Gesellschaft, Heft 8, Bonn, 1984, S. 712-716.

Wiemer, Wolfgang, Rechtspositionen sind kein Politikersatz, in: Deutschland Archiv, Heft 9, Köln, 1984, S. 939-943.

Wiemer, Wolfgang, Rechtspositionen sind kein Politikersatz (II), in: Deutschland Archiv, Heft 1, Köln, 1985, S. 51.

Wiemer, Wolfgang, Zweite Phase der Entspannung. Zur Ostpolitik der SPD in der Opposition, in: Deutschland Archiv, Heft 1, Köln, 1986, S. 37-40.

Wiemer, Wolfgang, Auf der Suche nach einem dialogfähigen Ansatz in der Menschenrechtsdiskussion, in: Deutschland Archiv, Heft 9, Köln, 1986, S. 953-958.

Winters, Peter Jochen, Die innerdeutschen Beziehungen nach dem Treffen Schmidt-Honecker, in: Europa Archiv, Folge 3, Bonn, 10.02.1982, S. 77-84.

Winter, Peter Jochen, Die Ära Honecker geht zu Ende, in: Deutschland Archiv, Heft 6, Köln, 1986, S. 561 - 564.

Winters, Peter Jochen, Innerdeutsche Städtepartnerschaften, in: Deutschland Archiv, Heft 7, Köln, 1986, S. 673 - 675.

Wischnewski, Hans-Jürgen, Vom Feindstaat zum Vertragspartner. Bilanz der Entspannungspolitik gegenüber Osteuropa und der Sowjetunion, in: aus politik und zeitgeschichte, B 50/82, Bonn, 18.12.1982.

Wittkamper, Gerhard W., Theoretische Grundlagen und exemplarische Entscheidungsprozeßanalyse der Ostpolitik der SPD/FDP-Koalition, , 1986.

Wolf, Hanna, in: Neues Deutschland, Berlin (Ost), 6./7.05.1989.

Wurthe, Gerhard, Deutsche Einheit - ein wesentliches Element sozialdemokratischer Identität. Anmerkungen zur Kritik Theodor Schweinfurths am Deutschland-Abschnitt des Irseer Programmentwurfs, in: Deutschland Archiv, Heft 11, Köln, 1988, S. 1172-1176.

Würth, Gerhard, Umweltschutz und Umweltzerstörung in der DDR, Frankfurt a. M. / Zürich, 1985.

Zagajewski, Adam, Mein ganz persönliches Mitteleuropa, in: Die Neue Gesellschaft, Heft 9, Bonn, 1986, S. 832-835.

ZDS im Ak I der SPD-Bundestagsfraktion, 20 Jahre Initiative der SPD-Bundestagsfraktion. Bericht zur Lage der Nation - eine Chronik -, Bonn, 05.06.1987.

Zieger, Gottfried, Die Haltung von SED und DDR zur Einheit Deutschlands 1949-1987, Köln, 1988.

Sach- und Personenregister